# GALERIE MORALE

ET

# POLITIQUE.

# GALERIE MORALE

## ET

## POLITIQUE;

*Par M. le Comte de Ségur,*

DE L'ACADÉMIE FRANÇAISE, PAIR DE FRANCE, ETC.

> Insani sapiens nomen ferat, æquus iniqui,
> Ultrà quàm satis est virtutem si petat ipsam.
> (HORACE, *Épître* 6, *liv. I*, à Numicus.)

*Quatrième Édition, revue et corrigée.*

## TOME SECOND.

## BRUXELLES,

ARNOLD LACROSSE, IMPRIMEUR-LIBRAIRE,
RUE DE LA MONTAGNE, N° 1015.

## 1823.

# GALERIE MORALE

ET

## POLITIQUE.

## DE LA RECONNAISSANCE.

Si la reconnaissance n'était qu'une vertu, je ne m'étonnerais pas de sa rareté; mais elle est aussi un plaisir, peut-être même l'un des plus doux que l'ame puisse éprouver, et je ne conçois pas comment on peut y être insensible.

Ce plaisir est le seul qui ne soit jamais mêlé de honte ou de regrets; on peut s'y livrer sans crainte, et, comme le dit La Bruyère, *il n'y a guère au monde un plus bel excès que celui de la reconnaissance.*

Cette vertu en suppose beaucoup d'autres : d'abord la justice qui les produit toutes, et toutes les qualités qui la rendent aimable; la bonté, la modestie, la délicatesse, la sensibilité, la constance. S'il vous est prouvé qu'un homme s'est montré reconnaissant pour son bienfaiteur, vous n'avez guère besoin de lui demander d'autres certificats de moralité.

Gardez-vous de faire un crime à un homme d'avoir

été trop reconnaissant pour votre ennemi, vous lui devez votre estime, et non votre haine; faites-vous-en plutôt un ami, et si vous pouvez y parvenir, croyez que vous avez trouvé un fidèle gardien et un riche trésor.

L'esprit de parti ne pense pas ainsi; aveugle comme toutes les passions, il méprise dans le parti contraire les vertus qu'il admire dans le sien; l'ingratitude, la délation, la trahison même, il les honore et les loue quand elles le servent. L'honneur et la justice lui semblent bassesse lorsqu'ils lui nuisent.

Son intérêt est la seule règle sur laquelle il mesure le bien et le mal, le vice et la vertu.

L'égoïsme est le plus bas et le plus étroit des esprits de parti, aussi l'égoïste n'est jamais reconnaissant; il écrit à l'encre le mal qu'on lui cause, et au crayon le bien qu'on lui fait.

Cependant il affecte parfois de la reconnaissance, car cette vertu a comme les autres ses hypocrites; mais c'est une reconnaissance d'intérêt, et non de sentiment; elle flatte le bienfaiteur tant qu'elle espère encore quelque nouveau bienfait. Il y a des reconnaissances affamées qui meurent d'inanition quand on ne leur donne pas toujours.

L'avare et l'ambitieux sont nécessairement ingrats, car ils ne peuvent jamais recevoir autant qu'ils désirent.

Les inconstans sont des ingrats en amour : leur reconnaissance dure tant qu'ils espèrent; leur ingratitude se montre dès qu'ils ont tout obtenu.

La bienfaisance est plus commune que la reconnaissance; c'est notre orgueil qui en est la cause : celui qui donne jouit de la supériorité qu'il croit avoir sur celui qui reçoit. L'obligé souffre avec peine cette dépendance; souvent il la secoue, rompt un lien en croyant briser une chaîne, et s'imagine qu'il est fier lorsqu'il est ingrat.

Aussi, ce qu'on aurait peine à croire, la bienfaisance se crée souvent des ennemis : la vanité cherche des prétextes pour se dispenser de la gratitude, elle hait presque, pour n'être pas contrainte à aimer.

J'ai connu un homme assez heureux pour avoir obligé beaucoup de gens dans sa vie, peu le lui ont pardonné : mais en voulant le priver de sa récompense, de leur affection, ils n'ont pu lui enlever la jouissance de leur avoir fait du bien, et elle est si douce qu'il recommencerait encore s'il se trouvait en pareille position.

C'est *un grand plaisir*, dit La Bruyère, *que de rencontrer les yeux de celui à qui on vient de donner*. Aussi, selon moi, puisqu'en acceptant un don on procure une si vive jouissance au bienfaiteur, il y a bien aussi quelque générosité à recevoir.

Un cœur noble et reconnaissant sait quel sacrifice il fait en recevant, il connaît seul l'étendue des devoirs qu'il s'impose; mais d'un autre côté il a un grand avantage sur l'ingrat. Sénèque remarque justement que *l'ingrat ne jouit qu'une fois du bienfait dont l'homme reconnaissant jouit toujours*.

Cicéron, en rappelant cette maxime d'Hésiode, *qu'on doit payer un bienfait avec usure*, compare l'âme reconnaissante à une terre fertile qui rapporte plus qu'elle n'a reçu.

Je crois que l'affection est le plus haut prix dont on puisse payer un bienfait. Aussi c'est à la fois une grande faute et un grand malheur de recevoir des bienfaits de ceux qu'on ne peut ni estimer ni aimer, car on s'est placé par là entre l'ingratitude et la fausseté. L'ingratitude est regardée avec raison par Cicéron *comme le plus odieux des vices ; il nuit*, dit-il, *à tout le monde, car il décourage la générosité ; ainsi les ingrats sont les ennemis de tous les malheureux.*

C'est une niaiserie que de croire à la reconnaissance d'une cour, d'un sénat, d'un peuple ; tout être collectif ne peut être reconnaissant, c'est une vertu individuelle; le sourd et muet Massieu a fort bien défini la reconnaissance ( la mémoire du cœur ); à un être collectif beaucoup de têtes et point de cœur.

On parle souvent de l'ingratitude des rois ; celle des peuples donnerait bien plus ample matière aux déclamations et aux reproches. Aristide, Thémistocle, Socrate, Scipion, et une foule de héros ou de bienfaiteurs des nations, se sont vus sacrifiés par elles.

La multitude, comme l'enfance, aime à briser ses hochets ; étrangère à la modération, l'excès seul lui plaît ; elle passe tour-à-tour de l'enthousiasme à la haine ; ses idoles d'aujourd'hui seront demain ses victimes. Il est aussi impossible de conserver son affection que de fixer l'inconstance des vents. Elle est d'autant plus effrontée dans ses variations qu'elle est à l'abri de la honte et du reproche ; l'individu s'y cache dans la foule qui ne rougit de rien.

La reconnaissance nous touche d'autant plus qu'elle vient de plus haut. Un prince s'élève à nos yeux à mesure qu'il se rapproche davantage de l'humanité, dont les flatteurs l'éloignent tant qu'ils le peuvent ; rien ne paraît plus admirable qu'un roi reconnaissant, on aime à voir la puissance reconnaître des liens et la force se soumettre au joug du cœur.

Le fameux Menzikow avait exposé ses jours dans un combat et versé son sang pour défendre la vie de son maître, Pierre-le-Grand. Ce favori joignait à de brillantes qualités de grands défauts, sa cupidité comme son ambition étaient sans bornes ; il avait détourné à son profit de fortes sommes destinées aux besoins publics. Étant parti de Pétersbourg à la suite de l'empereur qui se rendait avec une extrême diligence à Astracan dans le dessein de surprendre cette ville et de l'investir, il apprit en route qu'on l'avait dénoncé, et que le monarque était pleinement instruit des vols et des concussions de son ministre. Le silence et l'air sombre du prince, dont il connaissait l'inflexible sévérité, lui annoncent sa disgrace ; il se croit déjà précipité du faîte des honneurs dans l'opprobre et dans la misère ; les déserts de la Sibérie, la solitude d'un long exil, la hache qui menace sa tête, frappent tour-à-tour son imagination ; son sang s'allume, une fièvre maligne se déclare ; il s'arrête dans une misérable chaumière, et y reste trois semaines plongé dans un effrayant délire. Enfin il se réveille, et porte autour de la cabane ses regards inquiets ; tout paraît l'avoir abandonné ; un seul homme est près de lui, un seul homme le soigne, une seule voix lui adresse des paroles consolantes : cette voix, c'est celle de son prince ; cet homme, c'est Pierre-le-Grand.

Cette vue inopinée lui rend la vie et la force ; de brûlantes larmes inondent son visage, il tombe aux pieds du monarque qui le relève. Grand Dieu ! s'écrie-t-il, sire, c'est vous ! — Oui, depuis trois semaines je n'ai pas quitté ce lit. — Quoi, vous m'aimez encore ! quoi, vous m'avez pardonné! vous n'avez pas prononcé la mort d'un coupable? — Malheureux, dit Pierre en l'embrassant, pouvais-tu croire que j'oublierais que tu m'as sauvé la vie. Un si noble trait ne rachète-t-il pas tous les défauts reprochés à un empereur qui dut ses vertus à lui seul, ses vices à son siècle, et sa gloire à son seul génie? Au fond d'une amé vraiment grande, la vertu qu'on est le plus certain de trouver, c'est la reconnaissance.

Ce sentiment et celui de l'amitié furent de tout temps en honneur dans notre patrie. La fraternité d'armes n'était qu'un échange perpétuel de dévouement, de services, de reconnaissance; la mort seule y mettait fin.

Et sans perdre ce titre de frères que la distance de rang ne permettait pas, qui jamais en remplit mieux les devoirs que Henry et Sully? L'un vendait ses terres pour secourir son roi, l'autre sacrifiait à son ami ses flatteurs, ses maîtresses, laissait déchirer par lui un acte arraché à sa faiblesse, et craignait, après une querelle, qu'on ne crût qu'il lui pardonnait.

L'influence qu'on a reproché aux Français de laisser aux femmes, et leur galanterie chevaleresque, viennent d'une longue habitude de reconnaissance pour le sexe qui berce notre enfance, charme nos jeunes ans et console notre vieillesse. Les Gaulois rendaient aux femmes une sorte de culte. Plutarque raconte que, *la Gaule étant déchirée par une guerre civile, et les deux partis étant prêts à s'entre-tuer, les dames gauloises se jetèrent entre eux, les accordèrent, et jugèrent leurs différends avec la plus grande équité.*

*Lorsqu'Annibal traversa les Gaules, il ordonna de prendre les dames gauloises pour juges, si les Cartha-*

*ginois avaient quelques plaintes à former contre les Gaulois.*

Une mère donne avec le lait à son fils la première leçon de reconnaissance.

L'ingratitude est un vice contre nature, les animaux mêmes sont reconnaissans ; le bon La Fontaine, dans ses fables de la Colombe et de la Fourmi, du Rat et du Lion, n'a fait qu'imiter l'histoire. Qui ne sait celle du Lion et de l'esclave romain ? L'Éléphant et le Chien nous fourniraient mille traits qui feraient honte aux hommes. Nous portons dans nos ames l'empreinte des douces vertus qu'y traça la nature, c'est l'orgueil seul qui l'efface.

Comme cet orgueil est universel, rien n'est malheureusement si commun dans le monde que les ingrats. Le fabuliste l'a dit :

> S'il fallait condamner
> Tous les ingrats qui sont au monde,
> A qui pourrait-on pardonner ?

L'aimable Delille a prononcé un arrêt tout aussi sévère. Dans son indignation poétique il s'écrie :

> Mais aux dieux, aux mortels vainement redevables,
> Que d'ames sans mémoire, et de cœurs insolvables !

Cet heureux chantre de la nature attribue à la gratitude les premiers hommages rendus au ciel, et c'est sans doute dans son cœur qu'il a trouvé cette pensée simple et touchante :

> Oui, la reconnaissance a fait les premiers dieux.

Tout semblerait donc nous porter à la reconnaissance par une pente aussi douce qu'irrésistible, si rien ne s'opposait à ce penchant ; mais, il faut le dire, c'est souvent le bienfaiteur lui-même qui change le bienfait en injure, et la reconnaissance en fardeau. Il humilie ceux qu'il oblige, il insulte quand il pardonne. Beaucoup de gens donnent, peu savent bien donner ; et, comme le dit *Charron*, la volonté du bienfaiteur touche plus que le bienfait.

C'est le cœur qu'on aime, et non la main. Celui qui ne donne qu'avec la main n'a droit qu'à une modique reconnaissance, et s'il l'exige, il la détruit ; il faut donner gratuitement et rendre avec usure.

Les moralistes feraient bien de tracer avec quelques détails les devoirs de l'obligé et ceux du bienfaiteur. Il me semble que l'un des premiers, pour celui qui donne, est d'oublier ce qu'il a donné, et pour celui qui a reçu, de s'en souvenir et de le publier.

Si j'étais artiste, je peindrais la Bienfaisance avec un voile comme la Pudeur, posant un doigt sur sa bouche comme le Silence ; et la Reconnaissance, au contraire, avec une trompette comme la Renommée.

Cependant il est quelques occasions où le mystère augmente le mérite de la reconnaissance.

Le prince de Nassau avait rendu d'importans services à un Polonais nommé Zabiello, qui l'en payait par le plus tendre dévouement. Un jour à table, en présence d'un grand nombre de convives, le prince, échauffé par le vin et par la dispute, adresse à cet officier un propos offensant, celui-ci garde un profond silence. Quelques jours après, M. de Nassau, frappé de sa tristesse, et se rappelant l'insulte qu'il lui a faite, lui dit : j'avoue mon tort ; il est trop tard pour le réparer ; votre amitié seule vous empêche de vous venger, je le sais, mais je dois à votre honneur la seule réparation que l'absence des témoins de l'injure rende à présent possible. Battons-nous, il le faut! J'y consens, répondit froidement le Polonais. On se rend avec des pistolets au lieu du combat. L'officier était célèbre en Pologne pour son adresse; à trente pas il était sûr de mettre une balle dans un écu.

On se place à douze pas de distance; Zabiello, qui avait le droit de tirer le premier, ajuste long-temps son adversaire; le coup part et ne le touche pas. Le prince surpris jette son arme à terre, court à son ami, prend son second pistolet, l'examine et s'écrie : Juste ciel! étant manqué, je l'avais pressenti, vos pistolets n'étaient chargés qu'à poudre! Ah! répond Zabiello, pouvaient-ils l'être à balle contre mon bienfaiteur!

Les deux amis s'embrassent, et M. de Nassau publie par-tout ce trait de reconnaissance, qui eût été enseveli dans la tombe de Zabiello, si le cœur d'un ami ne l'avait pas deviné.

La reconnaissance est un des plus beaux fruits de l'amitié; ces deux sentimens s'unissent et se confondent; ce qui est plus difficile et plus rare, c'est d'exciter la reconnaissance d'un ennemi; pour remporter cette victoire il faut se vaincre soi-même, résister aux passions qui poussent à la vengeance, et n'écouter que la générosité qui conseille la clémence.

Le plus sage des hommes, Socrate, disait *que la plus grande habileté d'un roi ne consiste pas à faire du bien à ses amis et du mal à ses ennemis, mais à forcer, par la reconnaissance, ses ennemis à devenir de bons amis.*

La vraie clémence consiste non à pardonner, mais à

oublier; il y a des sortes de pardons qui offensent, ils gravent l'injure au lieu de l'effacer, et tuent la reconnaissance en l'exigeant : Montaigne, qui vivait dans un temps de trouble, disait avec son originale franchise :

*La plupart de nos accords dans nos querelles d'aujourd'hui sont honteux et menteurs. Nous ne cherchons qu'à sauver les apparences; nous trahissons et désavouons nos vraies intentions; nous plâtrons le fait, je hais les morceaux que la nécessité me taille.*

Il avait raison : la bienveillance est le fonds, l'essence, le mérite du bienfait; le don ou le pardon n'en sont que l'accessoire et le cadre.

Il en est de même de la reconnaissance, c'est le sentiment, et non les actions, qui la prouve; on peut donner sans être bienfaisant, et s'acquitter sans être reconnaissant.

La reconnaissance est susceptible parce qu'elle est délicate; elle ne répond qu'à l'estime; jamais une bienfaisance exercée au hasard et sans choix ne la fait naître.

La bienfaisance banale est comme les courtisanes; on jouit de leurs faveurs en les méprisant.

Ce qui fait le plus d'ingrats, ce sont les bons conseils, ils disent la vérité et choquent les passions; ce qui excite généralement la reconnaissance c'est la louange. L'amour-propre le plus fin est toujours dupe de cette fausse monnaie; elle a un faux semblant d'estime ou d'amitié qui séduit. Un homme d'esprit, à qui on reprochait sa complaisance pour un flatteur, dit naïvement : *Je sais qu'il me trompe, mais il me plaît.*

La plupart des hommes publics se plaignent injustement de l'ingratitude de ceux qu'ils ont obligés. Ils prodiguent ce qui ne leur appartient pas, les trésors de l'état, et ne donnent pas ce qui est à eux, leur estime, leur confiance, leur amitié. On paie leur argent avec des remercîmens, leurs rubans avec des flatteries, leur fumée avec de l'encens. On se croit quitte envers eux, et l'on a raison.

Il y a bien des gens qui veulent toujours placer leurs bienfaits, comme leurs écus, à trop haut intérêt; aussi éprouvent-ils beaucoup de banqueroutes.

La bienfaisance ne doit pas faire trop attendre le bienfait; et, comme le dit Charron, *il ne faut pas que la reconnaissance le laisse vieillir.*

Voulez-vous remplir facilement tous les devoirs les plus délicats de la bienfaisance et de la reconnaissance, vous avez une règle sûre, claire, courte; elle est écrite dans le plus moral des livres, en un seul mot, *aimez.*

Dès qu'on aime, on est bon; dès qu'on est bon, on veut être aimé, et on l'est. Un bienfait intéressé peut vous donner un serviteur; un bienfait gratuit vous donne un ami. Les bienfaits de la puissance sont des chaînes pesantes; ceux de la bonté sont les plus doux des liens.

Depuis nos longues discordes les hommes ont appris et épuisé tous les moyens de se nuire; ils semblent avoir oublié tous ceux de se réconcilier, de s'unir, de s'obliger. La haine seule montre de la mémoire; la reconnaissance n'en a plus. Hélas, nous avons si peu de jours à passer sur la terre! ne les perdons pas à nous haïr.

# L'ÉPREUVE.

Si la fatale lance de Montgomery n'eût pas tranché les jours du roi Henri II, la France aurait probablement vu renaître les beaux temps de la chevalerie; ce prince, galant et brave, servait la gloire et l'amour; les disputes de théologie n'auraient pas ensanglanté une cour qui s'en serait moquée, et les ambitieux, loin de déchirer la France dans l'espoir de la gouverner, se seraient vus forcés d'obéir à un prince qui voulait commander à une nation, et non pas à un parti.

Pour plaire au roi, la jeune noblesse n'avait à suivre que ses penchans naturels; les dames brodaient des écharpes, donnaient des devises, excitaient et récompensaient la vaillance; les hommes n'étaient occupés que de tournois, de combats et de galanterie; la plus belle ne songeait qu'à triompher du plus brave, et la valeur ne cherchait de trophées que pour en faire hommage à la beauté.

*Se bien battre et se bien aimer*, voilà quels étaient les devoirs de ce bon vieux temps, où chacun cherchait à se surpasser en vaillance et en amour.

La plupart des conversations ne roulaient que sur ces deux points : on racontait des faits d'armes; on citait des traits de passion, de dévouement et de fidélité. On agitait des questions de sentiment; questions qui plaisent toujours quoique bien rebattues, parce qu'en les traitant avec adresse les hommes croient prouver leur fidélité aux belles qu'ils veulent séduire; et les dames, de leur côté, y trouvent l'occasion de montrer leurs vertus pour rehausser leur prix, et leur sensibilité pour nourrir l'espoir.

Les uns parlent de leur servage dans le but de devenir maîtres, et les autres de leur rigueur inattaquable avec une douceur qui invite à les attaquer; et dans toutes ces discussions romanesques on se fait peu de scrupule de se farder et de se montrer en beau; l'amour-propre se cache sous les formes de la sensibilité, et l'esprit cherche sans cesse à s'y faire prendre pour le cœur.

Ce qu'il y a même de plaisant dans ce combat de ruse, c'est que souvent, en manquant soi-même de sincérité, on croit à celle des autres, et que beaucoup de trompeurs et de trompeuses y deviennent dupes de ceux qu'ils veulent tromper.

Nous avons tous une vanité dans ce genre qui sert merveilleusement à nous aveugler; l'homme le plus léger croit assez facilement que son mérite rendra une coquette passionnée, et à son tour elle se flatte que ses charmes suffiront pour enchaîner un infidèle.

Mais ceux qui se prennent le plus inévitablement à ces piéges ornés de tant de fleurs et tendus avec tant d'adresse, ce sont les jeunes débutans dans la lice des amours: encore pénétrés des principes que les autres jouent, comme ils n'ont été blasés sur rien, ils désirent et espèrent tout; ils croient le monde semblable à l'image que leur cœur sensible et candide s'en est formé; trop sincères pour être méfians, ils ne distinguent pas la parole de la pensée; le roman du monde en est pour eux l'histoire, et ils se figurent autant de vertus dans l'ame d'une belle, qu'ils trouvent de pureté dans son langage, et de perfection dans ses traits.

Ils se persuadent, comme elle le désire, qu'elle est à la fois parfaitement vertueuse et profondément sensible ; et, si elle fait entrevoir quelque signe de douceur et de faiblesse, ils se flattent qu'une passion irrésistible remporte seule cette victoire sur l'austérité des principes ; ils se disent que leur vie entière suffit à peine pour mériter et payer un tel sacrifice ; quelquefois même leur délicatesse n'ose profiter d'un triomphe qui doit coûter tant de larmes : ils craignent de profaner l'autel dont ils n'approchent qu'en tremblant, et leurs scrupules embarrassent souvent assez la prétendue vertu qui ne demande qu'à succomber.

Ainsi, dupes de l'art qu'ils prennent pour la nature, ils livrent le trésor de leur premier amour à la moins digne d'en jouir ; tandis qu'ils l'ont peut-être refusé à des sentimens plus vrais, plus modestes, plus durables, mais moins séduisans.

Ce fut précisément dans une erreur semblable qu'un jeune et beau preux de la cour de Henri s'était engagé ; et, sans le secours d'une ingénieuse et prudente amitié, l'aveugle amour aurait probablement fait le malheur de sa vie.

Le comte de Termes, âgé de vingt-deux ans, était le modèle que dans leurs donjons les vieux chevaliers présentaient à leurs fils, l'époux que les châtelaines souhaitaient pour leurs filles, et l'amant que l'orgueil des beautés de la cour se proposait d'enchaîner à leur char.

Sa naissance, sa fortune, sa taille haute, noble, élancée, son regard fier et doux, la blancheur de ses dents, la finesse de son sourire, l'élégance de son langage, la beauté à la fois mâle et touchante de ses traits, la magnificence de son armure, sa grace en dansant, son adresse en domptant les plus fougueux coursiers, l'esprit de ses romances, l'agrément de sa voix, l'éclat de ses faits d'armes, ses combats contre les Turcs en Hongrie, et ses exploits au siége de Metz et à la bataille funeste de Saint-Quentin, tout se réunissait pour le faire admirer comme un héros d'histoire et de roman ; et sa conquête devait être également désirée par l'amour et par la vanité.

Le comte de Termes avait été élevé dans le château du vieux maréchal son père, qui s'enorgueillissait de voir croître sous ses yeux un digne héritier de sa vaillance et de sa renommée. Dans le même château vivait la marquise de Rieux, sa cousine, dont la fortune avait été détruite par de longs malheurs ; mais elle possédait encore un trésor de graces, de candeur et de vertu ; c'était sa fille, la douce et modeste Éléonore, qu'on ne pouvait voir sans l'aimer, et qui paraissait seule ignorer tous ses charmes.

Éléonore était de l'âge du jeune comte ; l'amitié la plus tendre les unissait ; née au milieu des jeux de l'enfance, elle s'était accrue et développée comme leur esprit ; chaque jour avait multiplié les doux rapports qui existaient entre eux ; mais cette tendre amitié ne s'apercevait pas qu'elle était devenue amour ; la métamorphose s'était faite insensiblement et par degrés. Et les chagrins d'une première absence leur apprirent ce que l'habitude d'une présence continuelle leur avait laissé ignorer.

Le comte partit pour l'armée, il emporta le cœur et l'image d'Éléonore ; leurs ames s'affligèrent, s'entendirent, et se répondirent mieux de loin que de près ; ils avaient toujours causé comme frère et sœur, et ils

s'écrivirent comme amans, mais avec cette différence
que le comte, ardent, impétueux, parlait ouvertement
et vivement de ses peines, de sa flamme, de ses vœux,
de ses espérances; tandis qu'Éléonore, modeste et mélancolique, éprouvant autant de crainte que d'amour,
doutant du pouvoir de ses attraits, s'exagérant les charmes de toutes les beautés que pouvait rencontrer son
amant, cachait son timide amour sous le voile de l'a-
mitié, ne montrait qu'une faible partie de ses sentimens
et n'osait croire ni à la constance ni au bonheur.

Sa modestie trompa et affligea le comte, et, ne trouvant pas dans les lettres d'Éléonore le feu qui brillait
dans les siennes, il n'entretenait plus son écuyer que
de ses chagrins.

Mon cher Durand, lui disait-il, voyez l'excès de mon
malheur; j'adore la plus céleste des femmes, le ciel semblait l'avoir créée pour décider ma destinée et faire mon
bonheur. Nourris sous le même toit, élevés ensemble,
tout était commun entre nous; jeux, plaisirs, études,
nous voyions tout avec les mêmes yeux; l'honneur, la
vertu, le bonheur, se présentaient à nous sous les mêmes
traits; nos pensées, nos sentimens étaient toujours d'accord, nous n'avions qu'une même ame tous deux. Aucun
rival n'avait pu me donner l'idée de la crainte, elle ne
connaît que moi. Eh bien! une courte séparation finit
ce rêve heureux; cette communauté de pensées, d'affections n'existe plus; l'absence m'enflamme et la refroidit, et c'est dans le moment où je m'éclaire sur la
force de ma passion qu'elle me fait voir la tiédeur de
sa tendresse. Je parle en amant, elle me répond comme
une sœur. Mes premiers faits d'armes ont eu de l'éclat,
je ne suis fier de mes trophées que pour les déposer à

ses pieds; elle ne s'intéresse pas à ma gloire, et elle ne me montre que les craintes d'une amie vulgaire sur les dangers où la guerre m'expose.

Ma foi! monsieur, répondit gaiement l'écuyer, il m'est impossible de partager votre chagrin et de compatir à votre douleur. Si vous ne vous trouvez pas heureux, nul chevalier au monde ne le sera, et vous êtes ingrat pour la Providence qui vous traite en vrai favori.

Vous êtes grand seigneur, jeune, riche, beau; les plus belles dames semblent par-tout où vous êtes n'ouvrir leurs grands yeux bleus ou noirs que pour vous; vous êtes d'une adresse qui déconcerte et démonte aux tournois les meilleurs cavaliers; à la guerre, on dirait que votre bon ange vous couvre d'un invincible bouclier; vous vous hasardez presque seul au milieu des escadrons de ces maudits Turcs, que le ciel confonde, sans que leurs cimeterres vous fassent la moindre égratignure; vous êtes d'un naturel fort tendre, fort loyal, et par conséquent très-facile à tromper en amour, et ne voilà-t-il pas que, dans un siècle où tant de coquettes tendent leurs filets et se rient de la proie qui s'y jette, on a élevé pour vous seul, à l'ombre, une charmante et modeste fleur, qui ne croît, ne s'épanouit, et n'embaume l'air que pour vous!

Vous aimez et vous êtes aimé, que voulez-vous de plus? Vous vous plaignez de ce qui devrait faire votre joie et votre félicité. La dame de vos pensées, dites-vous, est trop froide, trop tremblante; elle n'est ni assez passionnée pour vous, ni assez éprise de votre gloire.

Que les hommes sont injustes! Ils ne méritent en vérité pas d'être heureux. Mademoiselle de Rieux est pure comme l'air qu'elle respire, naturelle comme la rose qu'elle cueille, et modeste comme une vierge du Seigneur. Voulez-vous qu'elle soit emportée comme un jeune homme, exaltée comme les coquettes qui jouent tout et ne sentent rien, aventureuse comme un paladin? Elle vous aime pour vous et non pour elle, par sentiment et non par vanité.

Croyez-moi, j'ai quelque expérience; j'ai servi vingt ans comme écuyer ce malheureux M. de la Châtaigneraye; je vous assure que celui qui l'a tué n'était pas le premier qui lui eût donné un *coup de Jarnac*. Je l'ai cent fois vu blessé et trompé par de perfides dames qui se montraient précisément telles que vous voudriez voir votre Éléonore. Je ne sais pas, ma foi, ce que vous autres, beaux, jeunes et grands seigneurs, vous faites de votre esprit. La nature vous ennuie, vous n'aimez que l'art; vous ne sentez pas le prix d'un beau diamant bien blanc et bien pur; et vous vous laissez éblouir par des pierres de couleur qui n'ont de valeur que celle qu'y attachent votre imagination et vos fantaisies.

Telles étaient à peu près les conversations fréquentes du comte et de son écuyer. La froide raison de Durand ne pénétrait pas dans l'ame de son maître, qui continuait toujours à se plaindre, à se décourager, et qui ne pouvait voir la passion qu'il désirait, dans les tendres expressions d'un sentiment que combattaient la crainte et la pudeur.

Bientôt le comte, mandé par le roi qui se disposait à combattre les Espagnols, partit pour Paris.

Deux mois s'étaient écoulés depuis l'arrivée du comte dans la capitale, et Durand s'étonnait du changement qu'il voyait en lui; gaieté avait succédé à la mélancolie; la vie agitée aux habitudes solitaires; l'air de la paix et de la confiance aux signes de trouble et d'inquiétude : le bon écuyer s'en réjouissait; il croyait que son maître, éclairé par ses remontrances, avait enfin ouvert les yeux, et ne doutait plus de l'amour d'Éléonore et de son bonheur.

Un soir, au moment où M. de Termes revenait du bal qu'avait donné la duchesse de Valentinois, et chantait joyeusement une ballade de Marot, Durand lui dit : Vive Dieu! monsieur, vous voilà enfin tel que je le souhaitais, gai, content, et guéri de vos craintes et de vos chagrins chimériques. Vous voyez que j'avais raison, et je parierais, à présent, que vous ne me répéterez plus jamais vos injustes doléances contre votre charmante cousine.

Moi, me plaindre de ma chère Éléonore! non, mon ami, je n'ai point de reproches à lui faire, et j'étais injuste de m'en plaindre.—Je vous l'avais bien dit; vous ne vouliez pas me croire : vous convenez donc à présent qu'elle vous aime?—Je n'en ai jamais douté : elle serait bien ingrate si elle ne répondait pas à la tendre affection qui m'attache à elle pour la vie; mais j'étais déraisonnable en exigeant d'elle ce qui ne se commande pas. Son cœur est tendre, mais ne sera jamais passionné; elle n'est pas susceptible d'amour, et n'en sera peut-être que plus heureuse. Pour moi, j'ai renoncé à un espoir bien doux, mais que rien ne pouvait jamais réaliser. Je serai toujours le premier ami, le frère d'Éléonore, mais je sais à présent la différence d'une ame sensible à une ame bien enflammée; je connais le véritable amour, et je ne conçois pas comment j'ai pu jamais croire que ma cousine fût capable de l'éprouver.

— Juste ciel! qu'entends-je? s'écria douloureusement l'écuyer. Voici donc mes craintes réalisées! Je gage que quelque sirène de la cour vous aura fasciné les yeux. Ah! le maudit air que celui de Paris! Rien n'échappe à sa contagion; la foi s'y perd, la loyauté s'y corrompt, et les plus preux chevaliers y oublient leurs engagemens.

Malheureuse Éléonore! on vous sacrifie, et à qui, bon Dieu? A quelque artificieuse coquette, qui n'a que des yeux de coulisses, des mots de roman, des mines de théâtre dont tout est emprunté, charmes, principes, langage, sentimens; qui n'a d'ame que dans la tête, et dont la langue est de feu et le cœur de glace. Ah! craignez!

— Cesseras-tu enfin, dit le comte, tes ennuyeux sermons? Tu es d'une pédanterie qui m'assomme. Crois-tu que je sois assez dépourvu d'usage du monde, pour être dupe de fausses apparences, et pour ne pas savoir distinguer la vérité de l'artifice? Je ne te pardonnerais pas tes injures si tu en connaissais l'objet. Son nom seul te forcerait au respect et à l'admiration.

Eh bien! reprit Durand avec un profond soupir, mais en s'efforçant de dissimuler son humeur, il est possible que je me trompe, et que le hasard vous ait mieux servi que la prudence, quoiqu'à vrai dire les bons lots d'amour soient bien rares à la cour; mais apprenez-moi donc, s'il vous plaît, quelle est cette beauté parfaite qui vous a vaincu en si peu de temps.

— C'est la comtesse de Nangis. — Diable, je ne m'en étonne pas; c'est la plus belle des dames de Paris. — Ah! tu la connais? — Beaucoup; mon défunt maître a porté comme vous ses fers. — Tu conviendras, j'espère, qu'elle n'est pas au nombre de ces femmes dont l'éclat ne brille qu'aux dépens de la vertu ; elle est partout aussi révérée qu'admirée.

— Je l'avoue, madame de Nangis a beaucoup de charmes, et encore plus d'esprit. Nulle défaite n'a terni ses conquêtes. Nos princes, nos guerriers les plus fameux ont vainement soupiré pour elle ; et ses rigueurs ont toujours détruit l'espoir que sa grace obligeante faisait naître. Elle est fière autant que belle ; tout paraît au-dessous de son ambition : cependant on m'avait assuré que, parmi ses adorateurs, le comte de Bar, votre compagnon d'armes, votre émule de gloire, était parvenu à se faire distinguer ; on parlait même de mariage entre eux, et....

Je le sais bien, reprit le comte, de Bar me l'avait confié ; il espérait, sans cependant avoir obtenu l'aveu qu'il désirait ; mais tu sais que, dans la dernière campagne, s'étant imprudemment engagé, il a été battu et pris avec une partie du corps qu'il commandait, et dont je suis parvenu bien difficilement à recueillir et sauver les débris. Le comte, apparemment trop occupé de son malheur, des soins à se donner pour racheter sa liberté, aura ralenti sa correspondance ; la comtesse se sera piquée de ce refroidissement : il se sera peut-être mal justifié ; enfin, je ne sais : mais le fait est qu'arrivé à Paris il a moins vu madame de Nangis, et que leur liaison a totalement changé de forme.

Cette fière beauté, dont le premier regard m'a séduit, dont la conversation m'a charmé, n'a pu, malgré tous ses efforts, me laisser ignorer que j'avais touché son cœur ; enfin, je suis au comble de mes vœux, et mon bonheur ne peut être troublé par aucune crainte ni par aucun rival.

— Oh ! oh ! dit en souriant Durand ; et tous ces grands changemens sont arrivés depuis la défaite du comte de Bar, et après votre dernière victoire ? Je vous en félicite : amour, fortune et gloire, tout sourit à vos désirs ; vous allez aussi vite en galanterie qu'en guerre. La faveur du roi, celle d'une belle, vous couronnent en même temps : en moins de six mois vous devenez vainqueur de vos ennemis, le héros de la cour, l'homme à la mode de Paris, l'effroi de vos rivaux ; on ne peut que vous porter envie. Mais, croyez-moi, cependant, et vous l'éprouverez un jour, l'incomparable madame de Nangis ne vaut pas votre douce Éléonore.

— Il est vrai, répliqua le comte avec attendrissement, que ma chère Éléonore ne peut craindre aucune comparaison : la nature a tout fait pour elle ; elle ne doit rien à l'art ; sa grace naïve, sa candeur, la pureté de son ame, sa modeste beauté, la douceur de son langage, sont des charmes qu'on ne voit qu'en elle.

Une tendre sympathie nous unissait, l'idée de bonheur et la sienne me semblaient inséparables ; mais elle ne peut éprouver le feu qu'elle inspire ; sa raison calme ne connaît pas la passion : j'y songe souvent avec regret ; mais moi, je veux être aimé comme j'aime, avec excès : c'est le besoin de mon cœur ; l'amitié ne suffit pas pour le remplir.

Ah ! si tu savais comme madame de Nangis peint l'amour, comme elle en parle, comme elle le sent ! Le premier jour que nous nous vîmes, nous fûmes tous deux frappés à l'instant du même trait ; nous étions immobiles ; tout ce qui nous entourait n'existait plus pour nous ; nos yeux ne pouvaient plus se quitter ; elle baissait souvent les siens en s'apercevant de mon admiration ; mais, quand ils se relevaient, leur douce langueur, la rougeur qui se répandait sur ses joues, tout portait le trouble et le feu dans mon sein.

Le hasard m'approcha d'elle. Avec quelle grace délicate elle me parla de mes actions, de ma gloire ! Tout le monde loue si gauchement ! on dirait que c'est un devoir imposé à l'envie, ou un tribut banal payé par la sottise. Que d'esprit et de mesure dans ses éloges ! Elle donne à l'amour-propre toutes les jouissances qu'il ambitionne, sans lui laisser aucun embarras.

La conversation devint bientôt générale, on parla d'amour. Quelle fierté dans ses principes ! quelle chaleur dans son ame ! comme elle apprécie cette double vie, cette union parfaite de deux êtres qui respirent uniquement l'un pour l'autre, qui mettent tout en commun, peines, plaisirs, fortune et gloire ! comme elle saura s'associer à la renommée de son amant, et se parer de ses lauriers ! Mais aussi que de passion, que de dévouement, que de constance elle exige pour se rendre digne d'un si beau prix !

En l'écoutant je tremblais souvent, de crainte de n'être jamais assez parfait, assez grand pour m'élever jusqu'à elle.

Depuis ce moment je la cherchai, je la suivis partout, je la vis presque tous les jours ; ils me semblaient près d'elle des instans. Nous nous entendions si bien que nous pouvions croire nous être connus depuis vingt ans ; et cependant je lui découvrais à chaque instant un charme nouveau. Enfin elle me tourna la tête absolument. Je lui déclarai ma passion : elle ne fut point coquette : elle ne me fit acheter par aucun artifice vulgaire cet aveu que tant de femmes retardent pour en rehausser le prix. Nous nous jurâmes mille fois d'être l'un à l'autre pour la vie ; et j'espère, mon cher Durand, qu'après les fêtes du mariage de la princesse Marguerite et le grand tournoi que donne le roi, un prompt et doux hymen assurera pour jamais ma félicité.

Ah ! malheureuse Éléonore ! Ce fut le seul mot que put prononcer le bon écuyer. Cependant, remis de son saisissement, il allait peut-être, à tout risque, faire éclater son chagrin ; mais on remit à l'instant même au comte un billet de madame de Nangis. Il le lut avec feu, le pressa sur ses lèvres avec transport, et sortit précipitamment.

Les fêtes du mariage furent célébrées avec l'éclat et la magnificence qui convenaient à la dignité de la cour de France ; mais elles perdirent tout leur prix aux yeux de M. de Termes : madame de Nangis ne les embellissait, ne les animait plus pour lui. Une maladie aiguë menaçait les jours de son père, et elle s'était vue forcée de quitter Paris pour se rendre près de lui.

Le comte était triste, rêveur, au milieu de la joie générale ; solitaire dans la foule, il ne voyait pas ceux qui le saluaient, n'entendait pas ceux qui lui parlaient ; on aurait dit que son corps était séparé de son ame.

L'honneur seul vint le tirer de cette apathie ; le tournoi s'ouvrit, le comte s'arma, il parut dans la lice, et il éclipsa tous ses rivaux. Un seul ( le comte de Bar ), vainqueur comme lui, balançait sa gloire, rendait la fortune incertaine, et lui disputait le prix. Le combat fut long ; mais enfin M. de Termes, plus heureux ou plus adroit, terrassa son adversaire, et l'étendit sans connaissance sur l'arène.

Il reçut, au bruit des applaudissemens universels,

une riche écharpe de la main de la princesse Marguerite, et ne regretta dans son triomphe que le plaisir qu'il aurait fait éprouver à sa belle maîtresse, si elle avait été témoin de sa gloire.

Modeste autant que brave, il n'écrivit ni à madame de Nangis, ni à Éléonore, et laissa à la renommée le soin de les instruire de ses nouveaux succès.

Deux jours après, un courrier lui apporta une lettre de celle qu'il adorait. Touché de cet empressement, il la décacheta avec précipitation ; mais, grands dieux ! quelle fut sa surprise, en lisant le billet de madame de Nangis, qui était ainsi conçu :

« Mon cher comte, tous les chagrins m'accablent à
» la fois. Mon père est toujours en danger ; je suis loin
» de vous, et j'apprends au même moment le cruel
» malheur qui vous est arrivé. Vous avez été vaincu par
» le comte de Bar, qui vous a blessé d'un coup de lance ;
» la capricieuse fortune attaque d'un seul coup votre
» gloire et votre santé : que tout est peu stable dans
» cette vie ! Et sur quoi compter ? Ce qui met le comble
» à ma douleur, c'est que mon père ne veut pas con-
» sentir au lien que nous allions former. La naissance
» du comte de Bar, son alliance avec la maison de Lor-
» raine, son crédit, une promesse antérieure qu'il al-
» lègue, le décident à exiger absolument que je m'u-
» nisse à lui. Vous connaissez mes sentimens, vous ju-
» gez combien il m'en coûte pour obéir ; et je suis bien
» sûre que votre ame héroïque appréciera toute l'éten-
» due du sacrifice que la nature impose à l'amour. Je
» gémis, mais je cède au devoir ; il faut nous séparer.
» Adieu. »

Le comte, saisi d'étonnement et d'indignation, ne

pouvait trouver de termes pour exprimer sa colère ; ses yeux n'avaient pas de larmes, le mépris venait en un instant d'éteindre l'amour. Tout à coup le vieil écuyer paraît, et lui présente une autre lettre; elle était d'Éléonore; confus, muet, tremblant, il l'ouvre avec crainte, et lit ces mots :

« Vous êtes vaincu! blessé! peut-être mourant! Je
» n'en puis plus, je me meurs! Je pars à l'instant; je
» serai près de vous presque aussitôt que ma lettre. On
» voulait m'arrêter, je n'écoute rien : ma mère cède à
» mes désirs, et vient avec moi. Ah! mon cousin! ah!
» mon ami! comme votre malheur, comme votre dan-
» ger éclairent et tourmentent mon 'ame! Tout ce
» qu'elle renfermait éclate malgré moi! Soignez-vous,
» soignez ma vie, elle est inséparablement attachée à la
» vôtre! Vous êtes mon ami, mon frère, mon bonheur,
» ma gloire; je n'existe que par vous et pour vous. Adieu! »

Eh bien! monsieur (s'écria Durand, en se frottant les mains), n'est-ce pas là votre Éléonore? Aime-t-elle comme vous l'entendez? Son charmant naturel ne vaut-il pas bien la magie de votre belle comtesse, et....
— M. Durand, dit le comte en fronçant le sourcil, que veulent dire, s'il vous plaît, ces nouvelles de chute, de défaite, ces fables de blessures! J'entrevois.... — Je suis coupable, monseigneur, dit l'écuyer en se jetant à ses pieds, les yeux baignés de pleurs; j'ai tout inventé. Vous étiez sur le bord du précipice, j'ai voulu vous en tirer; je n'aurais jamais eu cette audace, si je n'avais été sûr d'avance du succès. Je connaissais trop ces deux femmes pour en douter. Punissez-moi, chassez-moi, tuez-moi : je ne me plaindrai pas; vous me devrez votre bonheur.

Le comte, attendri, releva son fidèle écuyer, l'embrassa, épousa sa charmante cousine, fut heureux, et demeura convaincu qu'on peut rencontrer dans le monde mille comtesses de Nangis qui aiment par vanité, et qu'on trouve bien rarement une Éléonore.

# DE L'ÉGOÏSME POLITIQUE,

OU

## ACHÉMÉNIDE ET SADOC.

Autrefois la Perse, éclairée par Zoroastre, était forte par ses mœurs, et célèbre par ses vertus; on voit que je ne parle ni du temps où régnaient les Cambyse, les Artaxerce et les Darius, ni de celui où l'on vit les successeurs d'Alexandre perdre dans la mollesse orientale tout souvenir de morale, de civisme et de liberté; à cette époque très-ancienne, dis-je, les mages, sans fanatisme, cherchaient l'estime et non l'argent; voulaient répandre les lumières au lieu de les éteindre; éclairaient et ne brûlaient pas; encensaient la Divinité et non la puissance; écartaient la flatterie du palais des rois, et n'y introduisaient que la vérité. Le pouvoir des rois, fort étendu pour faire le bien, nul pour faire le mal, se voyait contenu par de fortes institutions, par de sages lois, et toute la jeunesse, élevée durement et soumise à des maîtres sévères, exercée aux plus rudes travaux, nourrie, comme le dit Xénophon, de pain, de lait et de cresson, garantie par une activité continuelle des poisons de la volupté, employait la vigueur de ses premières années à toutes les études qui pouvaient la rendre capable de bien servir la patrie, de la défendre et de la gouverner.

Mais en tout temps, en tous lieux, les hommes, semblables aux fruits de la terre, après s'être lentement perfectionnés, ne jouissent que d'une courte maturité qui précède de bien peu leur décadence et leur corruption. Les peuples ont leur vieillesse et leur fin comme les hommes ; la seule différence qui existe entre eux, c'est qu'il n'y a point de moyen de nous en préserver et de nous rappeler à notre printemps ; tandis qu'il est possible, quoique difficile, par une forte législation, de retarder la décrépitude des états, et peut-être même de leur rendre leur première vigueur.

Le germe des maux qui détruisirent la Perse commençait à se développer ; l'orgueil et l'ambition pénétraient dans le sanctuaire des mages ; les grands voulaient que la naissance suffît, sans talens, pour transmettre leurs dignités à leurs enfans ; la flatterie cherchait à tromper les rois ; l'envie, à les irriter contre le mérite ; la jeunesse aimait encore la licence et les lauriers de la guerre, mais elle en redoutait les fatigues ; écoutant avec impatience la voix sévère de ses chefs, elle prêtait l'oreille avec complaisance aux perfides avis de quelques efféminés Assyriens, et, lasse de ses exercices, soupirait secrètement au récit des voluptés de Babylone.

Les liens du devoir se relâchaient peu à peu, et les mots de patrie et de vertu semblaient déjà surannés. On aimait à les remplacer tout haut par les expressions brillantes d'honneur et de gloire, et tout bas par celles de fortune et de plaisir.

*Achéménide*, aïeul du grand Cyrus, régnait alors ; ce prince, attaché aux antiques lois, fidèle aux anciennes mœurs, donnait à ses peuples l'exemple de toutes les vertus qu'il désirait leur voir pratiquer ; leur bonheur était son seul but ; sévère sans dureté, clément sans faiblesse, généreux sans faste, économe sans avarice, guerrier sans ambition, il ne fondait sa force que sur la justice. Peu occupé de l'éclat des honneurs et des jouissances vulgaires du trône, il ne regardait la royauté que comme la plus pesante des charges, et ne croyait pouvoir la supporter que par le secours de la vertu.

Chaque citoyen, disait-il un jour au grand mage Sadoc, n'a que son devoir à remplir, tandis que ceux de tous me sont imposés ; chargé des affaires de l'état, étant l'homme de la nation, j'appartiens au peuple, et non le peuple à moi ; je lui dois tous mes soins, tout mon temps ; je suis responsable de tout le bien qui lui manquerait ; de tout le mal qui pourrait lui arriver : une heure perdue par moi est un vol fait à ma patrie ; je dois compte à mon siècle et à la postérité de tous mes instans, et je ne peux jamais oublier que chacune de mes journées est une page de l'histoire de mon pays.

Concevez donc ma juste douleur ; on voit par-tout en Perse des signes d'affaiblissement et de décadence ; malgré mes soins, une lente corruption mine ce noble édifice, et m'en fait pressentir la chute.

Les leçons de Zoroastre m'ont bien appris que la vertu est le ciment des états, et qu'ils se dissolvent par les vices. Mais, de grace, illustre chef des mages, vous qu'une méditation plus libre, plus tranquille, met plus à portée que moi d'approcher de la vérité ; vous qui connaissez les armes funestes dont se sert le génie du mal, *Arimane*, pour nous perdre, et les armes salutaires que le divin *Oromase*, le génie du bien, nous accorde pour le combattre ; éclairez-moi dans mes projets de réforme. Dites quel est de tous les vices le plus général, le plus destructeur, le plus funeste à la force, à la vie, à la prospérité des peuples; et que je sache enfin quel est celui d'où découlent tous les autres, et contre lequel tous nos efforts doivent être dirigés.

Prince, répondit Sadoc, *Oromase*, le puissant *Oromase*, répand la sagesse dans votre ame, comme *Mithras*, le dieu du jour, verse la lumière sur le monde; et, si les rois vos successeurs devaient vous ressembler, il serait inutile que suivant notre antique usage un officier de la couronne vînt les réveiller chaque matin, et leur dire : *Levez-vous, et songez à bien remplir les fonctions et les devoirs qu'Oromase vous a imposés en vous plaçant sur le trône.*

Aucun des grands mystères de la nature ne vous est inconnu; vous n'ignorez pas que cet univers est le théâtre où se livre un combat éternel entre l'ombre et la lumière, entre le mal et le bien, entre le vice et la vertu. La vie d'un bon roi est un état de guerre perpétuel contre les vices; mais il les combat sans fruit, s'il ne dirige pas toutes ses attaques contre celui qui les engendre tous.

La plupart des principes destructeurs des sociétés sont tellement mêlés avec ceux qui les conservent, qu'il faut beaucoup d'art et de prudence pour frapper les uns sans atteindre les autres. En tout, c'est l'excès seul qu'il faut retrancher; il est peu de vertus qui, portées à l'excès, en deviennent des vices, et il est peu de vices sous lesquels, en retranchant l'exagération, on ne découvre quelque principe de vertus et d'utilité : Ainsi, en outrant les nobles sentimens, la force devient violence; l'émulation, envie; la bonté, faiblesse; le courage, témérité; l'extrême justice même se change en injustice; et, d'un autre côté, si vous voulez détruire les passions, au lieu de les modérer, en éteignant tout désir des richesses par haine contre l'avarice, vous étoufferiez toute industrie; en condamnant toute ambition, vous feriez disparaître ce noble désir de gloire qui produit les grandes actions et peut seul créer les grands hommes et les grands talens.

S'il était possible de proscrire les plaisirs et les voluptés, au lieu d'en tempérer l'ardeur, on briserait les doux liens qui attachent l'homme à la vie; enfin, l'orgueil lui-même, attaqué sans ménagement, porterait une mortelle atteinte à cette fierté noble et utile, qui fait sentir à chacun sa dignité, qui repousse la servitude et qui défend la liberté.

Il est donc nécessaire que le législateur, le moraliste et le monarque, cherchant toujours, comme le sage d'une contrée orientale, le célèbre *Confutzée*, ce juste milieu où réside la vraie sagesse, ne retranchent dans ce mélange des passions humaines que ce qu'elles ont de funeste, et développent au contraire avec soin ce qu'elles offrent d'utile au bonheur des individus et à la prospérité publique.

Mais si toutes nos qualités sont évidemment mêlées de bien et de mal, il n'en est pas moins vrai qu'il existe un vice, produit fatal du génie d'*Arimane*, qui donne naissance à tous les autres, et qui empoisonne toutes les vertus. Ce vice destructeur est le vrai talisman du génie du mal; c'est par lui qu'il exerce sa fatale puissance. Ce vice odieux, c'est l'*égoïsme*; il renferme le germe de la corruption des hommes et de la mort des peuples.

Le grand secret d'*Oromase* est de rassembler et d'organiser, pour donner la vie;

Celui d'*Arimane* est de diviser et de dissoudre, pour donner la mort.

Le génie du bien tend à tout généraliser.

Le génie du mal veut tout individualiser.

L'ordre est le but de l'un : le désordre est celui de l'autre.

L'univers ne se maintient, les mondes n'existent, les êtres organisés ne vivent qu'en vertu d'un seul principe, et par cet accord que le grand *Oromase* établit entre toutes leurs parties, pour les faire tendre toutes à un centre commun et servir à la même fin.

Nul être ne se détruit qu'au moment où les parties qui le composent, n'agissant plus vers le même but, ne peuvent plus concourir au bien commun, à la conservation de son existence; ainsi la division anéantit tout, les individus se perdent par l'égoïsme moral, et les peuples périssent par l'égoïsme politique.

Tout ce qui est conforme à l'ordre général est vertu : tout ce qui s'en écarte, tout ce qui veut y nuire est vice : et l'on pourrait établir une échelle morale parfaitement graduée, depuis la plus sublime des vertus jusqu'au plus funeste des vices. Les unes et les autres s'y trouveraient justement placés selon qu'ils se rapprocheraient ou s'éloigneraient le plus de la pensée créatrice, de la source de tout bien, de l'ordre général, en un mot du puissant *Oromase*.

Ce génie bienfaisant possède à un degré infini la plus haute des vertus, l'amour universel; c'est son essence, comme l'égoïsme est celle d'*Arimane*.

Le premier crée, organise, anime et conserve les mondes et les êtres vivans; il veut le bien de tous : sa divine bienveillance s'étend de l'astre le plus brillant au plus obscur insecte ; il embrasse tout dans son amour, comme *Arimane* enveloppe tout dans sa haine.

Quelque infinie que soit la distance qui sépare la terre des cieux, et les faibles mortels d'un être si puissant, c'est en l'imitant que nous pouvons, sous la conduite des vertus, parcourir les degrés qui élèvent jusqu'à lui.

La première, la plus sublime de ces vertus qui puisse élever notre esprit et enflammer notre ame, c'est l'amour général de l'ordre et de l'humanité, mais peu d'hommes sont capables d'atteindre à ce degré de perfection presque divine ; aussi le petit nombre qui l'a possédé a reçu, de la reconnaissance des siècles, de justes hommages.

Par-tout on a regardé comme des demi-dieux ces premiers héros, qui s'exposaient à tous les périls pour purger la terre de monstres et de brigands ; ces sages, qui étudiaient les secrets de la nature pour nourrir les hommes, pour les civiliser, pour les instruire, pour leur apprendre à aimer leurs semblables, à se réunir et à substituer la justice à la force.

Heureux si, fidèles aux anciennes maximes, au lieu de déifier la fortune et la victoire, nous ne placions encore aujourd'hui dans le ciel que la bienveillance et la vertu ; et si nous n'accordions notre encens qu'à ces hommes sages et modestes qui parcourent le monde pour faire et pour propager d'utiles découvertes, pour améliorer le sort de l'humanité, pour rendre plus salubres les lieux où la pitié rassemble les malades indigens, et ceux même où les lois renferment l'erreur et le crime, trop souvent, hélas ! confondus.

Si les mortels, moins imparfaits, eussent été capables de connaître, d'aimer, de pratiquer cette vertu simple et sublime, l'amour général n'aurait fait du genre humain qu'un seul peuple, régi par une seule loi, et la terre n'aurait pas été ensanglantée par la discorde et par la guerre, funestes fléaux qu'entraîne toujours après lui l'*égoïsme*.

Mais *Arimane* l'a voulu, nous sommes séparés par son influence en diverses nations; chacune d'elles est devenue un être organisé, un corps politique; ce n'est plus que la seconde des vertus qui lui convient, et qui lui est indispensable pour en lier toutes les parties, pour les faire travailler toutes à sa conservation; pour assurer sa force, son bonheur et sa vie : cette vertu c'est *l'amour de la patrie*.

Ce sentiment qui, relativement aux autres peuples, est déjà un *égoïsme*, devient, pour chacun d'eux, la première des vertus.

Tant que ce feu sacré se conserve, une nation est libre, active, puissante, tous les intérêts privés se fondent dans l'intérêt général; la loi est soutenue par chaque citoyen, comme la volonté de tous; l'assentiment général donne des moyens de force sans limites au gouvernement dirigé par l'opinion publique; et l'injustice ne peut ni égarer les princes, ni opprimer les peuples, lorsque l'injustice faite à un seul homme est vivement sentie par tous. L'indépendance générale se trouve alors inviolablement garantie; et quelle force étrangère oserait y porter atteinte, quand, au moindre signal, elle serait défendue, non-seulement par une armée, mais par tout un peuple.

C'est par ce principe fécond, par cette vertu publique, par cet amour de la patrie, que les Perses, jusqu'à présent heureux, puissans et respectés, ont conservé leur liberté au dedans, leur sûreté au dehors; c'est par ce lien commun que nous nous sommes trouvés assez forts pour repousser les Scythes, pour résister aux Assyriens, pour vaincre les Mèdes.

Les Hébreux, animés du même sentiment, ont brisé le joug de leurs oppresseurs, se sont civilisés dans les déserts, et ont enfin conquis la Palestine; ils conserveront long-temps leur gloire et leur indépendance, si leurs lois trop exclusives n'excitent pas un jour contre eux, par représailles, la haine de tous les autres peuples.

On voit quelques nations, telles que les Égyptiens et les Indiens, plus soumises à l'influence du mauvais génie, qui, sans être animées par l'amour de la patrie, existent, et même jettent passagèrement quelque éclat. Mais leur existence est humiliante, malheureuse et incertaine. Ce n'est pas l'esprit public, c'est l'esprit de classes, de castes et de corps qui les anime.

Ces classes privilégiées, qui prétendent soutenir le gouvernement parce qu'elles l'entourent, le minent réellement en le séparant du peuple; et ce peuple, qui devrait chérir la force d'un trône protecteur, ne sent plus que son poids qui l'écrase. Une telle nation est un corps politique mal organisé, faible et souffrant, dont quelques membres seulement montrent une vigueur acquise aux dépens de la force générale, et comme tous n'y prennent point de part à la vie commune, un tel état souffre tant qu'il existe, et succombe au premier orage, victime de l'*égoïsme* actif de l'esprit de corps, et de l'*égoïsme* passif du peuple mécontent et malheureux.

Quand la chute progressive de l'esprit public, chez un peuple, a éteint l'amour de la patrie, ce peuple peut traîner encore sa triste existence tant que l'esprit de famille y conserve quelque moralité; mais, lorsqu'on en est là, il est bien difficile que l'*égoïsme* le plus absolu ne vienne pas étouffer ces faibles restes de sentimens généreux. Dès que l'État a perdu son ciment, il ne peut plus se soutenir : les familles isolées ne peuvent se défendre : elles tombent dans la servitude qui avilit tout ; et là où cesse la vertu publique, on ne voit bientôt plus de vertus privées.

Lorsqu'on est enfin descendu à ce dernier degré de corruption, où il n'existe plus *d'amour universel, d'amour de la patrie, d'intérêt public, d'esprit de corps; ni même d'esprit de famille*, le triomphe du mauvais génie est complet; l'égoïsme politique a divisé tout ce que le génie du bien avait uni.

Le prince, livré aux voluptés, entouré de vices qui l'entraînent, ne trouve plus de vertus qui l'arrêtent et qui le défendent ; rien ne lui résiste, mais rien ne le soutient; il inspire et répand la crainte; le palais qui le renferme devient une forteresse contre le peuple, une prison pour le monarque. Ses ministres le trompent pour s'enrichir ; ils sacrifient leurs devoirs à leurs places ; les juges vendent leurs arrêts, les prêtres leurs oracles; le guerrier cherche le pillage et fuit le péril; le négociant sans foi perd son crédit pour hâter sa fortune; le peuple opprimé méprise les lois qui ne le protègent plus; indifférent pour une patrie qui ne lui garantit aucun droit, la révolte le voit ardent à la favoriser. L'invasion étrangère le trouve froid pour la repousser ; peu lui importe de changer de joug : chaque individu, regardant tout lien comme une chaîne, vit presque seul dans son cercle étroit, sa personne est pour lui l'univers;

il ne songe qu'à se soustraire aux charges communes, à profiter du désordre général ; le malheur d'un autre homme lui est étranger ; il ne défendrait pas son voisin, son parent, et ne serait défendu par personne. Son ame est une solitude que n'habite aucune vertu, et lorsqu'il termine sa triste carrière, aucun doux souvenir ne le console, aucun espoir ne rassure son cœur, aucune main amie ne ferme sa paupière.

Telle est la vie, telle est la mort des *égoïstes* ; et le peuple déplorable dont ils font partie, après avoir langui dans un honteux esclavage, ou se dissout par l'anarchie, ou tombe sans défense sous le joug d'un maître étranger.

Voilà, prince, les terribles effets de l'égoïsme ! vous voyez que ce vice, le plus funeste de tous, est le monstre destructeur contre lequel vous devez diriger toutes vos forces.

Heureusement nous sommes encore loin de craindre son triomphe. L'*égoïsme* ne laisse percer au milieu de nous que quelques germes, faibles dans leur naissance, mais qu'il faut se hâter d'étouffer. *Arimane* se sert de l'intérêt privé pour nous détruire, saisissons cette arme même pour nous sauver ; tournez-la contre lui, et que tous les intérêts privés soient réunis par vous et forcés de concourir à l'intérêt général.

Vous en avez les moyens ; les faveurs, les rigueurs, l'honneur et le blâme émanent du trône ; un prince habile peut ce qu'il veut ; mais il doit répandre la lumière au lieu de la craindre, et regarder l'esprit public non comme un écueil, mais comme un appui.

Imitez ces sages de l'occident, ce Lycurgue dont les lois durables viennent de donner une telle force à l'amour de la liberté, qu'il l'a rendue capable de triompher de tous les sentimens de la nature. Ce Numa qui, dans l'Italie, par l'inspiration d'une nymphe, a fondé sur l'amour de la patrie, de la justice et de la gloire, la puissance nouvelle d'un peuple qui deviendra peut-être un jour le maître du monde.

Grand roi ! je vous le dis au nom d'*Oromase*, vous possédez une arme toute-puissante ; c'est l'opinion ; dirigez-la vers un but glorieux, fortifiez l'esprit public par votre exemple, protégez la liberté, honorez tous ceux qui se montrent enflammés de l'amour de la patrie, et *flétrissez l'égoïsme*. Mais, je le répète, hâtez-vous, et n'oubliez pas le précepte de Zoroastre qui nous dit :

Fais le bien, la vie est courte.

*Achéménide* suivit les conseils de *Sadoc*; l'opinion publique encouragée régénéra les mœurs, raffermit la liberté, fortifia le trône et déshonora l'*égoïsme*. Les Perses virent chaque jour croître leur puissance ; et le grand *Cyrus*, à la tête d'un peuple libre, devint le maître et le législateur de l'Asie.

*Le génie fonde les empires, l'esprit public les conserve, l'égoïsme les détruit.*

# LES QUATRE AGES DE LA VIE.

La vie de l'homme est un voyage dans un monde qui lui est totalement inconnu lorsqu'il y arrive : il est chargé par la nature de la modifier et de l'embellir ; destiné à y paraître peu d'instans, il s'y plaît et s'y attache comme s'il devait y rester toujours.

C'est un pays d'illusions qu'il prend pour des vérités, il n'y voit point les objets comme ils sont, mais comme il les sent.

Après une course dont la durée est incertaine et ne peut jamais être longue, après beaucoup de fatigues, d'ennui, de douleur, et quelques instans d'intérêt, de plaisir, d'ivresse, il quitte pour jamais cette île flottante au milieu des airs, et se jette dans un abîme sans bornes, pour y recommencer peut-être d'autres voyages, et parcourir d'autres globes qui n'ont probablement rien de semblable à celui où il a vécu.

Comme on croit cependant qu'il doit rendre compte au créateur des mondes de l'apparition qu'il a faite sur celui-ci, il est de notre intérêt d'examiner ce qu'il y fait, ce qu'il devrait y faire pour rendre à la fois ce passage plus doux et ce compte moins pénible.

Semblable au paladin du Tasse qui porte ses pas dans une forêt enchantée, l'homme, armé de courage par le ciel, trouve à chaque instant sur la terre des ennemis à combattre et des piéges à éviter ; mille prestiges séduisans l'éloignent de sa route.

Les plaisirs, sous mille formes attrayantes, l'entourent, le pressent, l'entraînent dans des précipices par une pente fleurie, sur laquelle la vertu fait souvent de vains efforts pour l'arrêter.

Une foule innombrable de feux follets trompent sa vue, et l'empêchent de distinguer la lueur salutaire du flambeau de la raison; le bonheur est le but auquel il veut atteindre; à chaque pas, sous mille aspects divers, des fantômes légers le séduisent, l'effraient, l'égarent, précipitent sa course et triomphent en riant de sa chute.

Deux génies bienfaisans, la religion et la philosophie, cherchent constamment à redresser sa marche en lui montrant la route lumineuse qui conduit au repos sur ce globe, et à la félicité dans les sphères célestes; il est éloigné d'eux par des spectres trompeurs qui prennent leur apparence, leur langage, et ce n'est souvent qu'à la fin de sa marche pénible qu'il voit ses illusions se dissiper, ses prestiges s'évanouir, lorsqu'accablé de fatigues et d'années, son corps courbé vers la terre ne peut plus lever les yeux pour fixer cette vérité sévère qui lui ordonne de s'embarquer.

On peut distinguer quatre époques différentes dans ce voyage si court et si périlleux : chacune d'elles a ses plaisirs, ses douleurs, ses dangers; elles offrent toutes à ses regards le monde, le bonheur, la vérité sous des points de vue différens, car à ses yeux tout paraît toujours changer sur ce globe qui tourne sans cesse.

Suivons-le dans ces quatre parties de son voyage, et puisse un rayon de sagesse descendre sur nous pour lui servir de fanal et pour l'éclairer.

# L'ENFANCE.

L'enfance est, comme le dit le chantre de l'imagination,

La vie encor naissante, et l'ame encore en fleur.

L'homme est ou se croit le maître de la terre, mais qui pourrait prédire cette grandeur dans sa première enfance et deviner ce trône dans son berceau !

L'homme enfant, jeté par le ciel sur la terre, s'y montre d'abord nu, faible, sans armes, sans intelligence ; son premier cri est un gémissement, son premier accent est une plainte, sa première sensation une douleur.

Tout ce qui l'entoure le frappe à la fois, il ne peut rien distinguer, les rayons du soleil blessent ses yeux sans l'éclairer. Mille sons qui heurtent son oreille ne sont pour lui qu'un bruit confus ; ses pieds ne peuvent le porter, ses mains ne savent rien saisir, sa peau délicate ne sent l'approche des objets extérieurs que par le choc douloureux qu'ils lui font éprouver. L'air même, qui l'enveloppe et qu'il respire, le pénètre d'un froid glacial.

Tel paraît cet être si faible aujourd'hui, et demain si orgueilleux.

Sorti naguère d'une existence dont il n'a pas le plus léger souvenir, il est lancé sans défense au milieu des tourbillons d'un monde qui ne lui semble d'abord qu'un brouillard épais, qu'une mer orageuse et glacée, où gronde une horrible tempête; alors pour lui tout est chaos. Mais il porte en son sein une flamme éthérée, un esprit céleste; bientôt cet esprit, perçant les voiles qui l'entourent, les nuages qui l'environnent, va dérouler à ses regards les merveilles d'un monde organisé.

Le besoin est son premier guide, il s'attache au sein maternel; là il a puisé la vie, là il cherche et trouve le premier moyen de la conserver. Mais pendant long-temps son ame paraît encore endormie, c'est matériellement qu'il souffre ou qu'il jouit.

Ses sensations ne sont ni complètes, ni comparées, ni jugées par son intelligence; ses organes sont des instrumens dont il ignore l'usage.

M. de Buffon remarque que ce n'est qu'au bout de quarante jours que l'enfant voit distinctement, rit et pleure. Une caresse de sa mère est son premier plaisir, l'éloignement de cette mère est son premier chagrin. La reconnaissance et l'amour filial sont ses premiers sentimens, et il commence alors véritablement à vivre, *car il aime et veut être aimé.*

Dès que le jeune voyageur a percé les ténèbres, a débrouillé le chaos qui lui cachait ce monde nouveau qu'il vient habiter, tout le charme, tout l'étonne, tout le ravit; une foule innombrable de vives sensations, de doux plaisirs pénètrent dans son ame par les cinq portes que le ciel a placées artistement autour d'elle pour les y conduire.

Tout est découverte pour lui, chaque essai de ses forces lui donne une jouissance: l'univers en mouvement étale à ses yeux surpris le mélange des couleurs les plus riches et les plus variées.

L'action des corps, qui s'agitent et qui se rencontrent, frappe son oreille d'une harmonie composée de mille tons différens.

L'air embaumé par les fleurs porte à son jeune cerveau l'encens de leurs parfums.

Le tissu léger qui tapisse ses lèvres et l'intérieur de sa bouche, lui fait goûter, par les premiers alimens qu'on lui présente, une saveur pareille à celle de ce nectar et de cette ambroisie dont les dieux, dit-on, se nourrissent.

Tout son corps délicat, doué d'un tact fin et léger, sent délicieusement la mollesse des langes qui l'entourent, de la plume qui le porte, qui le réchauffe, et les caresses d'une tendre mère font éprouver à tout son être la plus pure des voluptés.

Enfin, enivré de tant de sensations nouvelles, déjà fatigué de son bonheur, sa vie a besoin de trêve, et la nature lui fait trouver une autre félicité dans une cessation apparente d'existence, dans le doux repos du sommeil.

Il se réveille, tour-à-tour on l'entend crier, on le voit sourire, il a connu le plaisir, il a senti la douleur; il va constamment chercher l'un, fuir l'autre, c'est déjà l'homme presque tout entier, car sans s'en douter il a connu tout le secret de la vie.

Bientôt il étudie les lois de l'équilibre, il se traîne, il se lève, il chancelle, il trébuche, il se redresse, il marche, il saute, il court, il mesure, il connaît les distances; il cherche, il atteint ce qu'il désire. Le toucher corrige l'erreur de sa vue et lui relève les formes des corps; il distingue leur mollesse, leur dureté, tous ses jeux sont d'actives et de profondes études. Chacun de ses mouvemens est un effort utile, chacun de ses pas est un progrès.

Son geste d'abord, sa voix ensuite indique ses besoins, ses désirs; peu à peu il imite ce qu'il entend, il articule, enfin la *parole* s'échappe de ses lèvres, cette *parole* mère des talens, des arts, des sciences, cette *parole* qui lie tous les hommes entre eux, et qui commande à la nature en donnant des ailes à la pensée.

Les premiers mots qu'il prononce sont ceux de père et de mère.... mots charmans, qui expriment, qui inspirent le plus pur amour; ces premiers accens paient le sein maternel de toutes ses douleurs, et font naître dans le cœur d'un père les plus vives et les plus joyeuses espérances. Ah! que l'enfant alors a d'attraits pour tout ce qui reçoit ainsi les prémices de son ame.

Ce qui nous frappe au premier regard dans l'enfance, c'est sa faiblesse; elle nous inspire une tendre pitié; eh bien! cette faiblesse fait toute sa force, elle lui donne sur ce qui l'entoure un empire que l'ambition des hommes voudrait vainement obtenir.

La nature a doué cette faiblesse d'un charme séduisant, d'une grace irrésistible; l'enfant porte sur son front ingénu l'empreinte de la candeur, de la tendresse, de la confiance, de la vérité, de toutes les qualités qui attirent et qui attachent le cœur.

Sans défiance, sans soupçon, sans détour, sa parole est le portrait fidèle de sa pensée, ses accens ont quelque chose de tendre et de céleste; tous ses mouvemens, sans gêne, sans apprêt, ont une grace que l'art ne saurait imiter.

Son sourire vous déride, ses larmes vous touchent, ses prières vous commandent.

La douce magie de cet âge aimable, de ce printemps d'existence, de cette aurore de la vie, a tant de pouvoir sur notre imagination, qu'elle peint sous ses traits tout ce qui lui rappelle la pureté, la grace et le bonheur.

Si nous voulons nous faire une image de ce messager du printemps, de ce vent gracieux qui se parfume en caressant les fleurs, nous nous le représentons sous la forme d'un enfant ailé, et mille zéphirs légers parcourent alors les airs en voltigeant.

Les ames tendres et pieuses, qui cherchent dans le ciel une douce protection, invoquent la médiation des enfans célestes, et le ciel retentit de la voix harmonieuse des anges.

Nous leur créons même une image sur la terre; et l'homme faible ou coupable espère apaiser la Divinité, lorsqu'en entrant dans les temples il entend les doux concerts de ces chœurs d'enfans vêtus de lin, dont la voix innocente et argentine porte ses prières jusqu'au trône de l'Éternel.

Et quand les mortels, occupés d'autres pensées, veulent peindre ce sentiment doux et impérieux, qui peuple et qui gouverne le monde, qui inspire tant de grandes actions et tant de crimes, qui donne à l'ame tant de force et tant de faiblesse, qui console tant de chagrins, qui promet tant de bonheur et qui cause tant de peine; que font-ils? ils créent un dieu enfant, maître du ciel et de la terre, ils le représentent ailé, aveugle, armé, le sourire sur les lèvres, la malice dans les yeux, nourri par la beauté, bercé par les graces. Ainsi cet amour si puissant, *qui fut, qui est* ou *qui sera notre maître*, ne se montre à notre imagination que revêtu et paré des charmes de l'enfance.

Et quel cœur assez dur pourrait conserver sa force contre les pleurs ou contre le sourire de l'innocence !

Les plus grands hommes ont reconnu son aimable ascendant: Le roi de la sévère Lacédémone, Agésilas, n'était point honteux qu'on le surprît à cheval sur un bâton, et jouant avec ses enfans.

Le bon Henri se glorifiait d'un pareil jeu, et disait à un ambassadeur qui le voyait porter son jeune fils sur ses épaules : Ceci ne doit pas vous surprendre si vous êtes père. Thémistocle disait, en montrant son enfant : *Voilà le plus puissant des Grecs ; Athènes commande à la Grèce, je commande aux Athéniens, ma femme me commande et cet enfant la gouverne.*

Est-il rien de plus heureux que ce premier âge. La tendre enfance, entourée d'appuis, de caresses, de bienveillance, ne connaît ni le soupçon, ni la haine, ni l'ingratitude, ni l'envie ; elle ne voit autour d'elle qu'intérêt et qu'amitié, l'entrée de sa vie est semée de fleurs, chacun s'empresse d'en écarter les épines ; elle ignore le joug des lois, les caprices de la fortune, la honte de la pauvreté, le prix de l'or, les querelles d'opinions, l'ambition du pouvoir, l'humiliation de la dépendance, l'orgueil des rangs, les horreurs de la mort, l'incertitude de l'avenir : tout brille à ses regards de joie et d'espérance, et lorsque tous les hommes ont rêvé un âge d'or, ils se souvenaient sans doute des jours si doux et si courts de leur première enfance.

Mais le bonheur humain n'est qu'un éclair, il semble ne briller que pour annoncer l'orage. L'enfant grandit et ne peut rester l'enfant de la nature ; la société le réclame ; il doit devenir homme, et déjà l'homme qui s'annonce en lui, exige qu'on éclaire ses jeunes vertus, qu'on corrige ses vices naissans ; ce jeune sauvageon doit être cultivé, on émonde ses fleurs pour qu'il donne des fruits.

Adieu l'âge d'or! adieu le paradis terrestre! les songes du berceau s'évanouissent ; d'autres illusions commencent : l'enfant va connaître des devoirs, des leçons, des lois, des peines, des châtimens, des maîtres, et peut-être même des tyrans, car les pédans sont ceux de l'enfance.

L'enfant, dit Plutarque, *est formé par la nature, par la raison, par l'exercice. La nature donne le fond, la raison les préceptes, l'exercice la pratique, de même qu'il faut au blé bonne terre, grain choisi, et laboureur entendu.*

L'éducation ne peut que modifier la nature, mais cette modification ressemble souvent à un changement total, et ce n'est pas sans sujet qu'on a nommé l'habitude, qui en est le fruit, une seconde nature.

Il est aussi rare de trouver un bon instituteur pour conduire les enfans, qu'un bon prince pour gouverner les hommes.

On cherche plutôt des savans que des sages, et pourtant, comme l'enfant est imitateur, l'exemple fait plus que la leçon. La cire molle est susceptible de toutes les impressions produites par ce qui la touche ; l'enfance, plus flexible encore, prend toutes les formes des objets qui frappent ses regards.

Souvent les talens et l'esprit sont tardifs; mais le caractère est presque toujours précoce, et c'est en ce sens qu'on appelle avec raison l'enfant un petit homme. Il annonce de bonne heure non ce qu'il saura, mais ce qu'il fera.

Le jeune Cyrus donnait des leçons de tempérance et de gravité à son oncle le roi des Mèdes. Le jeune Achille, à la vue d'une épée, jetant son déguisement féminin, montrait aux Grecs le vainqueur d'Hector. Quand Rome tremblait devant Sylla, César enfant demandait à son gouverneur un glaive pour tuer le tyran. Duguesclin battait, commandait, dominait ses compagnons d'étude. Henri, au sortir du berceau, riait, buvait, se battait, et déjà savait se faire aimer et craindre.

Il est difficile de deviner dans la société des hommes leurs différens caractères, ils portent tant de masques; les enfans, au contraire, sont sans voile et nous montrent à nu leurs petits vices et leurs petites vertus; c'est là, dit l'abbé Delille,

> C'est là que l'homme est lui; que nul art ne déguise,
> De ses premiers penchans la naïve franchise.
> L'un, docile et traitable après le châtiment,
> Laisse apaiser d'un mot son court ressentiment:
> Il essuie en riant une dernière larme;
> Un affront l'irritait, un souris le désarme,
> Et de son cœur facile obtient un prompt retour.
> L'autre, ferme en sa haine, ainsi qu'en son amour,
> Tient baissé vers la terre un œil triste et farouche,
> Prières, doux propos, présens, rien ne le touche;
> Il repousse les dons d'une odieuse main,
> Et garde obstinément un silence mutin.
> Tel, décélant déjà son ame magnanime,
> Jadis Caton enfant, fut un boudeur sublime.

Heureux celui qui, loin d'être chargé de défricher un terrain ingrat, ne cultive que le sol doux et fécond de l'ame d'un enfant bien né : selon Plutarque ce mot *bien né* a deux sens, la vanité entend par là, *né de parens nobles*, et la raison l'explique ainsi, *né de parens honnêtes*. Ce même Plutarque me semble trop sévère lorsqu'il dit autre part : *que les vices et la bassesse d'un père et d'une mère se transmettent à l'enfant*. Les races des hommes ne sont pas distinctes comme celles des animaux, et quoique l'exemple soit contagieux, il effraie aussi souvent qu'il séduit. Je conviens, avec Racine, que *le crime d'une mère est un pesant fardeau* ; mais si l'exemple est toujours une leçon, cette leçon est aussi fréquemment utile que nuisible, tout dépend de la direction qu'on donne au sentiment qu'elle produit. Ce qui arrive même le plus ordinairement, c'est que l'enfant, frappé des défauts de son père, tombe dans le défaut opposé. Le fils d'un avare est prodigue ; celui d'un cagot, incrédule ; la fille d'une femme trop galante est quelquefois disposée à la pruderie ; les héritiers des conquérans portent souvent l'amour de la paix jusqu'à la faiblesse ; et c'est moins comme père que comme instituteur, que le vicieux ou le méchant devient dangereux pour l'enfance.

On cite la parole de Diogène, qui dit à un jeune homme débauché : mon ami, *ton père t'a engendré étant ivre*. Ce propos du Cynique n'est que plaisant, il serait trop décourageant s'il était juste. A quoi servirait de s'occuper d'éducation, si les vertus et les vices se transmettaient avec le sang, et se donnaient par héritage.

L'histoire prouve le contraire, on n'y voit point de lignées de héros, ni de gens de bien, ni de méchans. On y trouve, au contraire, à chaque page, des Commode, succédant aux Marc-Aurèle ; des Domitien, aux Vespasien ; des Charles VIII, aux Louis XI ; et si vous en exceptez Alexandre-le-Grand et Théodose, vous voyez peu de rois célèbres dont les pères aient inscrit leurs noms dans les fastes de la gloire.

Les héros sont comme les grands fleuves, leur source est petite, ils grandissent en marchant.

C'est l'éducation, et non la naissance, qui fait tout. L'homme est créé par son père, il est formé par son instituteur; l'un nous fait naître, et l'autre nous façonne.

Aussi, malgré la grande habileté et la grande renommée de son père, le conquérant de l'Asie avouait qu'il devait plus à Aristote qu'à Philippe.

Les hommes qui de tout temps ont disputé sur tout, sans s'accorder sur rien, ne se sont pas encore mieux entendus sur la meilleure méthode d'éducation que sur le meilleur système de gouvernement : sur les matières les plus importantes, le monde, quoique bien vieux, en est encore aux essais.

Les pauvres enfans ont, comme les malades, à craindre une foule de charlatans qui font sur eux l'expérience de leurs systèmes. Et en cela comme en toute autre chose, le grand défaut qui paraît inhérent à la nature humaine, est d'aimer ce qui est tranchant, de donner dans les extrêmes, de se plaire dans l'excès, et de fuir cette modération et ce juste milieu, où se trouvent cependant la vérité, la justice et la sagesse.

Entrez dans ce logis, vous y voyez l'enfance contrainte, triste, opprimée par un sévère précepteur; l'orgueil et l'humeur rident son front, son regard menace, sa voix gronde, sa main est armée de férule et de verges; loin de penser comme Sénèque, *qu'on ne doit pas violenter la nature, et qu'il faut proportionner le travail, non aux forces, mais à la faiblesse de l'enfant,* il hérisse son jeune cerveau de mots barbares, charge sa mémoire de *sons* qu'il ne comprend pas, son esprit de paroles, au lieu d'idées, de maximes, au lieu de sentimens; punit la fatigue comme paresse, prescrit le silence dans le repos, la gêne dans l'amusement; châtie comme crime le moindre murmure, et marchant à rebours de son but, vrai tyran de l'innocence, grave dans cette jeune ame, en traits ineffaçables, l'effroi des leçons, la haine du travail, et un penchant invincible pour la dissipation.

Dans cette autre maison, une femme commande : son amour, comme presque tous les amours, est aveugle; son enfant est son idole; soumise à tous ses petits caprices, elle craint pour lui le péril d'une lutte, les dangers d'une course, la fatigue du travail, l'ennui de l'étude; les variations même de l'air l'épouvantent, elle gâte son humeur par sa complaisance; énerve son corps par ses précautions : avant d'apprendre à penser, il décide et juge; avant de savoir obéir, il commande; ce jeune maître insensé gronde et gourmande les domestiques; son gouverneur, salarié et tremblant, n'ose le contrarier; la crainte d'un jeune délateur lui impose silence. Il loue servilement les défauts qu'il devrait corriger, et partage en soupirant la molle oisiveté de l'enfant gâté dont il subit la fantasque tyrannie.

Ailleurs, vous croyez entrer dans un monastère, il n'y manque à l'enfance que la discipline et le cilice, et à cet âge tendre où le ciel n'exige rien de l'homme que la reconnaissance, au lieu de faire connaître à l'enfant un Dieu de paix et d'amour, on l'effraie d'une Divinité vengeresse; on le fatigue par des prières, on le contrarie par des jeûnes, on l'ennuie par des sermons; enfin, on lui fait craindre ce qu'on devrait lui faire aimer.

Dans cet autre endroit, au contraire, on ne le forme qu'à la grace; on ne l'occupe que de parures, il ne lit que pour s'amuser, son travail est d'apprendre à plaire, son étude est dans le salon, son école au théâtre; le bal est le champ de ses exercices; jamais on ne prit tant de soin pour former Périclès à l'éloquence, Platon à la sagesse, que pour mouler ce jeune Sybarite à la mollesse et à la fatuité.

Ici, le système de l'éducation publique domine exclusivement, et, comme Lycurgue viola les lois de la nature, en ôtant les enfans à leurs parens pour les donner à l'État, quelques hommes, inflexibles dans leurs opinions, voudraient priver un père du droit le plus doux quand il peut l'exercer, celui de former à la vertu l'être auquel il a donné la naissance, et de répandre la lumière dans l'esprit de l'enfant qui lui doit le jour.

D'autres, gouvernés par des préjugés gothiques et par un orgueil incurable, craignent que le rejeton de leur noble race ne se ternisse en se frottant aux plébéiens; l'éducation privée leur parait la seule propre à maintenir dans leur élève la dignité de sa race et la pureté de ses opinions; les écoles publiques se présentent à leur imagination avec tous les périls des doctrines libérales; il peut y entendre les mots dangereux de patrie, de liberté, d'égalité; les leçons et l'exemple pourraient l'y corrompre, en lui apprenant que les principes éclairent, que les préjugés égarent, que les peuples ont des droits, les princes des devoirs; que le mérite vaut mieux que la naissance, et que la noblesse, ne faisant que mettre l'homme en lumière, est une décoration qui rend la vertu plus éclatante et le vice plus scandaleux.

En effet tout ne serait-il pas perdu, si, par malheur, dans ces écoles qui ressemblent à de petites républiques, le noble élève entendait répéter autour de lui ce mot de Montaigne, qui cependant était gentilhomme, et je crois même du bon vieux temps : *Un jeune enfant qui ne souhaite pas la gloire, qui ne préfère pas la science aux puérils amusemens, et qui n'attache pas plus de prix à un combat qu'à un bal, fût-il fils de duc, faites-le pâtissier dans quelque bonne ville, car il faut colloquer les enfans, non selon les facultés de leurs pères, mais selon celles de leur ame.*

Au reste, quelque méthode qu'on adopte, il faut toujours en venir à ce point, c'est qu'on doit apprendre à l'enfant voyageur l'histoire, les lois, les règles, les mœurs, les usages du monde qu'il habite, afin qu'il puisse éprouver le plus de bonheur et le moins de peine possible sur la terre qui le porte, et dans l'autre séjour qui l'attend.

L'éducation qui forme son caractère, l'instruction qui éclaire son esprit, varient suivant les diverses positions dans lesquelles le hasard de la naissance et la fortune l'ont placé. Mais dans toutes, il est un but commun qu'on ne doit jamais perdre de vue, c'est de le rendre juste et bon.

Chaque condition de la vie humaine exige différens degrés de lumière, mais la morale est également nécessaire à tous. Les fils du roi, du laboureur, du guerrier, du marchand, des grands et des petits, des riches et des pauvres, doivent également savoir que, malgré tous les paradoxes de l'erreur, le vice conduit au malheur, la vertu à la félicité ; car une loi éternelle, qui maintient l'ordre de l'univers, veut que les mondes n'existent, ne marchent et ne se conservent qu'en s'attirant, et les hommes en s'aimant.

Nous tendons constamment tous à chercher le bien-être, à fuir le mal-être; mais dans les plaisirs que l'injustice et le vice nous donnent aux dépens d'autrui, il n'est point de vrai bonheur. On tombe dans le désordre, qui est la douleur et la mort morale, dès qu'on fait aux autres ce qu'on ne voudrait pas qu'ils nous fissent.

Tout vice porte sa peine, toute vertu sa récompense; l'un produit haine et mépris, l'autre, estime et amour.

Quand la vertu, la bonté, la sagesse, ne seraient pas de grands devoirs, elles seraient encore de bons calculs, car le mal est inséparable de l'erreur, comme le bien de la vérité.

L'égoïste est un triste fou, qui se trompe; il s'isole, se prive d'appui, et s'égare, sans compagnon, sans guide, dans le labyrinthe de la vie.

L'éternel précepteur des hommes, *le temps*, ne prouve que trop ces vérités; il ne moissonne que trop vite les faux plaisirs d'un moment, payés par un long malheur; mais il ne faut pas attendre ses lentes leçons, c'est à la raison à faire d'avance son ouvrage.

Ce qui fait que chez nous, trop souvent, les moralistes ne jettent que de la semence perdue, c'est qu'ils donnent leurs vérités comme de dures règles, comme de froids préceptes, comme d'impérieux devoirs, au lieu de les présenter au jeune voyageur qui s'avance sur la terre comme les seuls moyens d'y trouver bon gîte et bon visage d'hôte; comme la seule monnaie avec laquelle on puisse acheter le vrai plaisir et le vrai bonheur.

Dans cette étude du cœur humain, comme dans celle des sciences et des lettres, n'oubliez pas la délicatesse de l'enfant, qui ne peut suivre vos grandes enjambées qu'à pas courts et précipités, comme Ascagne suivait Énée en sortant de Troie.

Développez, et n'usez pas sa force; ne mettez pas cette plante en serre chaude, elle ne vous donnerait que des fruits imparfaits et sans saveur. Croyez *Confucius*; il vous dit *de laisser à la jeune fleur le temps de s'épanouir, et de ne la pas flétrir pour toujours, en l'échauffant imprudemment dans votre sein.*

Il étudie vos leçons, vous, étudiez son caractère; vous y découvrirez les germes de tous les sentimens honnêtes, profitez-en; *Sénèque* vous avertit avec raison, *que les bons avis développent ces germes heureux, comme un souffle léger étend les feux d'une étincelle.*

Vous trouverez un auxiliaire dont l'aide ne vous manquera jamais; c'est ce sentiment, source de grands biens et de grands maux, c'est l'amour-propre, le plus puissant, le plus utile, le plus dangereux des ressorts moraux; il marche dans l'enfant plus vite que ses années, et croît plus rapidement que son corps.

Mais nul amour n'a plus besoin d'être contenu et dirigé; il paraît, suivant le conducteur, ou comme le rayon qui éclaire, ou comme la foudre qui consume.

Lâchez-lui la bride lorsqu'il s'exerce sur les qualités du cœur et de l'esprit; mais retenez-le avec prudence lorsqu'il se tourne sur les avantages corporels. Préservez l'enfant de ce fol orgueil qu'inspire la beauté : cette beauté que *Platon* appelle *un privilége de nature*, et *Socrate* plus sagement, *une courte tyrannie.*

Si vous le voyez prêt à tirer trop de vanité de ses jeunes talens, songez à lui en montrer les inconvéniens à côté de l'utilité, faites-lui remarquer, avec le philosophe chinois, que le talent de la parole *fait perdre au perroquet sa liberté ; qu'on ouvre l'huître pour en tirer des perles ; et qu'on chasse l'éléphant pour lui arracher son ivoire.*

En l'empêchant de s'emporter sous l'aiguillon de l'amour-propre, ne le laissez pas s'endormir sous les rideaux de la paresse; apprenez-lui que dans son voyage il ne peut rien acquérir sans peine, même la vertu.

Le travail est sa destinée, et comme le dit Phocylide, *le laborieux paie sa vie, le paresseux la vole.*

Vous avez à combattre des adversaires adroits et puissans. L'enfant, semblable déjà à un jeune roi, entouré de courtisans trompeurs, se voit environné de vices séduisans et flatteurs, qui lui tendent tous différens pièges, qui lui offrent tous de dangereux appas.

Il faut que la vertu leur oppose aussi quelques promesses et quelque *profit*. Sénèque observe très-justement *qu'il n'y a point de vice qui n'offre un salaire; l'avarice fait briller l'argent; la paresse attire en montrant le repos; la débauche promet le plaisir; l'ambition le pouvoir; ne veuillez donc pas que la justice et la vérité prétendent être servies gratuitement, et pour faire aimer chaque vertu, prouvez qu'elle paie aussi une solde et donne une récompense.*

Vous direz vrai, et votre élève suivra la prudence, pour trouver la sûreté; la justice, pour obtenir l'estime; le courage, pour mériter la louange; la tempérance, pour prolonger le plaisir, pour conserver la santé; la bonté, pour attirer l'amour.

L'homme, destiné à créer, commence par imiter; craignez que cette imitation ne devienne trop habitude, celui qui *traduit* toujours n'est jamais *traduit.*

Montaigne a raison, *qui suit toujours un autre, ne cherche rien, et ne trouve rien. Ce n'est pas tout qu'il apprenne vos préceptes, il faut qu'il sache se les approprier; les abeilles pilottent de çà, de là, les fleurs, mais elles en font après le miel qui est tout leur. Ce n'est plus thym ni marjolaine.*

Il faut faire aimer le précepte et le précepteur, on ne retient à soi que ce qu'on a reçu avec plaisir. On n'écoute docilement que celui qui amuse et n'effraie pas; sur un jeune cœur élastique quoique faible, la guerre rebondit et manque son coup. La douceur seule y pénètre.

Comme Montaigne, *je n'aimerais à grossir ce cœur que d'ingénuité et de franchise, et je n'ai guère vu d'autre effet aux verges, sinon de rendre les ames plus lâches, ou plus malicieusement opiniâtres; on doit ensucrer les viandes salubres à l'enfant, et enfieler celles qui lui sont nuisibles.*

Ce qui est difficile à l'homme, et cependant bien nécessaire, c'est de se rabaisser à la taille de son élève; peu savent imiter le prophète, qui se raccourcissait à la mesure de l'enfant pour lui rendre la chaleur et la vie.

On a fait de nos jours une découverte qui sera presque aussi grande en ses effets que celle de l'imprimerie; c'est la découverte de l'*enseignement mutuel*, les enfans se servent de maîtres les uns aux autres.

Ces naissantes intelligences connaissent chacune naturellement leur portée. Elles expliquent la leçon comme elles l'ont conçue; elles font facilement comprendre ce qu'elles ont compris; elles connaissent mieux que les grandes personnes les petites issues par lesquelles la pensée peut entrer dans leur cerveau.

L'enfance a son langage propre, que l'âge mûr oublie; tout est clair et rapide dans cet échange de lumières. l'émulation y est sans cesse entretenue, excitée, sans pouvoir se changer en envie, car là, rien n'est arbitraire, on est jugé par ses pairs. La supériorité ou l'infériorité sont évidentes; la prééminence est décidée et assignée par les petits rivaux qui se la disputent : les petites dignités de ce jeune état sont de courte durée, chacun y parvient tour-à-tour, et l'espérance y entretient le courage.

Le travail y présente l'intérêt d'une lutte, l'activité d'une course, le charme d'un spectacle, et l'étude y devient un jeu.

Il n'est pas étonnant de voir le fanatisme et le despotisme tonner contre ces établissemens, que tout sage gouvernement protège. La lumière s'y répand trop vite, et certaines gens ont tant d'intérêt à prolonger la nuit! l'orgueil et l'ignorance ne conservent leur empire que dans les ténèbres, les hommes ne se laissent plus traîner à leur suite dès qu'ils voient assez clair pour connaître leurs droits, leurs devoirs, leurs vrais intérêts, et pour distinguer les chaînes avec lesquelles on les conduisait si facilement à la faveur de l'obscurité.

Graces à la marche du siècle et aux progrès de la raison, l'enfant qui commence son voyage ne gémit plus emmailloté dans les liens qui s'opposaient à sa force et à sa croissance; on n'entoure plus son berceau de fables absurdes, de fantômes trompeurs, de spectres effrayans; les instrumens de torture, le fouet, la férule, les verges, le martinet, n'énervent plus son ame en flagellant son corps. Il n'enfonce plus ses pas timides dans la poussière des bancs de l'école, on ne l'égare plus dans le dédale érudit d'Aristote, dans les fausses voies des catégories, dans le labyrinthe des subtilités scolastiques et sorboniques. Le chemin de l'étude s'offre à lui aplani, éclairé. La douce et lumineuse morale de Fénélon dirige le gouvernement des enfans, comme le génie de Montesquieu celui des hommes.

En arrivant aux limites qui séparent l'enfance de la jeunesse, l'adolescent n'a point perdu ses premières journées, son travail n'a point excédé ses forces, ses plaisirs n'ont point amolli son ame ; les préjugés n'ont point rétréci son esprit ; son instruction n'est point, comme ci-devant, une ignorance acquise.

Il a appris des choses et non des mots ; on a gravé des principes dans sa pensée, des faits dans sa mémoire, des sentimens dans son cœur.

Il sait que son bonheur ne peut exister que dans l'accomplissement de ses devoirs. Il sait que la Divinité doit trouver en lui une créature reconnaissante, les hommes un frère, le gouvernement un sujet soumis, mais libre ; la patrie un défenseur courageux, un citoyen utile.

Il va continuer sa marche dans cette route étroite que lui trace la justice entre les excès : il n'ignore pas que chaque vertu est un milieu entre deux vices ; la piété entre la superstition et l'incrédulité ; la prudence comme le courage, entre la peur et la témérité ; la liberté, entre la servitude et la licence ; la justice, entre la rigueur et la faiblesse.

Le bonheur est au bout de ce chemin ; les abîmes du malheur en bordent les deux côtés ; les passions, comme des sirènes, l'y attirent sans cesse. Elles parlent *bien haut* ; et la raison, qui lui conseille comme à *Ulysse* de se boucher les oreilles pour ne les pas entendre, parle toujours un *peu bas*, et souvent un *peu tard*.

Puisse le jeune voyageur, que nous allons suivre dans cette seconde époque de sa vie, être doué de la vertu qui seule protège toutes les autres, de la *force* ; l'esprit ne fait que montrer la route, c'est le caractère qui la suit ; les passions sont des tyrans, et pour résister à ceux-là, comme aux autres, le vouloir n'est rien sans la fermeté.

Plutarque dit *que les peuples d'Asie n'étaient depuis si long-temps soumis au despotisme, que parce qu'ils ne savaient pas bien prononcer cette seule syllabe, non.*

# LA JEUNESSE.

L'enfance s'est écoulée doucement à l'ombre de ses premiers appuis, semblable à un ruisseau faible encore qui se promène mollement au milieu d'une prairie émaillée de fleurs. Peu à peu il s'est grossi des sources abondantes que la nature et l'éducation ont versées dans son sein. Mais ses eaux ont été constamment dirigées et contenues par des barrières placées avec prudence, entretenues avec une vigilante activité; enfin le moment arrive où il sort de ses limites; il va se précipiter sur la terre comme un torrent.

Les premiers obstacles qu'il rencontre, les premiers écueils qui veulent l'arrêter ne font qu'accélérer sa course: son sort dépend de la direction que lui donnent mille accidens divers.

Entraînant tout sur son passage, il peut se perdre dans les marais fangeux, dans les cavernes profondes, ou dans les sables arides qui sont sur sa route; heureux si rencontrant une pente plus douce, et la protection d'arbres salutaires, ou de bords élevés et conservateurs, il ralentit et règle sa marche; alors ce torrent dévastateur devient un fleuve tranquille et fertilisant, qui poursuit paisiblement son cours, jusqu'au moment où il se mêle et se confond avec les eaux de l'immense Océan.

Telle est l'image de la jeunesse. L'enfant n'est plus; il cesse de se voir renfermer sous l'abri protecteur de la maison paternelle, il aperçoit un monde vaste et nouveau. Dégagé de ses liens, le jeune homme s'élance avec ardeur dans ce monde, où l'attendent tant de plaisirs et tant de chagrins.

C'est alors, dit Lacépède, *que les passions commencent à exercer sur lui leur empire orageux; c'est alors que les désirs règnent sans opposition sur son ame, rien ne la remue faiblement comme dans son enfance, tout la secoue violemment. Le jeune homme ne vit que d'élans et de transports.*

Jusque-là entouré d'amis et de défenseurs, il n'avait point aperçu de péril, il n'avait presque point connu de résistance. Maintenant, fier de ses forces qui croissent et se développent sans cesse, plein d'une vie presque surabondante, ses facultés lui semblent sans bornes comme ses désirs.

Dédaignant tout obstacle, méprisant tout danger, presque honteux des liens qui avaient retenu son enfance, impatient de jouir de sa liberté, il écarte tout souvenir de son ancien esclavage; semblable au jeune Ascagne, aucun espace ne lui paraît assez vaste, aucun coursier assez rapide; aucune entreprise assez hardie; il bondit en triomphe sur la terre qu'il parcourt à son gré.

La délicatesse, les graces, la candeur de l'enfance, ont disparu; la force est empreinte dans ses muscles; le feu circule dans son sang; la fierté règne dans ses regards; il se plaît à soulever de lourds fardeaux, à franchir de larges fossés, à gravir des rocs escarpés; il poursuit le cerf agile, le lièvre timide, le sanglier féroce.

Sans avoir encore à combattre d'ennemis, il saisit, il agite ses armes; ses vagues désirs sont sans but, ses travaux sans règle ; mais la difficulté le tente, le péril l'attire ; chaque essai de sa vigueur lui paraît un triomphe : ce n'est plus l'amour enfant, couché sur des fleurs au milieu des ris et des jeux ; c'est Achille brûlant de renverser Troie, c'est Hercule impatient de dompter des monstres.

Moment d'ivresse ! époque enchantée ! âge des prestiges ! tous les biens, tous les avantages, tous les charmes de la vie s'offrent à la fois à nos regards : ils s'emparent de nos sens, de notre esprit, de notre cœur ; ils offrent à l'imagination une félicité sans bornes, un avenir sans terme.

Les désirs, les plaisirs, se pressant en foule devant nous, dérobent à nos yeux les regrets, les repentirs et les chagrins qui les suivent.

Tout sourit dans la nature au jeune homme qui apparaît sur la terre : enivré de son existence, il comprend à peine qu'on puisse s'affliger et mourir.

Dans sa vague ardeur, voulant essayer à la fois toutes les jouissances de la vie, son désir inquiet n'a rien de fixe ; il embrasse tout sans rien étreindre, jouit de tout sans rien goûter ; et léger comme la nymphe que peint Virgile, ses pas rapides glissent sur l'herbe et sur les fleurs sans les courber.

Il n'emploie pas ses forces, il les prodigue ; s'il joue, ce n'est point l'argent, c'est l'émotion qu'il cherche : s'il se livre au plaisir, ce n'est point l'amante, c'est l'amour qu'il aime ; s'il combat, ce n'est point l'ennemi, c'est le danger qu'il poursuit ; on dirait qu'il a hâte de dépenser sa vie.

Rêve trop court ! heures d'illusions ! l'éclair passe moins vite que vous ! le temps du péril approche, le moment des mécomptes arrive ; bientôt *Narcisse* voit qu'il n'adore qu'une vaine image ; *Tantale*, qu'il poursuit une onde qui s'échappe ; *Ixion*, qu'il n'embrasse qu'une nuée.

Le jeune homme naguère si vif, si joyeux, si ardent, devient triste, pensif, languissant ; tout a frappé, fatigué ses sens ; rien encore n'a pénétré son cœur et satisfait son ame : tout au dehors est encore plein de charmes, mais le vide est au dedans de lui.

Son indépendance le fatigue ; il tourne avec regret ses regards sur cet esclavage de l'enfance, sur ces douces chaînes qu'il avait rompues avec tant d'impatience. Là il était le centre des affections, il se voyait protégé, environné d'êtres aimans ; ici quelle différence, il est abandonné à lui-même, entouré d'indifférens, de rivaux ou d'ennemis.

Autrefois ses premiers succès étaient un triomphe de famille ; aujourd'hui tous ses compagnons lui disputent le prix de la beauté, de la force, de l'adresse, des talens, du courage ; ils sont envieux de ses plaisirs, froids pour ses chagrins, ils s'irritent de ses avantages, et rient de ses revers.

Il ne tarde pas à s'apercevoir que beaucoup de caresses sont des trahisons, beaucoup de louanges des piéges ; que plusieurs visages ne sont que des masques ; que la plupart des promesses sont des mensonges, et qu'ainsi que le dit un ancien, *on amuse les hommes avec des sermens, comme les enfans avec des osselets.*

Une surprise encore plus triste vient ajouter aux peines de son ame, au trouble de son esprit ; les leçons du monde lui semblent en contradiction perpétuelle avec celles qu'il a reçues de ses maîtres.

Ils lui ont toujours représenté le bonheur suivant la sagesse, le malheur attaché à la folie, la vertu couronnée d'estime, le vice puni par le mépris ; il voit au contraire à chaque pas l'orgueil dominant, la modestie délaissée, la méchanceté triomphante, la bonté ridiculisée, la folie en honneur, la sagesse exilée avec la justice et la vérité, et la fortune ouvrant à l'intrigue, à la sottise, à la friponnerie, l'entrée de son temple, dont le mérite assiége vainement la porte.

Le jeune voyageur tombe alors dans un doute funeste ; il craint que ses guides ne l'aient égaré dans ce monde inconnu ; il ne voit pas que ces triomphes de l'erreur, que ces malheurs de la vertu ne sont qu'apparens. Il apprendra plus tard que le temps et l'opinion remettent tout dans l'ordre, et font justice à tous, tandis qu'au dedans de chacun la conscience exerce cette justice avec plus de promptitude et de sévérité.

Cependant lorsqu'il flotte dans cette incertitude, cherchant au hasard une lumière et un appui, mille passions l'attendent et dressent sur son passage mille piéges dangereux : hélas ! il en est peu qui leur échappent et qui résistent à leur voix séduisante.

L'un, entraîné par la vanité, corrompu par la flatterie, rougit de ses anciens principes, fait parade de ses vices, s'enorgueillit de sa frivolité, et, devenant un héros et un esclave de la mode, passe, tombe, et disparaît comme les atours et les hochets de cette fantastique divinité.

L'autre, croyant que l'or gouverne le monde, suit en aveugle le char de la fortune, et perd au jeu ses biens et sa réputation.

Celui-là, ne voyant de bonheur que dans la puissance,

se soumet aux chaînes de l'ambition, entre dans le sentier tortueux de l'intrigue, s'abaisse pour se grandir, rampe pour s'élever, perd sa vie en tourmens honteux, et trouve au bout d'une longue marche, une vaine fumée et une lourde chute.

Un plus grand nombre, épris des voluptés, courent en riant à une vieillesse prématurée, paient de courts plaisirs par de longs remords; et, au lieu du bonheur qu'ils cherchaient, ne trouvent, dans les corbeilles de fleurs et de fruits qui les entourent, que l'aspic de Cléopâtre.

Ils sentent trop tard combien Plutarque avait raison de dire, *que le vice est un parfait ouvrier de malheur. Les autres tyrans, ajoute-t-il, paient des bourreaux, inventent des fers chauds, des tenailles, des tortures. Mais le vice, sans aide et sans appareil d'outils, sitôt qu'il s'attache à l'ame, la brise, l'accable et la ruine; il remplit l'homme de douleurs, de lamentations, de rancunes, de regrets et de repentance.*

Quand même échappant au naufrage, et n'ayant cédé que peu de temps au courant des passions, on parvient à les bannir de son ame, on en souffre encore longuement. On s'aperçoit, dit madame de Lambert, *qu'elles y ont demeuré, elles y font payer chèrement leur séjour.*

Le terrain où l'erreur vous conduit est bourbeux; on y entre facilement: on en sort avec peine. Horace vous le rappelle:

> Trop faible pour sortir de la fange du vice,
> Vous dégagez un pied, mais soudain l'autre glisse.

Et c'est bien pis, lorsque la passion vous a conduit

jusqu'au crime ; le même Horace prononce cet arrêt juste et sévère :

>La laine ne blanchit jamais
>Dès que la pourpre la colore.
>De même quand un crime a terni la vertu,
>Elle ne renaît point dans un cœur corrompu.

Heureux celui que le tourbillon du monde n'a point assez étourdi pour le détourner du premier chemin qu'on lui a tracé, heureux lorsque son ame pure conserve l'empreinte des principes que la prudence d'un père, la tendresse d'une mère, la prévoyance d'un sage instituteur, y ont gravés, comme un vase précieux retient l'odeur du nectar dont on l'a rempli.

Mais ce bonheur est rare ; un jeune esprit est trop ouvert aux plaisirs pour garder les souvenirs de la sagesse. Cette voix lointaine est bien faible pour le retenir sur une pente rapide ; le sentiment seul peut l'y arrêter. C'est le secours qu'il veut, c'est le soutien qu'il cherche, c'est le besoin de son ame.

Mais là se trouve encore le péril à côté du salut, le poison à côté du remède, l'amour et l'amitié s'offrent à lui pour le sauver ou pour le perdre ; ici tout dépend du choix, mais le danger devient extrême ; ce n'est plus les sens et l'imagination seulement, c'est l'ame qu'on va éclairer ou séduire : tous les traits, tous les coups porteront au cœur.

Dans ce moment où l'ame, lasse d'être libre, veut se soumettre, où le plus grand besoin du cœur est de se donner, l'amour, avec un trait semblable à une baguette magique, change tout à nos regards, tout autre prestige disparaît ; les désirs remplacent les projets, les sentimens les idées ; il s'empare de notre imagination comme de nos sens ; il n'est plus pour nous d'autre gloire que de plaire, d'autre bonheur que d'aimer.

L'amour nous fait un monde nouveau, peuplé de deux personnes ; un seul être est pour nous l'univers : nous ne prisons que pour lui notre fortune, nos talens, nos vertus mêmes ; on ne croit avoir d'autre mérite que celui qui lui plaît ; le temps nous semble se traîner dans son absence ; il vole quand nous sommes près de lui ; on éprouve ce que dit madame de Lambert qu'*on a trop peu de toutes ses heures pour les donner à ce qu'on aime*.

Et quel est l'objet qui change ainsi soudain toute l'existence du jeune voyageur? Quel génie a subjugué sa volonté, adouci sa fierté, désarmé sa force, triomphé de son indépendance? Est-ce un être plus éclairé, plus intelligent, plus vertueux, plus puissant que lui? Non, c'est presque un enfant, c'est une jeune femme.

Elle n'a d'armes que ses regards, de force que sa grace ; mais elle est belle, et la jeunesse croit trouver toutes les perfections là où elle voit la beauté.

La sagesse même cède en rougissant à son empire, et il échappe au sage La Bruyère de s'écrier *qu'un beau visage est le plus beau de tous les spectacles, et que l'harmonie la plus douce est le son de la voix de celle qu'on aime*.

C'en est fait, la vérité s'est voilée, la Raison a disparu, la gloire même a cédé. *Renaud* est aux pieds d'*Armide*.

Cet enchantement est court comme toute autre ivresse, et le réveil en est plus triste, car ce n'est pas le corps, c'est l'ame qu'il rend malade. La gloire et la vertu ne viennent pas toujours vous apporter, comme à *Renaud*, un miroir salutaire. Mais le temps ne se charge que trop de cet office.

Bientôt le jeune homme, rassasié de voluptés, cherche un autre charme et ne le trouve pas ; il se donne, et on ne fait que se prêter à lui ; il avait besoin de confiance, il ne rencontre que de la légèreté ; il aimait exclusivement et ne voit qu'un objet qui veut plaire à tous. Il espérait un guide, un appui, et n'aperçoit qu'un maître capricieux ; il croyait admirer l'élévation d'ame, et c'est un orgueil puéril qui l'a subjugué.

Il découvre trop tard qu'il a pris le plaisir pour le bonheur ; dès qu'il est soumis, sa conquête ne satisfait plus la mobile vanité de son vainqueur ; on désire de nouveaux sujets, on lui donne des rivaux ; l'île enchantée disparaît, l'antre des enfers la remplace ; une furie en sort couronnée de serpens, armée d'un poignard ; c'est la sœur de la pâle mort, c'est la mère de la haine et de la vengeance ; c'est la hideuse jalousie.

Le jeune voyageur ne ressemble plus alors à *Renaud*, c'est *Alcide* consumé par la robe de *Nessus* ; égaré, furieux, il ne songe plus qu'à punir l'ingrate, qu'à se venger de l'infidèle ; il blasphème contre son idole, il s'élance pour la renverser.

Une foule joyeuse d'anciens compagnons de ses plaisirs, comme lui souvent trahis, mais avant lui détrompés, l'entraînent en riant loin du crime qu'il méditait : « la raison, lui disent-ils, aurait détruit la jalousie » si elle était injuste ; le mépris doit la guérir puis- » qu'elle est fondée.

» Crois nos conseils ; toutes les femmes sont légères » et perfides ; venge-toi d'elles en les imitant : mille

» plaisirs réels vont te payer la perte d'un bonheur
» idéal.

» Ne cherche plus la félicité dans cette île d'amour,
» où la beauté ne fait que des esclaves et des dupes,
» romps pour toujours ces dangereux filets : la chasse,
» le vin, le jeu et mille voluptés t'appellent, elles t'at-
» tendent : apprends par notre exemple que tout l'art
» de vivre consiste dans l'art de jouir. Ne prends donc
» pour maître qu'Épicure, et pour Dieu que la vo-
» lupté. »

A l'âge des entraînemens, on est aussi facilement dupe de la fausse amitié que du faux amour ; on se défie de celui qui vous arrête, on se confie à celui qui vous pousse sur le chemin doux et glissant des plaisirs, et tandis qu'on n'a que des complices, on se croit des amis.

Voilà le jeune voyageur de nouveau métamorphosé ; c'est *Alcibiade* remplissant Athènes du bruit de ses brillantes folies, cherchant la gloire dans les excès, le bonheur dans les égaremens, surpassant les courtisanes en perfidie, les plus hardis sophistes en audace, les plus riches citoyens en luxe, les plus intrépides buveurs en orgies, les plus aventureux soldats en témérité.

La fortune n'est ni plus sincère ni plus constante que Vénus, son jeune favori éprouve bientôt ses rigueurs ; ses amis s'éloignent, sa cour disparaît ; la multitude cesse de l'admirer ; les éclatantes illusions qui enivraient et remplissaient son ame se dissipent comme une vapeur légère, et n'y laissent qu'un vide sombre et douloureux.

L'ambition le trahit comme l'amour et la fortune ; il est accusé par ceux qu'il avait servis, dominé par des rivaux qu'il méprisait, le peuple qui l'idolâtrait l'exile. Il va peut-être dans son courroux, imitant son séduisant modèle, oublier le plus saint de ses devoirs, combattre sa patrie ingrate, et s'avilir pour se venger.

Heureux s'il rencontre enfin un ami à la fois sage et indulgent comme Socrate ! Si dans son naufrage il s'attache à cette branche d'olivier, elle peut encore le sauver et ramener la paix dans son cœur.

Appelé par la voix ferme et consolante de cet ami, il s'arrête, l'écoute, le suit, et croit entendre retentir de nouveau dans son ame ces accens paternels dont ses longues erreurs, ses passions violentes, ses bruyans plaisirs avaient presque effacé la trace.

Son ami, sans l'effrayer, est pour lui comme une glace fidèle ; il lui fait voir sans voile sa propre image ; le jeune homme se regarde avec honte, et il a fait déjà le premier pas vers la sagesse, dès qu'il a reconnu sa folie.

Nouveau Télémaque, il se laisse timidement guider par Mentor.

Cependant ce jeune homme, naguère si bouillant, se montre lent, froid, mélancolique, circonspect ; son amitié a l'air de la crainte, il n'ose lever ses regards sur la vertu, et quand son sage ami est devant lui, on dirait qu'il est en face de sa conscience !

Son guide l'encourage et le fortifie. « Ne rougissez pas
» de votre tristesse, lui dit-il, elle est à la fois de bon
» augure et de bon exemple, elle annonce une heureuse
» métamorphose en vous, et en produira peut-être de
» pareilles chez d'autres ; ce qui empêche le mieux d'i-
» miter ceux qui se sont laissé séduire par la folie, ou
» entraîner par le vice, c'est de les voir ; car ils sont
» presque toujours mécontens de leur sort.

» Les maladies du corps ont au moins un avantage ;

» elles nous forcent au repos ; celles de l'ame, au con-
» traire, nous ôtent toute tranquillité.

» Nous allons commencer la guerre contre vos pas-
» sions ; mais avant de vous y engager, sachez bien que
» cette guerre doit être perpétuelle ; si en combattant
» les vices vous leur accordez quelque trêve, vous se-
» rez battus par eux, ils sont toujours sous les armes.

» Commençons par attaquer la plus triste erreur, celle
» qui vous tourmente le plus ; c'est la haine que vous
» inspirent des jaloux, des rivaux, des ingrats ; d'abord
» vous conviendrez qu'il est douteux que cette haine
» fasse à votre ennemi le mal que vous lui souhaitez.
» Ce qui est seulement certain, c'est le mal qu'elle fait
» à vous-même.

» Je vous dirai bien plus, et je vous apprendrai, avec
» Plutarque, *que les ennemis ont leur utilité; ils vous*
» *montrent vos fautes ; ils vous disent des vérités ; ce*
» *sont des maîtres qu'on ne paie pas.* Si vous avez
» quelque imperfection cachée, l'envie les éclairera,
» elle n'en laissera aucune dans l'ombre ; elle vous ren-
» dra un éminent service, en vous prouvant que pour
» forcer les autres à vous accorder leur estime, vous de-
» vez d'abord mériter la vôtre. Xénophon disait, *que*
» *les bons ménagers font profit de tout, de leurs en-*
» *nemis comme de leurs amis.*

» Moi je dis plus, c'est que ces ennemis peuvent faire
» jouir votre amour-propre du plus grand plaisir qu'on
» puisse lui donner. Pardonnez à ceux qui vous haïssent;
» rendez-leur le bien pour le mal, montrez leur injustice
» en prouvant vos vertus ; forcez-les ainsi à l'admiration,
» à la reconnaissance, et vous aurez remporté le plus beau
» triomphe qu'une ame généreuse puisse souhaiter. »

Le jeune homme écoute avec autant de surprise que de plaisir cet avis si nouveau pour lui ; on est toujours las de haïr : son ami dégage son ame d'un lourd fardeau. Tout germe de méchanceté s'éloigne avec la haine, et tout sentiment de bonté revient dès qu'on aime ses semblables.

Celui qui a rencontré un véritable ami, a trouvé un rare trésor ; il devient bientôt riche de vertus ; avec son aide, commence cette seconde éducation qui grave ce que la première n'avait que dessiné.

Fort de cet appui, il tourne ses regards en arrière, réfléchit sur sa vie si follement écoulée, et passe en revue les divers prestiges qui l'avaient séduit.

Hérodote lui peint sa jeunesse « quittant avec la robe
» de l'enfance toutes craintes salutaires, ainsi que les
» femmes en dépouillant leurs tuniques dépouillent la
» honte. »

Il sent qu'il existe une peur utile, la peur des reproches, et que celle-là doit toujours se conserver. Elle rend prudent contre les séductions, et hardi contre le danger.

Éclairé par de sages entretiens, par de solides et intéressantes lectures, il revoit avec dégoût ses anciens compagnons de débauche ; leurs couronnes de fleurs, de pampres, de lierre, ne le charment plus. Il ne se laisse plus étourdir par leurs chansons bachiques et joyeuses ; il se souvient des indiscrétions, des folies, des querelles qui suivent l'ivresse ; il comprend ce qui avait déterminé *Pittacus* à punir doublement les fautes commises par un homme *ivre* ; il sent la justesse de cette réponse d'un roi de Sparte, auquel on demandait pourquoi les Spartiates ne buvaient pas de vin : « c'est afin

» dit-il, que les autres ne délibèrent de nous, mais
» nous des autres. »

Pour l'éprouver, son ami le rapproche des filets qu'on lui a autrefois tendus, et où il est si souvent tombé : à la porte de l'un de ces temples de la *fortune* ou plutôt de *l'infortune*, de l'une de ces maisons de jeu où l'avarice expose sur une carte légère, au souffle du sort, l'honneur, le bonheur et la vie ; il frémit en voyant la honte, les remords, le désespoir, empreints sur les traits des victimes de cette funeste passion.

« Eh bien ! lui dit son mentor, *Érasme*, qui s'est
» amusé à parer l'austère sagesse des atours de la folie,
» avait-il tort de comparer une maison de jeu à cet
» écueil nommé *Malée* qu'on trouvait sur les côtes de
» Laconie, écueil si dangereux qu'il avait donné lieu à
» ce proverbe : *Quand tu navigues devant Malée, dis*
» *adieu à ta fortune et à ta famille.* » Mais cette malheureuse passion est si violente qu'elle résiste souvent à tous les conseils de la philosophie, et même à ceux d'une cruelle expérience. Aucune n'a fait verser plus de larmes dans les familles ; on se souvient de la touchante leçon qu'une femme sensible sut donner avec autant de grace que de délicatesse à son mari possédé de l'amour du jeu.

La marquise de la V*** avait deux filles charmantes ; leur père imprudent exposait chaque jour aux chances du sort leur dot, leur avenir. Dans ce temps où il était devenu impossible de porter sur soi assez d'or pour payer ses pertes, l'usage s'était établi de jouer avec des fiches ; chaque joueur avait les siennes.

Le jour de l'an, la marquise offre en silence, pour étrennes, à son époux, une boîte de fiches ; il l'ouvre, la vide, et voit au fond les portraits de ses deux enfans ! Cette muette et pathétique éloquence retentit au fond de son cœur. Il versa des larmes, et s'arrêta, dit-on, sur le précipice où il était près d'engloutir les plus chers objets de sa tendresse.

Il semblait plus difficile pour le jeune voyageur de l'éloigner des égaremens où l'avait jeté son amour-propre. Cet amour-propre, au dire d'Érasme, *est le frère de la folie; elle le prône, et le recommande à la dévotion de tous ses adorateurs; en vivant, leur dit-elle, sous sa protection, vous êtes charmés de votre mérite, vous êtes ravis de vos belles qualités, et dès lors vous avez le bonheur d'être parvenus à la plus haute folie; avec la flatterie vous ne cajolez que les autres, mais par l'amour-propre vous vous cajolez vous-mêmes.*

Ce qui guérira le plus promptement notre jeune homme de la fatuité, ce sera la rencontre d'un fat, il comprendra bientôt la vérité du portrait qu'en fait La Bruyère. *Le fat*, dit-il, *est entre l'impertinent et le sot, il est composé de l'un et de l'autre.*

Le roi d'Ithaque, quoique inspiré par Minerve, ne put garantir tous ses compagnons de la séduction des *sirènes*, ni des piéges de *Circé*; le mentor du jeune voyageur craint encore pour lui les artifices de la coquetterie et la magie de la beauté; il se trompe, l'humiliation d'avoir été dupe, l'indignation de s'être vu sacrifié, ont déchiré les voiles de l'illusion; l'ivresse des sens passe vite quand elle n'a pas gagné le cœur.

Le faux amour n'est point immortel comme le véritable. Son flambeau s'éteint avec celui du désir; nous oublions ses trompeuses douceurs, et nous ne gardons que le souvenir des chagrins cruels qu'il nous a causés.

« Ne redoutez plus pour moi la volupté, dit le jeune
» homme à son ami, avant de vous entendre j'étais
» guéri; avant de lire Charron, j'avais trop éprouvé *que
» cette volupté est la fois violente et pipperesse : plus
» elle nous mignarde plus défions-nous-en, car elle
» nous veut embrasser pour nous estrangler, elle nous
» appaste de miel, pour nous saouler de fiel.*

» Défendez-moi plutôt contre l'ambition, je sens
» qu'un fol amour de gloire fait encore battre forte-
» ment mon cœur. Je puis sans peine renoncer à tous
» les plaisirs qui consument le temps d'une jeunesse
» insensée; mais je ne puis renoncer au désir, à l'es-
» poir de briller parmi mes concitoyens, et de rendre
» mon nom célèbre; la raison me dit vainement que c'est
» encore une illusion qui me séduit, que c'est toujours
» l'amour-propre qui m'égare, que si la fatuité est l'orgueil
» rapetissé, l'ambition n'est que de la vanité grandie.

» Tout mon sang bouillonne à la vue d'un guerrier
» couronné du laurier de la victoire, et de l'orateur qui
» remporte la palme de l'éloquence. »

« Je me garderai bien, répond son ami, de détruire
» en vous ce germe heureux, cet aiguillon utile de tous
» les beaux talens, de toutes les bonnes et grandes ac-
» tions, je n'arrêterai point votre marche, je ne ferai
» que la modérer. Visez au but le plus élevé, j'y con-
» sens; mais comme on l'atteint rarement, sachez vous
» contenter d'en approcher.

» Au lieu de satisfaire un vain désir, remplissez un
» devoir, combattez pour défendre votre pays; parlez,
» écrivez pour servir, pour éclairer vos concitoyens.
» On n'est pas certain d'être grand, on est toujours sûr
» d'être utile.

» La moitié de ce que vous souhaitez dépend de vous:
» la bonne renommée vient de la vertu, et la gloire de
» la fortune; visez à l'une comme but, et à l'autre
» comme chance.

» Conservez sous l'armure du soldat les qualités qu'on
» chérit dans le citoyen : la douceur, la modestie, la
» générosité, la tempérance.

» Selon les différens modèles qu'il suit, le guerrier
» devient le fléau ou l'honneur de l'humanité.

» Les armes de l'éloquence exigent la même sagesse,
» la même probité dans leur emploi. Cette éloquence a
» ses dangers comme son utilité; tout dépend de l'usage
» qu'on en fait ; c'est le bouclier de l'innocence, l'épée
» du courage, ou le poignard de la calomnie.

» A la tribune comme dans les camps, soyez l'homme
» de votre patrie, et ne devenez celui d'aucun parti;
» l'esprit de parti n'est qu'un égoïsme un peu étendu,
» il rapetisse les pensées, fausse les idées, corrompt les
» sentimens, et met les intérêts à la place des vertus ;
» il enfante les discordes, rompt les liens des peuples,
» et cause même le malheur des individus, en chassant
» de leur cœur la modération et la bienveillance, hors
» desquelles il ne peut exister ni vraie sagesse ni vrai
» bonheur.

» Mais l'homme souvent n'évite un excès que pour se
» jeter dans l'autre ; en cherchant la modération, n'allez
» pas tomber dans la faiblesse ; avec la force vous n'au-
» rez que vos propres défauts ; la faiblesse vous donnera
» ceux de tout ce qui vous entoure.

» Je n'approuve pas non plus cette aversion exces-
» sive que vous montrez à présent contre tous les plai-
» sirs. L'austérité n'est pas la sagesse. Les voluptés

» ressemblent aux maîtresses ; tant qu'on en parle avec
» trop de dépit, on sent encore leur joug, et l'on est
» plus près que l'on ne pense de s'y rattacher.

» C'est, dit Charron, *une opinion malade, fantas-*
» *que et dénaturée, que rejeter et condamner générale-*
» *ment tous désirs et plaisirs. Dieu est le créateur et*
» *l'auteur des plaisirs ; ce qu'il faut seulement, c'est*
» *apprendre à s'y bien porter, et ouïr les leçons de sa-*
» *gesse là-dessus.*

» Il a raison, vouloir vivre sans désirer ni jouir, c'est
» confondre l'idée de la vie avec celle de la mort. Ce
» qui est nécessaire, c'est de proportionner les souhaits
» à ses facultés.

» Les désirs modérés donnent les grands contente-
» mens. L'excès seul en tout porte dommage ; la for-
» tune, dit Horace,

.......Est comme un vêtement,
Qui trop grand embarrasse, et trop petit nous blesse.

» Evitez un écueil commun, tâchez que vos fautes
» passées ne vous rendent pas injuste ; et comme
» l'ingratitude ne doit pas vous dégoûter de la bien-
» faisance, ni vous empêcher de croire aux cœurs re-
» connaissans, vous ne devez pas vous persuader que
» l'amitié n'existe point, parce que de faux amis vous
» ont trompé, et qu'il n'est pas de femmes sages et
» constantes, parce que vous avez été dupe de quel-
» ques coquettes.

» Ne vous faites point ermite par humeur contre le
» monde où vous vous êtes égaré ; ne fermez pas votre
» cœur parce qu'il a été blessé.

» Irez-vous, par exemple, imiter la folie qu'Érasme

» fait parler, quand elle appelle le mariage *un licou*
» *qui attache l'homme au chagrin ?* En ce cas, nous
» nous séparerions, et je vous dirais un triste adieu.
» Car le mariage est précisément le port où je voulais
» vous conduire, c'est là seulement, si vous choisis-
» sez bien cet asyle, que vous trouverez le bonheur
» tranquille, et que vous serez à l'abri des orages de
» la vie.

» Vous n'avez connu que la moitié de l'existence
» quand vous avez vécu seul, doublez-vous pour la
» sentir tout entière, et connaissez enfin les charmes
» d'un sentiment pur, qui a tout le feu de l'amour et
» toute la sagesse de l'amitié.

» C'est alors que vous serez vraiment sage; l'intérêt
» de cette nouvelle moitié de vous-même se joindra au
» vôtre pour régler vos désirs, pour vaincre vos pas-
» sions, et vous éprouverez que la persuasion du cœur
» est bien au-dessus de celle de l'esprit. »

A ces mots, le jeune voyageur, ému jusqu'au fond de l'ame, sent que c'est la sagesse même qui lui parle; elle éclaircit tous ses doutes, dissipe toutes ses crain-tes, répond à tous ses vœux, à tous les besoins de son cœur. Il suit sans hésiter sa voix, il a secoué le joug de la vanité, ce tyran ridicule et impérieux qui nous assujettit à toutes sortes de contraintes, et qui, selon Montaigne, *nous rend vains aux dépens de nos aises.*

Il s'est affranchi des tourmens de la haine, de la honte, de la jalousie.

Les coupables voluptés ont perdu sur lui leur em-pire, il ne sera plus l'esclave ni l'ennemi des autres passions.

A chacun des biens et des avantages de la vie, sa

raison n'attachera plus que leur juste prix ; il sait, comme Plutarque, *que la noblesse est un beau bien, mais c'est celui de nos ancêtres plutôt que le nôtre ; la richesse est une chose précieuse qui dépend non de nous, mais de la fortune ; la gloire est vénérable, mais incertaine ; la beauté désirable, mais de peu de durée ; la santé, un grand bien facile à perdre ; la force, peu de chose quand on la compare à celle des taureaux et des lions. Science et sagesse, seules qualités divines et immortelles en nous. Aussi, quand Démétrius, après le saccage de Mégare, demanda à Stilipon le Mégarien s'il avait beaucoup perdu au pillage ; non, répond celui-ci, car la guerre ne saurait piller la vertu.*

Plein de ces préceptes, pénétré de ces vérités, le jeune voyageur poursuivra probablement son chemin sans trop s'égarer, car il est sur la route des devoirs ; il choisira pour compagne une femme digne de lui ; tous deux cueilleront doucement les dernières fleurs de la jeunesse, et il partagera avec elle les plaisirs, les travaux, les périls de la troisième époque de son voyage.

Dans son enfance il avait appris les fables de la vie ; dans sa jeunesse il en a parcouru le roman ; dans son âge mûr il en va connaître l'histoire.

# L'AGE MUR.

L'ENFANCE n'est qu'un faible crépuscule où l'on voit encore le jour combattre contre la nuit. Tout étonne l'esprit de l'enfant voyageur entrant dans le monde, tout lui semble incertain, vague et confus : on dirait qu'il se trouve alors dans une sorte de rêve entre le sommeil et le réveil.

Les objets, enveloppés d'un nuage, se montrent à ses regards comme de légers fantômes, et passent comme des ombres.

L'aurore de la vie arrive ensuite; l'univers doucement éclairé ne frappe la jeunesse que par le tendre et vif éclat de ses couleurs. On dirait que le ciel réfléchit l'éclat de la fleur vermeille et humide de rosée; l'air nous rafraîchit à la fois et nous parfume; l'astre du jour nous éclaire sans nous éblouir, nous échauffe sans nous brûler; des rideaux de verdure adoucissent ses rayons et parent voluptueusement les prés, les champs et les bois : c'est l'heure des illusions.

Tout sur la terre ressemble au commencement d'un jour de fête; mais l'homme comme le char de la lumière poursuit sa course; le soleil du haut des cieux répand par-tout la teinte ardente de l'été; l'homme et la nature sont arrivés à la maturité de leur âge. *Cérès* et *Pomone* montent sur le trône de *Flore*; et la raison austère se saisit à son tour du sceptre de l'imagination.

Une sagesse tendre et vigilante avait soigneusement garanti la plante naissante, faible et fleurie, de la violence des vents, de la fureur des eaux; depuis elle s'était occupée avec le même soin à étayer, à protéger le jeune et vert arbrisseau, à émonder les branches superflues qui s'opposaient à sa croissance; une greffe habile et prévoyante l'avait préparé à porter des fruits délicieux; mais que peut cette sagesse à présent pour sa conservation? c'est aujourd'hui l'arbre tout entier.

Ses racines sont profondes, son écorce est dure; sa direction semble invariable; s'il se courbe, qui pourra le redresser? Plus sa tête élevée approche des nues, plus elle est exposée aux orages; qui saura l'en garantir?

Tout l'homme est changé. Sa chevelure noire, sa barbe épaisse, ses traits prononcés, son teint rembruni, vous annoncent le complément de sa force. La beauté mâle succède aux graces; la gravité à la légèreté; le calcul du bonheur au besoin des plaisirs : il se contentait de briller, il veut éclairer; tout à l'heure il ne se croyait fait que pour jouir, il se sent né pour commander. Son génie audacieux mesure le ciel et la terre; il voudrait pénétrer les secrets de l'un, et donner des lois à l'autre.

L'ambition remplace l'amour, et l'orgueil la vanité; ses désirs ont moins de vivacité, ses passions plus de force; c'est l'âge des grandes entreprises, des grandes renommées, des grands crimes, des grandes vertus. L'abbé Delille peint ainsi l'homme arrivé au midi de sa journée :

> L'âge mûr, à son tour, solstice de la vie,
> S'arrête, et sur lui-même un instant se replie;
> Et tantôt en arrière, et tantôt devant soi,

> Se tourne sans regret, ou marche sans effroi.
> Ce n'est plus l'homme en fleurs, nous faisant des promesses;
> C'est l'homme en plein rapport, déployant ses richesses;
> Ses esprits ont calmé leurs bouillons trop ardens;
> Sa prudence est active, et ses transports prudens;
> Ses conseils sont nos biens, sa sagesse est la nôtre;
> La moitié de sa vie est la leçon de l'autre;
> Et sur le temps passé mesurant l'avenir,
> Prévoir, pour sa raison, n'est que se souvenir.

Dans cette troisième époque du voyage de l'homme sur la terre, la raison devrait toujours lui servir de guide; mais hélas! la folie ne prend que trop souvent sa place; pour l'égarer elle ne fait que changer de formes; elle a quitté les hochets futiles de l'enfance, elle s'est dépouillée des atours frivoles de la jeunesse, et marche fièrement devant lui, couverte d'or, bardée de plaques, de cordons, revêtue de pourpre ou d'hermine, et couronnée de palmes ou de lauriers.

Sa marotte magique fascine les yeux du voyageur; elle lui cache avec soin les courtes limites de son intelligence, les bornes étroites de sa vie; elle sait trop avec quelle promptitude il reviendrait à la sagesse, s'il pensait à l'inanité des choses humaines, à la brièveté de l'existence et au but éternel où doit tendre la vie.

Mais en adressant à cette folie de justes reproches, on lui doit aussi quelques grâces. L'agitation et le bruit perpétuel de ses grelots réveillent l'homme, et ne lui permettent pas de s'endormir un instant dans les bras de la paresse. Qui pourrait décrire les effets divers et innombrables de l'étonnante activité qu'elle lui donne! La terre, métamorphosée par elle, nous offre le plus magnifique spectacle. Ah! qu'il serait divin s'il était autant réglé que varié; par elle l'herbe se change en moisson, les torrens en canaux, les rochers en palais, les métaux en glaives, en couronnes, en charrues, les forêts en vaisseaux. Comment pourrais-je, dit Bossuet, vous rapporter une telle variété de coutumes et d'inclinations? Contemplons les divers emplois dans lesquels les hommes s'occupent. O Dieu éternel, quel tracas, quel mélange de choses, quelle étrange confusion; je jette les yeux sur les villes, et je ne sais où arrêter la vue, tant j'y vois de diversité.

La guerre, le cabinet, le gouvernement, la judicature et les lettres, le trafic et l'agriculture, en combien d'ouvrages divers ont-ils divisé les esprits?

Celui-ci s'échauffe dans un barreau, cet autre songe aux affaires publiques; les autres, dans leurs boutiques, débitent plus de mensonges que de marchandises : je ne puis considérer sans étonnement tant d'arts et tant de métiers avec leurs ouvrages divers, et cette quantité innombrable de machines et d'instrumens que l'on emploie en tant de manières. Cette diversité confond mon esprit; si l'expérience ne me la faisait voir, il me serait impossible d'imaginer que l'invention humaine fût si abondante.

D'autre part, je regarde que la campagne n'est pas moins occupée; personne n'y est de loisir : chacun y est en action et en exercice. Qui, à bâtir, qui à faire remuer la terre, qui à l'agriculture, qui dans les jardins; celui-ci y travaille pour l'ornement et pour les délices, celui-là pour la nécessité ou pour le ménage.

La mer même, que la nature semblait n'avoir destinée que pour être l'empire des vents et la demeure des poissons, la mer est habitée par les hommes. La terre lui envoie dans des villes flottantes comme des *colonies de peuples errans, qui, sans autre rempart qu'un bois fragile, osent se commettre à la fureur des tempêtes sur le plus perfide des élémens. Et là, que ne vois-je pas ? que de divers spectacles, que de durs exercices ; il n'y a point de lieu où paraissent davantage l'audace tout ensemble et l'industrie de l'esprit humain.*

Que fera le voyageur que nous suivons au milieu de ce tourbillon étrange ? quel essor va-t-il prendre ? dans quelle route va-t-il s'élancer.

L'un l'appelle aux tempêtes de la guerre, aux jeux de la chasse, qui en est l'image ; l'autre veut que coulant une vie paisible il jouisse du monde comme d'un spectacle.

Celui-là l'entraîne aux chances hasardeuses de la fortune ; il confie son honneur aux spéculations de la bourse, et ses biens aux caprices de l'Océan.

Celui-ci l'attire dans le dédale de la cour, et lui fait consumer son temps à briguer des humiliations et des faveurs.

S'occupera-t-il péniblement à thésauriser ou joyeusement à dépenser ? se laissera-t-il emporter par de violens amours, par des haines cruelles ? Peut-être emploiera-t-il ses jours et ses nuits à mériter au barreau, à la tribune, au théâtre, les applaudissemens d'un peuple ingrat, inconstant et malin.

Ou le verrons-nous, au contraire, enfoncé dans la retraite, faisant de vains efforts pour déchirer le voile de la vérité, s'égarer dans un autre labyrinthe, celui d'une métaphysique obscure ?

Consacrera-t-il toutes ses forces à la passion de deviner la nature comme philosophe, ou de l'imiter comme artiste ? Et qui pourrait prédire le choix qu'il fera ?

Bossuet le dit encore: *Chacun veut être fol à sa fantaisie; les inclinations sont plus dissemblables que les visages, et la mer n'a pas plus de vagues quand elle est agitée par les vents, qu'il ne naît de pensées différentes de cet abîme sans fond et de ce secret impénétrable du cœur de l'homme.*

Si nous parlions d'un de ces hommes vulgaires qui font foule dans la caravane humaine, dont l'enfance s'est écoulée sans étude, et la jeunesse sans passion, qui marchent en troupeau, sans trop s'inquiéter de savoir qui les guide et où ils vont ; tournant en aveugle dans le cercle étroit de l'intérêt et du besoin, et paraissant, dit un ancien, *n'être venus sur la terre que pour y faire nombre*, on ne pourrait attendre que du hasard ce choix de leur direction et de leur destinée ; semblables à ces terrains incultes dont le laboureur ne règle pas la fécondité, ils ne doivent qu'aux caprices du vent les diverses semences qu'ils reçoivent, et les plantes variées qu'ils produisent.

Peut-être, au reste, sont-ils plus dignes d'envie que de pitié ; s'ils ne gravissent pas les hauteurs de la vie, ils en éprouvent aussi rarement les grands orages ; ils marchent à l'ombre, mais doucement ; leurs mœurs suivent les lois ; leur sort dépend de leurs guides, et au terme du voyage, ce sont les pasteurs des peuples qui sont chargés de la pesante responsabilité de leur conduite et de leur bonheur.

En effet, tout ce qui est vulgaire dans les diverses classes de la société, et il en est autant dans les cours que dans les villes et dans les villages, tout ce vulgaire, dis-je, est de sa nature imitateur ; il est ce qu'on lui montre, il marche où on le pousse ; c'est ce qui fait dans les monarchies que l'exemple des princes est si contagieux pour la multitude ; aussi Frédéric-le-Grand disait :

> L'exemple d'un monarque ordonne et se fait suivre ;
> Quand Auguste buvait, la Pologne était ivre ;
> Lorsque Louis-le-Grand brûla d'un tendre amour,
> Paris devint Cythère et tout suivit la cour.
> Quand il devint dévot, ardent à la prière
> Le lâche courtisan marmotta son bréviaire.

Mais l'enfance du voyageur que nous suivons a été cultivée, il est homme par son caractère, par son indépendance ; il est homme, parce qu'il veut, parce qu'il agit ; nous l'avons vu naguère, avec inquiétude, entraîné par le torrent des plaisirs, livré à la fougue des passions ; le drame de sa vie fixe notre intérêt ; il nous a inspiré de juste craintes ; mais rassurons-nous ; *Thémistocle* disait avec raison *que les plus rebours et les plus farouches poulains sont ceux qui à la fin deviennent les meilleurs chevaux, quand ils sont domptés, faits et dressés ainsi comme il appartient.*

Vous l'avez vu, il est vrai, assiégé par les passions, mais vous savez qu'il est accompagné, surveillé par la sagesse ; espérons qu'elle le maintiendra dans le droit chemin où elle est parvenue à le ramener.

Sa voix à présent doit être plus haute et plus forte, car elle doit avoir à combattre des passions plus profondes, des vices plus robustes : avant il ne lui fallait, pour ainsi dire, que de la patience et de l'adresse pour faire tomber le masque des faux plaisirs que le dégoût suit si promptement, et pour déchirer le voile de tant d'illusions qui disparaissent d'elles-mêmes dès qu'on en approche ; mais aujourd'hui, elle doit lutter contre deux colosses, vrais tyrans des hommes, *l'orgueil* et *l'intérêt*.

L'orgueil, sur-tout, est d'autant plus difficile à vaincre qu'il impose à l'esprit par sa grandeur ; il se fait prendre pour l'élévation d'ame, il s'associe même quelquefois à plusieurs vertus qu'il trompe, en se présentant à elles sous les traits d'une noble fierté ; son principe même, comme celui de beaucoup d'erreurs, est un bon germe ; c'est son excès qui le transforme en vice.

En naissant, il n'était peut-être qu'un juste sentiment de nos forces, un désir de renommée, un besoin de gloire. En grandissant, il s'est revêtu d'injustice, de dédain, d'envie, et, comme beaucoup de princes, en le flattant, on l'a poussé à la tyrannie.

Si la sagesse l'attaquait violemment, elle briserait ses armes contre lui : cet orgueil est le *roi du monde*, il faut que la vérité s'approche de lui avec ménagement.

Faites en sorte, et vous le pouvez, qu'il se combatte lui-même ; paraissez ne lui montrer qu'un chemin plus court pour arriver à son but. Ce qu'il veut sur-tout est l'admiration ; montrez-lui qu'il est au milieu de rivaux qui la lui disputent ; que l'envie élevera entre lui et cette admiration une barrière insurmontable, tandis que la modestie la ferait tomber.

Mille exemples vous aideront à lui apprendre que cette modestie et le vrai passe-port de la gloire.

Bientôt cet orgueil, modéré par son intérêt même, vous servira d'outils pour abattre beaucoup de vices, et entre autres la cupidité et la crainte.

Il verra, comme Cicéron, que *l'admiration se portant toujours sur les qualités qu'on acquiert avec peine et sur les actions qu'il est difficile d'imiter, on admire sur-tout celui qui méprise les richesses ; vous voulez, lui dira-t-il, mériter l'admiration, bravez donc les ennemis auxquels cèdent presque tous les autres hommes, la pauvreté, la douleur et la mort.*

Il est étonnant que nous sachions si peu comment mériter l'estime des autres, puisque nous savons si bien à qui nous devons donner la nôtre.

Tout ce que vous craignez c'est le mépris; ne commettez donc aucune action honteuse, même pour votre utilité; croyez l'orateur romain, une longue expérience lui avait appris cette vérité, *l'utilité et la honte ne peuvent se trouver ensemble.*

Votre fierté ne doit pas même vous permettre le moindre flottement entre ce qui est digne de louange et ce qui peut mériter le blâme. Le même philosophe vous apprend *que l'incertitude entre le vice et la vertu est déjà criminelle, et par conséquent honteuse.*

Vous aspirez à la considération; il en est beaucoup d'apparentes et de trompeuses, il n'en est qu'une réelle; les honneurs, les dignités, la fortune, vous donnent de l'entourage et de l'éclat; mais si un vrai mérite ne les accompagne pas, ou si une insolente vanité les gâte, l'hommage rendu dans le salon se change au dehors en mépris; on rit d'un homme élevé sans vertu, décoré sans mérite, comme d'un diamant faux magnifiquement monté.

Aussi Caton disait : *J'aime mieux qu'on demande pourquoi on n'a pas dressé de statue à Caton, que pourquoi on lui en a dressé.*

Ce qui paraît le plus choquer l'orgueil, c'est l'égalité ; et c'est précisément ce qui le rend à la fois si ridicule et si haïssable ; il révolte, par ses superbes et injustes dédains les vanités de tous les hommes, et soulève d'innombrables légions d'ennemis contre lui.

Comment pourrait-il dans cette lutte espérer d'atteindre à son but, il a contre lui la pente la plus forte de la nature. *Encore que les hommes*, dit Bossuet, *enflés par la vanité, tâchent de se séparer les uns des autres, il ne laisse pas d'être véritable que la nature les a faits égaux, en les formant tous d'une même boue ; quelque inégalité qui paraisse entre les conditions, il ne peut pas y avoir grande différence entre de la boue et de la boue ; entre pourriture et pourriture, mortalité et mortalité.*

*Les hommes combattent autant qu'ils peuvent cette égalité, et tâchent d'emporter le dessus et la préséance par les honneurs, par les charges, par les richesses, ou par le crédit : ces choses ont acquis tant d'estime parmi eux, qu'elles leur font oublier cette égalité naturelle. Ils regardent leurs semblables comme s'ils étaient d'un ordre inférieur au leur ; mais la nature, pour conserver ses droits, et pour dompter l'arrogance humaine, a voulu imprimer deux marques par lesquelles tous fussent contraints de reconnaître leur égalité, l'une en la naissance, et l'autre en la mort.*

Cet accord de la philosophie et de la religion montre à l'orgueil qu'il doit, pour être satisfait, changer de visée ; il ne doit tendre qu'à la seule supériorité légitime, celle du talent et de la vertu. Toute autre est illusoire et opiniâtrement contestée.

La masse des hommes ressemble aux princes ; ils n'estiment que ce qui leur est utile : servez-les donc si vous voulez en être honoré.

L'intérêt bien entendu conduirait aux bonnes et belles actions comme la vertu; mais moins vivement, car la pensée est plus froide que le sentiment.

Ainsi l'intérêt de votre orgueil même vous fera défendre avec votre épée, avec votre plume, avec votre éloquence, avec tous vos moyens, le territoire, l'honneur et l'indépendance de votre pays; il vous dira qu'étant Français vous participez nécessairement à l'humiliation ou à la gloire de ce nom; aux revers, aux succès, à la prospérité ou à l'infortune de la France : ses lauriers vous décorent, ses chaînes vous blessent; mais avec combien plus d'ardeur encore vous jouiriez, vous souffririez, vous combattriez pour elle, si au lieu de ne suivre que les conseils d'un intérêt bien calculé, vous étiez animé par cette passion, par cette vertu qui fait les grands citoyens, les grands hommes, et qui opère les grands prodiges par l'amour de la patrie.

Cet amour, suivant les paroles de *l'aigle de Meaux, renferme et réunit en lui tout l'amour qu'on a pour ses amis, pour sa famille et pour soi-même.*

Les Crétois avaient une manière délicate d'exprimer le tendre amour qu'on doit avoir pour la *terre natale*, pour la *mère commune. Plutarque dit qu'ils nommaient la patrie, matrie.*

Et remarquez que cet amour, qui réunit tous les sentimens, renferme aussi toutes les vertus; car en vous faisant aimer comme frères vos concitoyens, il vous rend juste pour tous. A sa voix, l'intérêt privé s'abaisse devant l'intérêt général; les vertus sont sœurs comme les muses; aimez-en une seule de bonne foi, et vous ne pourrez plus guère être indifférent pour aucune d'elles.

Elles vous apprendront avec Cicéron *que la vie est un concert; pour peu que les cordes d'un instrument ne soient pas d'accord, le vrai musicien s'en aperçoit. Évitons donc avec plus de précision encore toute dissonnance dans la vie, puisque l'harmonie des actions est de tout autre importance que celle des sons.*

Les vices, de leur côté, forment une chaîne dont le premier anneau est l'*égoïsme.*

En nous tenant les yeux perpétuellement fixés sur notre propre image, il tord notre esprit, dessèche notre ame, fascine notre vue, égare notre jugement, et, en rapétissant tout notre être, grandit notre ombre et la rend colossale comme elle nous le paraît quand nous tournons le dos au soleil.

L'égoïsme, qui s'agite sans cesse dans le cercle le plus étroit, croit en même temps parcourir un horizon immense, et parce qu'il en touche facilement les extrémités, il s'imagine qu'il le remplit.

Lui seul est tout dans le monde, le reste n'est compté pour rien; tout ce qui convient à ses intérêts, tout ce qui tend à satisfaire ses désirs lui semble légitime; tout ce qui leur est contraire lui paraît injuste. Il déteste ou méprise les vertus qui le gênent, il n'estime que les vices qui le flattent; il ne juge du bien ou du mal des choses que par le contentement ou par le chagrin qu'il en éprouve, que par le profit ou par le dommage qu'il en reçoit.

Supposez-le dans une classe inférieure, il sera bas par crainte, fripon par cupidité, adulateur par ambition, envieux par humeur, ingrat par vanité.

Placez-le sur le trône, il verra tout l'état en lui; il sacrifiera la fortune des peuples au luxe de ses courtisans, leur sang à son ambition, le mérite à ses caprices, la pudeur à ses désirs; à ses yeux la vérité paraîtra insolence, l'indépendance crime, la servitude dévouement, la flatterie justice et amour.

Un sage qui lui dirait comme Bias, que *le plus mauvais des animaux sauvages c'est le tyran, et des animaux privés, le flatteur*, ne lui paraîtrait qu'un fou à enfermer, ou un rebelle à punir.

Comment ne tomberait-il pas dans l'abîme des vices et du mépris, lorsque placé sur la pente glissante des passions il se livre sans cesse à tout ce qui lui cède, et ne sait jamais s'appuyer sur ce qui lui résiste.

Voyez, dans les autres conditions et de toutes parts, dans combien de vices et d'erreurs ce misérable égoïsme entraîne les hommes. Celui-là, banquier ou négociant, dans son comptoir ou dans ses bureaux, aveuglé par le désir d'un gain rapide et par la soif des plaisirs qu'il lui promet, oublie que l'économie, la probité, la prudence, la bonne foi, inspirent seules la confiance; que les mœurs sont la garantie du crédit, et que plus la maison est simple, plus la caisse est riche.

La témérité guide ses entreprises; la fraude se glisse dans ses transactions, il joue l'argent des autres pour rehausser ses fonds par la baisse de ceux du public. Ses grands festins, ses fêtes brillantes sont les annonces de sa banqueroute; et après avoir ruiné ses imprudens amis, emportant avec lui ce qu'il a pu dérober d'or à ses créanciers, il échappe aux lois; mais il trouve enfin, dans le mépris du monde et dans le tourment de sa conscience, un châtiment inévitable.

Celui-ci, à force de mouvement et d'intrigues, est parvenu à l'honneur de représenter ses concitoyens; il monte à la tribune nationale ; est-ce l'intérêt de sa patrie qui va occuper son zèle et son éloquence? Non, ce sera son intérêt seul ou celui de son parti.

Égaré par l'orgueil, aigri par la vengeance, il attaquera les principes comme erreurs ; défendra les préjugés comme principes; décorera de la pourpre de l'honneur la vanité de sa classe; s'efforcera de couvrir la généreuse liberté des couleurs sanglantes du crime ; il prendra les échos d'un petit cercle d'ambitieux pour la voix de l'opinion publique ; et, traitant avec mépris la modération de faiblesse, provoquera témérairement l'indignation générale.

Alors, si l'orage éclate, il se vantera d'avoir prédit les tempêtes qu'il aura excitées, et en fût-il écrasé, orgueilleux comme les Titans, vous le verriez encore s'efforcer par de vaines convulsions de soulever les monts entassés sur lui.

Cet autre, regardant toute supériorité comme une injustice, tout ordre comme une gêne, ne voit de liberté que dans la licence, de grandeur que dans les excès ; tout renversement est un beau spectacle pour lui, s'il y prend part ; il n'aime que le bruit, que le renom, et ne veut que briller, fût-ce même à la lueur d'un incendie.

Un plus grand nombre, occupés du seul désir de leur repos et de leur bien-être, sacrifiant leur devoir à leur sûreté, ou même aux plus modiques avantages, laissent docilement diriger leur conscience par le gouvernail de l'autorité : modestes *tournesols*, ils épient chaque jour le lever du soleil, pour s'incliner respectueusement devant lui, et si la puissance le désirait, ils écriraient presque tous, sans hésiter, le nom *d'Aristide sur la coquille de l'ostracisme*.

Entrons dans le temple de Thémis : les passions oseront-elles approcher de son auguste sanctuaire ? Hélas ! si elles n'ont pas l'audace d'en enfoncer les portes, elles ne savent que trop le secret de s'y glisser, et vous les y verrez en foule comme autre part.

On suppose, pour exprimer l'impartialité de la justice, que ses yeux sont couverts d'un bandeau, mais trop souvent c'est la cupidité, par ses honteux présens, l'ambition, par ses flatteuses promesses, l'amitié, par ses soins assidus, et l'amour, par ses décevantes caresses, qui se chargent de l'attacher et de l'épaissir.

D'ailleurs ce bandeau n'est jamais hermétiquement fermé, il laisse toujours quelque petite ouverture pour regarder de quel côté est la puissance ; et trop fréquemment on voit ses balances pencher au gré de la capricieuse fortune.

Les orateurs n'échappent pas là plus qu'ailleurs aux séductions de l'orgueil et de l'intérêt ; la preuve, c'est qu'aucune cause, tant mauvaise qu'elle soit, ne manque de défenseurs zélés, pourvu qu'elle promette grand profit ou grand éclat.

Cependant le palais et la tribune offrent trop peu de places pour tant de diverses vanités et cupidités ; mais elles sauront bien en trouver autre part ; fiez-vous à l'égoïsme, et regardez combien de plumes agiles il va tailler, et qu'il croira autant de rayons de lumières faits pour éclairer le monde ; c'est sur-tout, dans les temps de troubles qu'elles s'agitent en foule et qu'elles répandent sur nous des flots d'encre et non de lumières. Mais hélas ! combien peu le génie et la raison en trouvent pour propager la justice, la vérité et la modération.

La plus grande partie se vendent aux passions, qui les

paient bien en argent, mais mal en renommée; *l'écrivaillerie,* disait Montaigne, *semble être quelque simptôme d'un siècle débordé. Quant écrivismes-nous tant que depuis que nous sommes en trouble? Quant les Romains tant, que lors de leur ruyne? La corruption du siècle se fait par la contribution particulière de chacun de nous; passe encore pour ceulx qui n'escrivent que des choses inutiles; car dans un temps où le méchament faire est si commun, il est comme louable de ne faire qu'inutilement.*

Nous ne finirions pas, si nous suivions les passions dans les obscurs sentiers de la diplomatie. On les y verrait occupées sans cesse à métamorphoser l'intrigue en politique, l'intérêt en justice; à se déguiser elles-mêmes en vertu dans des manifestes, et à placer dans la main des ministres de paix des flambeaux de discordes, au lieu de rameaux d'oliviers.

Si nous nous transportions dans les camps, sous les traits de *Bellone* nous retrouverions bien rarement quelques traits de *Minerve*. En admirant la gloire, nous regretterions la sagesse, la tempérance, l'humanité, et nous gémirions de voir entre tant d'*Alexandre,* de *César,* de *Charles XII,* si peu de *Scipion,* de *Marc-Aurèle,* de *Bayard* et de *Catinat.*

Enfin dans l'église même, où doivent se réfugier, à la voix d'un Dieu d'amour, la vérité, l'humilité, la douceur, la tolérance et la charité; le fanatisme, conduit par l'ignorance, enflammé par l'orgueil, poussé par la cupidité, armé par la haine, ne viendrait que trop souvent attrister nos regards.

Étrange et effroyable passion, qui s'efforce de démolir elle-même ses temples, dans l'espoir de les agrandir, et qui ordonne aux hommes de se haïr et de se persécuter, sous l'empire d'un Dieu qui leur commande de s'entre-aider et de se chérir!

Ah! que Bossuet a raison de s'écrier *que l'intérêt est puissant et qu'il est hardi, quand il peut se couvrir du prétexte de la religion! cet intérêt et ces passions nous ont fait un évangile nouveau que Jésus-Christ ne connaît plus.*

Espérons que notre voyageur échappera aux pièges et aux poisons de cet égoïsme corrupteur; la sagesse qui a présidé à son éducation, et qui a redressé sa jeunesse, l'a fait entrer dans une route élevée qui le met à l'abri de cette contagion. Un grand but éloigne des petites vues et des petits moyens: plus le cercle des nobles sentimens s'agrandit, plus celui des passions se rétrécit; dès qu'on a senti la nécessité de sacrifier son intérêt privé à l'intérêt général, dès qu'on est éclairé et animé par l'amour de la patrie, les honteux calculs de l'égoïsme disparaissent; l'idée du bonheur ne se sépare plus de celle de la vertu; et comme Platon, on *trouverait plus dangereux pour soi de faire une injustice que de la souffrir.*

Guidé par cette lumière qui vient du cœur, et qui dissipe tous les nuages de l'esprit, l'homme, arrivé à la maturité de ses réflexions comme à celle de son âge, se montrera toujours modéré dans ses opinions ainsi que dans ses sentimens, car il sait que la vertu même, portée à l'excès, se change en vice, et qu'il n'existe plus de sagesse, de justice, ni de bonheur, dès qu'on sort des bornes de la modération.

Sa piété sera douce et tolérante; l'homme passionné est toujours aigre et mécontent du ciel, car il n'obtient jamais tout ce qu'il désire; tandis que le sage, satisfait et reconnaissant, est comme Montaigne, qui disait, avec son originale bonhomie, *je fais plus souvent les doux yeux au ciel pour le remercier que pour le requérir.*

Si la fortune l'a peu favorisé, vous le verrez laborieux, actif, joyeux, et regardant sans jalousie, mais avec fierté, l'éclat des riches et des grands, qui envieront plus, peut-être, son indépendance, que lui, leurs chaînes et leur oisiveté.

S'il s'élève, ce sera le mérite qui poussera le char de sa fortune, et l'opinion publique l'aura désigné d'avance pour tous les grades qu'il devra parcourir.

Son élévation n'étourdira pas sa tête, ainsi que le font les élévations soudaines, dues aux caprices du sort: il s'est répété souvent d'avance ce que dit Sénèque, *prenez garde que les applaudissemens de la multitude ne dérangent l'équilibre de votre ame, que cette pourpre et ces faisceaux ne vous dégoûtent de votre tranquillité; ne croyez pas que celui à qui on fait place soit plus heureux que ceux que le licteur fait ranger.*

Est-il appelé dans les assemblées publiques, ferme à la fois et sage dans ses principes, les appâts de l'ambition ou l'attrait d'une fausse popularité ne l'en feront point dévier; il fera tout pour le peuple et rien par le peuple; il combattra également la licence et la tyrannie.

Le supposez-vous ministre? le seul coup-d'état qu'il fera sera celui que lui conseille Sénèque; *il condamnera ses passions au bannissement.*

Il se défiera sur-tout de celle de la nuée de parasites qui peuplent les cours, qui ne peuvent vivre que d'abus, et qui ferment les oreilles des princes aux plaintes des opprimés, aux murmures des peuples. On dirait que la puissance, comme la glace, refroidit et endurcit tout ce qu'elle touche ; plus on est le maître, dit Massillon, *de s'attirer l'amour et la bienveillance des hommes, moins on en fait cas, et il suffit de pouvoir tout pour n'être touché de rien.*

Notre sage n'aura pas ce froid orgueil, et, comme le même orateur chrétien, il saura redire aux princes et aux courtisans, avec un noble courage, ces paroles qu'on devrait graver sur la porte de tous les palais : *Les grands sont comme le canal de communication et le lien des peuples avec le souverain, puisque le souverain n'est lui-même que le père et le pasteur des peuples ; ainsi, ce sont les peuples tout seuls qui donnent aux grands le droit qu'ils ont d'approcher du trône. C'est pour les peuples tout seuls que le trône lui-même est élevé : en un mot, et les grands et le prince ne sont, pour ainsi dire, que les hommes du peuple.*

Sa réputation de science et de probité pourra peut-être le faire appeler au sacerdoce de la justice. Dès qu'il préside un de nos tribunaux, l'intrigue se déconcerte, l'innocence se rassure, la vérité se montre, le vice même rougit et se cache ; tel on vit autrefois le vertueux *Caton* inspirer tant de respect, que le peuple romain n'osa point, pendant tout le temps de son édilité, demander la célébration des jeux floraux, où suivant l'usage des courtisanes dansaient toutes nues.

Pénétré de l'importance et pour ainsi dire de la sainteté de ses devoirs, protecteur intrépide de l'*innocence*, redoutable vengeur de l'iniquité, toujours armé pour faire triompher la justice, il nous donne ce grand spectacle que le chancelier d'Aguesseau trouve digne des regards de la justice même, *celui de l'homme de bien ;*

accompagné de ses vertus, aux prises avec l'homme puissant, soutenu de ce que la faveur peut avoir de plus redoutable. Ah! qu'il est beau, dit le même orateur, de convaincre la fortune d'impuissance, de lui faire avouer que le cœur du magistrat est affranchi de sa domination! Et si elle ose l'en punir, quel est l'homme de bien qui ne porte envie à une si heureuse disgrace, et qui ne soit prêt à l'acheter au prix de la plus haute fortune.

Suivez-le donc avec confiance dans sa noble marche; vous le verrez, ainsi que *l'Hôpital*, combattre sans effroi les fureurs d'une ligue orgueilleuse; comme *Molé*, braver seul le délire d'une multitude soulevée; comme *Malsherbes*, protéger la liberté des consciences contre le fanatisme, celle de la pensée contre le despotisme, le patrimoine des pauvres contre la fiscalité, l'indépendance des tribunaux contre les ministres. Il sera le défenseur du peuple contre un trône puissant; mais si ce trône était lui-même ébranlé, au moment où tout l'abandonnerait, il s'élancerait encore seul avec courage pour le soutenir, et trouverait sur l'échafaud même la gloire et l'immortalité.

Toutes les fois que cet orateur paraît à la tribune, soit qu'il défende la justice, soit qu'il parle des grands intérêts de son pays, savez-vous pourquoi son éloquence vous agite, vous touche, vous transporte, vous entraîne et retentit jusqu'au fond de votre cœur? C'est qu'elle prend sa force, non dans le feu de son imagination, mais dans les élans de son ame; cette éloquence est claire comme la vérité, droite comme la raison, ferme comme la sagesse, ardente comme l'amour de la patrie qui l'inspire. Tel était, dit encore d'Aguesseau, *l'orateur athénien ; les foudres, les éclairs qui font trembler les rois sur leur trône sont formés dans une région supérieure ; c'est dans le sein de la sagesse qu'il avait puisé cette politique hardie et généreuse, cette liberté constante et intrépide, cet amour invincible de la patrie ; c'est dans l'étude de la morale qu'il avait reçu des mains de la raison même cet empire absolu, cette puissance souveraine sur l'ame de ses auditeurs.* Il a fallu un Platon pour former un Démosthène.

Supposons-nous, au contraire, que notre voyageur est entraîné par le sort dans les hasards de la guerre, il en envisagera les périls sans crainte, et en regardera les cruautés avec horreur. Le vaincu cessera d'être son ennemi, et sa modestie comme celle de *Catinat* rehaussera sa gloire.

S'il succombe, les étrangers comme ses concitoyens élèveront, ainsi qu'à *Marceau*, un monument à sa mémoire ; s'il entre dans une ville prise d'assaut, montrant aux habitans éplorés son glaive sanglant, il leur dira, comme Pierre-le-Grand à Narva : *Cette épée n'est point teinte de votre sang, mais du sang de quelques-uns de mes soldats furieux ; je l'ai répandu pour sauver le vôtre.*

Après la victoire, après le triomphe, nous le verrons cacher son éclat, et sans doute par là même l'accroître, ainsi que *Cincinnatus* et *Washington*.

Il chérira cette retraite ; après avoir joui de la célébrité, le sage veut du repos, comme on a besoin de l'ombre quand on est las de l'éclat du soleil ; et ne craignez pas que l'ennui attriste cette retraite ; l'étude y fera son charme et sa ressource. L'étude chasse l'ennui, distrait le chagrin, étourdit la douleur, elle anime et peuple la solitude. Scipion l'Africain disait, *que jamais il n'était moins oisif que dans le repos, et moins seul que dans la solitude.*

Là, vous lui trouverez une simplicité de mœurs, un oubli des grandeurs, un dédain pour la magnificence, qui ne pourrait étonner que la vanité citadine ; elle cherche ses jouissances hors d'elle ; le sage ne trouve les siennes qu'en lui. Sénèque dit avec raison, *que c'est pour les autres et non pour soi qu'on aime le luxe et l'ambition ; on ne se revêt de pourpre que pour se montrer : personne ne mangerait seul dans de la vaisselle d'or. Il faut à ces folies des témoins et des admirateurs. Elles veulent un théâtre ; les cacher, c'est les guérir.*

Notre voyageur possède des biens plus réels, il jouit de plaisirs plus vrais. Il est père, et se console de la rapidité de la marche du temps en se voyant revivre dans ses enfans. Cette galerie vivante lui rappelle les premières journées de son voyage ; elle reproduit à ses yeux les jolies vues de son enfance et les rians tableaux de sa jeunesse.

Il pourrait encore, il est vrai, dans l'espace qui lui reste à parcourir, éprouver d'autres traverses ; mais si un heureux ménage lui a donné et conservé la paix de l'intérieur, ne redoutez plus pour lui les caprices du sort ; son bonheur est à l'abri des coups de la fortune.

Une *femme* douce, courageuse, sensible, constante, remplira trop son cœur pour y laisser de place au chagrin.

Que lui importerait la perte de ses biens, quand il possède ce trésor ? sa maison n'est-elle pas assez *grande*, tant qu'elle y attire le respect ; assez *riche*, tant que sa présence la décore ? Une cabane habitée par la vertu est mieux qu'un palais, elle devient un temple.

Si on lui enlevait une grande place, à peine s'en apercevrait-il, puisqu'il occupe la meilleure et la première dans le cœur de ce qu'il aime.

Si on ne le sépare point d'elle, le bannissement même ne pourrait être pour lui un exil entier, car en elle il voit l'image de sa patrie.

Par elle l'ordre règne dans ses foyers, comme la tranquillité dans son ame.

Si l'injustice et l'ingratitude l'irritent ou le chagrinent, par une caresse elle l'apaise, par un sourire elle le console.

Son suffrage est pour lui la gloire, elle est aussi sa conscience; il se croit bon quand il l'attendrit, grand lorsqu'elle l'admire.

Elle sent tout ce que les philosophes de tous les temps n'ont fait que penser; aussi est-elle à ses yeux la raison vivante et la sagesse en action.

Modeste comme la violette elle fuit l'éclat, et répand dans l'ombre autour d'elle un parfum de vertu et de bonheur.

Travaux, peines, plaisirs, opinions, sentimens, pensées, tout est commun entre eux; et comme ce qu'elle dit n'exprime jamais que ce qu'elle sent, il lit d'avance son idée dans son geste, dans son regard; il peut lui appliquer ce que l'on disait de *Pompée* dans sa jeunesse, *sa voix parle avant qu'elle ait parlé.*

Devient-il malade? le double baume de l'amour et de l'amitié se répand sur ses maux; mille soins délicats et touchans éloignent l'inquiétude, réveillent l'espérance; la douleur même sourit à la tendresse et connaît encore le plaisir.

Si une noble pauvreté lui rend le travail nécessaire,

si les fatigues de la guerre ou du cabinet ont épuisé sa force, affaibli sa santé, elle allège le fardeau en le partageant.

Ah! qu'en telle compagnie le voyage de la vie semble doux et court! il y trouve toujours à la fois, comme dans les îles fortunées, des boutons, des fleurs et des fruits. Son été a conservé les charmes de son printemps, et la vieillesse s'approche de lui sans qu'il la voie venir. Que pourrait-il espérer de mieux dans l'éternel séjour? il a trouvé le ciel sur la terre.

# LE DERNIER AGE.

Le célèbre voyageur *Volney* parcourait tristement, en Asie, la vaste solitude où brillait autrefois la populeuse et magnifique cité de *Palmire*. Un soir, s'avançant jusqu'à *la vallée des sépulcres*, il était monté sur des hauteurs qui la bordent, et d'où l'œil domine à la fois l'ensemble des ruines et l'immensité du désert.

*Le soleil, dit-il, venait de se coucher, un bandeau rougeâtre marquait encore sa trace à l'horizon lointain des monts de la Syrie : la pleine lune, à l'orient, s'élevait, sur un fond bleuâtre, aux planes rives de l'Euphrate. Le ciel était pur, l'air calme et serein : l'éclat mourant du jour tempérait l'horreur des ténèbres : la fraîcheur naissante de la nuit calmait les feux de la terre embrasée. Les pâtres avaient retiré leurs chameaux. L'œil n'apercevait plus aucun mouvement sur la plaine monotone et grisâtre. Un vaste silence régnait sur le désert; seulement, à de longs intervalles, l'on entendait les lugubres cris de quelques oiseaux de nuit et de quelques chacals. L'ombre croissait, et déjà dans le crépuscule mes regards ne distinguaient plus que les fantômes blanchâtres des colonnes et des murs.*

*Ces lieux solitaires, cette soirée paisible, cette scène majestueuse imprimèrent à mon esprit un recueillement religieux. L'aspect d'une grande cité déserte, la mémoire des temps passés; la comparaison de l'état présent, tout éleva mon cœur à de hautes pensées; je m'assis sur le tronc d'une colonne, et là, le coude appuyé sur le genou, la tête soutenue sur la main, tantôt portant mes regards sur le désert, tantôt les fixant sur les ruines, je m'abandonnai à une rêverie profonde.*

Telle est aussi la profonde impression que produit sur notre âme l'aspect des débris de l'homme, et telle est la longue rêverie où nous jette la contemplation de sa vieillesse.

Mais les ruines nous offrent des spectacles divers qui excitent en nous des idées souvent très-opposées entre elles. On regarde avec indifférence les décombres d'une masure, et avec respect les vieux restes d'un noble monument : la vieillesse qui termine une vie obscure ne nous inspire que de la pitié; celle qui couronne une vie utile, vertueuse, illustre, nous commande la vénération.

Le songe de l'existence s'évanouit; le drame est à son dénouement. L'heure des illusions s'est écoulée, celle de la justice sonne; car cette justice n'attend pas la mort, comme on le croit, pour rendre son arrêt. Nos souvenirs le prononcent d'avance en son nom, et déjà donnent à notre vieillesse les *tourmens du Tartare* ou les *plaisirs de l'Élysée*.

L'homme est parvenu à ce dernier âge, où il ne peut plus briller d'un autre éclat que de celui de sa gloire, où il ne peut plus avoir d'autre parure que sa vertu.

A cette fleur qui parfumait l'air et charmait la vue, à ce jeune arbrisseau qu'entouraient des danses folâtres et légères, à cet arbre majestueux dont l'ombrage frais servait d'asyle aux oiseaux et aux bergers, a succédé le triste aspect d'un chêne noueux, courbé par le temps, fendu par l'orage, et dépouillé de feuilles; son vieux tronc est couvert d'une mousse sèche; ses branches arides qui ne poussent plus de rejetons, exposées sans défense à la fureur des vents, ne brillent plus à nos regards que par le pâle éclat de la neige qui les tapisse, et des glaçons que l'hiver y tient suspendus.

Tel l'homme se montre à nous dans la dernière saison de sa vie, à cette triste époque qui, selon Montaigne, *attache encore plus de rides à l'esprit qu'au visage, et qui nous fait passer des passions ardentes aux passions frileuses.*

Ce moment, où nous sentons déjà le vent des ailes de la mort, inspire quelquefois aux ames les plus fortes des idées presque décourageantes: on s'étonne de lire dans Bossuet ces paroles: *Ma vie est de 80 ans, tout au plus; prenons-en cent. Qu'il y a eu du temps où je n'étais pas! qu'il y en aura où je ne serai point? et que j'occupe peu de place dans ce grand abîme des ans? je ne suis rien, ce petit intervalle n'est pas capable de me distinguer du néant où il faut que j'aille. Je ne suis venu que pour faire nombre; encore n'avait-on que faire de moi, et la comédie ne se serait pas moins bien jouée quand je serais demeuré derrière le théâtre.*

Quelques rapports observés entre le commencement et la fin de la vie, entre l'enfant et le vieillard, ont fait donner à la vieillesse le nom de seconde enfance; mais hélas! qu'elle est différente de la première! et si elle en montre la faiblesse, combien elle est éloignée d'en avoir les charmes!

L'une est le crépuscule du matin; sa vapeur, qui donne à tous les objets des formes vagues et confuses, s'éclaircit, se dissipe, se colore à chaque minute; l'autre, au contraire, est le crépuscule du soir, il voit à tout moment un voile sombre s'étendre sur toute la nature, l'attrister et l'anéantir; l'un annonce le jour, et l'autre les ténèbres; l'un ouvre les portes de la vie, et l'autre celles de la mort.

Supposez ces deux enfances également protégées, également entourées de tendresse et de soins; l'une voit à ses côtés l'espérance, et l'autre la crainte: les amis, les parens qui soutiennent le faible enfant ressemblent aux architectes occupés à élever un édifice élégant et noble; les appuis du vieillard sont des ouvriers qui s'efforcent d'étayer un bâtiment que le temps fait écrouler.

L'enfant vous cherche, vous appelle, vous attire; sa chaleur, sa tendresse expansive l'unissent à tout ce qui l'entoure. Le vieillard glacé se retire et s'isole; exclusivement occupé des sensations pénibles de son existence, il voit et entend à peine ceux dont il va se séparer; à chaque minute le cercle de ses sentimens se rétrécit comme celui de ses idées.

Dans l'enfance, tout le monde se donne à nous; dans la jeunesse, nous nous donnons aux autres; dans la vieillesse, nous nous replions sur nous-mêmes.

Le vieillard frivole et vicieux est celui qui ressemble le plus à l'enfant; mais c'est un enfant disgracieux; son babil bégaie, sa légèreté radote, son sourire grimace; et ne pouvant refaire les folies et les étourderies de sa jeunesse, il les remâche et les raconte pesamment.

Sur ses rides où l'on devrait voir avec respect les leçons de l'expérience gravées, on ne reconnaît que la sottise et le vice qui ont pris leur pli.

La raison seule conviendrait à la vieillesse, mais lorsque par malheur elle conserve quelques passions, ces passions la rendent odieuse ou ridicule; on s'intéresse à celles de la jeunesse, on les admire même quelquefois, parce qu'elles viennent de sa force ; on méprise celles des vieillards, parce qu'elles ne prouvent que la faiblesse.

Tout le monde est d'accord pour mépriser un vieux fat, pour rire d'un vieillard amoureux : mais quoiqu'on haïsse les avares, on excuse plutôt ce vice dans la vieillesse que dans la jeunesse, et cependant il semble qu'on devrait le trouver plus absurde chez le vieillard ; une sorte de prudence outrée pourrait porter la jeunesse au désir d'amasser, elle espère un long avenir ; tandis que l'amour de thésauriser est une pure sottise chez un vieillard, car il amasse ce qu'il ne pourra ni dépenser ni garder.

L'amour de l'argent est pourtant le dernier des amours qui s'envole, c'est aussi celui qui ferme le plus nos yeux à la vérité; il nous empêche de voir que la richesse nous donne sans trêve deux tourmens : le désir de l'augmenter, et la crainte de la perdre. La fausse considération qu'elle attire trompe notre amour-propre, et nous laisse ignorer que l'homme de *bien* n'est pas celui qui en a, mais celui qui en fait.

Aussi vous voyez la plus grande partie des vieillards, adorant dans l'or l'image trompeuse de toutes les grandeurs et de tous les plaisirs, le saisir encore à deux mains et s'y cramponer au moment où il faut tout quitter ; et quand la vie même leur échappe, on dirait qu'ils ne veulent pas lâcher prise à la fortune ; ils sont loin de penser comme le bon La Fontaine.

Je voudrais (dit-il) qu'à cet âge
On sortît de la vie, ainsi que d'un banquet,

Remerciant son hôte, et qu'on fît son paquet;
Car de combien peut-on retarder le voyage?
Tu murmures, vieillard! vois ces jeunes mourir.
   Vois-les marcher, vois-les courir
A des morts, il est vrai, glorieuses et belles,
Mais sûres cependant, et quelquefois cruelles :
J'ai beau te le crier, mon zèle est indiscret;
Le plus semblable aux morts meurt le plus à regret.

Mais à tous les vieillards vulgaires que j'ai voulu peindre, qui n'ont été qu'un poids inutile sur la terre, et qui ne savent pas mourir parce qu'ils n'ont pas su vivre, on serait tenté d'adresser ces mots sévères d'Horace : *Si tu ne sais pas vivre au gré de la vertu, fais place à d'autres.*

La Bruyère prétend que *pour la plupart des hommes, il n'y a dans l'existence que trois événemens : naître, vivre et mourir. Ils ne se sentent pas naître, ils oublient de vivre et ils souffrent à mourir.*

On ne peut concevoir d'état plus déplorable au monde que la vieillesse de l'homme qui a mal vécu; le présent le tourmente, le passé l'importune, l'avenir l'effraie : cette vieillesse est pire que la *boîte de Pandore*, car elle renferme tous les maux et ne conserve pas l'espérance.

Tous ces hommes qui regrettent tant la vie, parce qu'ils ont oublié d'en jouir, ont vécu dans une oisiveté peu différente de la végétation; ils ressemblent au dire de Plutarque, à cet *Épiménide qui*, s'étant allé coucher jeune, se réveilla vieillard cinquante ans après.

Le voyageur que nous avons suivi avec intérêt dans sa longue course ne sera pas comme eux; il n'a point perdu son temps sur la terre, il a combattu, vaincu ses passions; écartant le voile des illusions, il a vu la vérité;

après de courtes erreurs dans sa recherche de la félicité, il s'est dit, comme le poëte romain :

Hélas que nous prenons une peine inutile !
Sur les mers, sur la terre, on cherche le bonheur :
Le bonheur est par-tout, aux champs, comme à la ville ;
Il faut, pour le trouver, trouver la paix du cœur.

Cette paix, il en jouit ; ses devoirs ont réglé ses plaisirs ; ses travaux ont fertilisé les lieux de son passage ; sa modération a désarmé ses ennemis ; il lui ont pardonné sa justice et sa sagesse.

En s'avançant au terme de sa carrière, il entend de loin la douce voix de la reconnaissance qui l'encourage, et qui lui promet à la fois *bonheur* dans le ciel et *souvenir* sur la terre.

Ne craignons point que son dernier âge démente et déshonore les autres époques de sa vie ; la bienfaisance ainsi que les autres vertus ne vieillissent jamais ; elles s'améliorent avec l'âge, et deviennent des habitudes ; le bien qu'il faisait par ses actions, il le fera par ses conseils. Le désir d'être utile à ses semblables survit aux autres désirs : *Jamais*, dit Plutarque, *abeille par vieillesse ne devient frelon.*

La philosophie convient à tous les âges ; l'enfance l'étudie ; la jeunesse s'y exerce ; la vieillesse l'enseigne.

Cette vieillesse, si hideuse aux regards de beaucoup d'autres qui l'ont atteinte sans s'en douter, n'est pour lui qu'un port tranquille où, se trouvant à l'abri des orages et des périls, il aime à se rappeler ceux du voyage.

L'homme qui regrette le temps perdu, ou qui se repent du temps mal employé, redoute sa propre mémoire : une ame tranquille peut seule se plaire à relire sa vie.

La durée de cette vie se compte réellement, non par le nombre des années, mais par celui des pensées et des actions; Sénèque remarque justement *que beaucoup d'hommes, quoique vieux, ont peu vécu.*

La science alonge notre vie, elle y ajoute les siècles passés, et nous y fait vivre avec les hommes qui les ont illustrés; elle étend aussi beaucoup le nombre de nos amis; notre voyageur compte parmi les siens *Socrate, Platon, Xénophon, Cicéron, Sénèque, Horace, Montaigne, Érasme, Pascal, La Bruyère, Montesquieu, Fénélon, Bossuet,* et tant d'autres *sages* dont les entretiens et les secours ne lui manqueront jamais; le temps n'a détruit que leur corps, leur esprit vit toujours; Cicéron l'a dit et l'a prouvé; *la vie des morts consiste dans le souvenir des vivans.*

Et pourquoi notre sage se plaindrait-il plus dans sa route du dernier relais que des premiers! sa marche serait-elle plus pénible? Au contraire, elle devient dans la vieillesse plus facile qu'à tout autre âge; nous n'avons plus qu'à descendre, nous sommes sur une pente où tout nous pousse et rien ne nous arrête.

Pleurera-t-il la perte des plaisirs de sa jeunesse? il en est pour tous les âges, comme des fruits pour toutes les saisons; et le temps, ne faisant que seconder la sagesse, n'a retranché de ses plaisirs que leur excès. D'ailleurs le temps, plus habile que bien des philosophes, affaiblit le désir avant de toucher au plaisir; et les insensés peuvent seuls regretter ce qu'ils ne désirent plus.

L'éloignement du fracas du monde et du tourbillon

des cours ne peut être pour lui un sujet de tristesse ; la voix de la raison, l'amour de l'étude, le besoin du repos, n'ont pas attendu la vieillesse pour lui conseiller la retraite ; il a quitté sagement le monde avant que le monde ne le quittât, et par là il n'a fait qu'échanger la servitude contre l'indépendance.

Cependant, comme la tempérance a conservé sa santé, et comme elle le paie de ses sacrifices en lui donnant une vieillesse verte et vigoureuse, si le besoin de la gloire, si l'amour de la patrie fait battre toujours vivement son cœur, une foule d'exemples lui rappellent qu'il peut encore ne point renoncer aux jouissances de ces nobles passions.

L'octogénaire *Solon* dictait ses lois aux Athéniens ; et trouvait dans son grand âge même de nouveaux motifs de courage pour lutter contre la tyrannie.

*Nestor* était plus écouté par les Grecs que le jeune *Achille*.

Le vieux *Caton* balançait la fortune de *César* : près de mourir, son ame conservait l'indomptable vigueur que Rome avait perdue.

La vieillesse de *Fabius* fit reculer la jeunesse d'*Annibal*.

*Villars*, peu de temps avant de descendre dans le tombeau, releva la France qui succombait sous les coups de l'étranger.

A près de cent ans, *Sophocle* et *Voltaire* recevaient, au bruit des acclamations du peuple, la palme décernée à leur génie.

*Simonide* obtint aux jeux publics une couronne à quatre-vingts ans.

Enfin Xénophon disait du roi Agésilas : *Quelle*

jeunesse est plus gaillarde que n'était sa vieillesse? Qui fut jamais, en sa plus grande fleur et vigueur, plus formidable aux ennemis que fut Agésilaus, étant tout au bout de son âge?

De la mort de qui désmainèrent oncques les ennemis plus grande joye, qu'ils firent de celle d'Agésilaus, encore qu'il fût vieil quand il mourut.

Qui était celui qui assurait les alliés et confédérés, sinon Agésilaus, combien qu'il fût déjà sur le bord de la fosse?

Quel jeune homme regrettèrent oncques les siens plus amèrement que lui mort, quelque vieil qu'il fût.

Une heureuse vieillesse est le fruit d'une sage jeunesse. L'une a préparé à l'autre de nobles voluptés : toutes celles que la décence et la vertu ne condamnent pas lui sont soumises et permises.

Le vieillard jouit, comme le jeune homme, du spectacle du monde; il n'y est plus comme acteur, mais comme spectateur. *Et si l'on sent mieux aux premiers rangs*, dit Cicéron, *le plaisir du théâtre, on le goûte cependant encore aux derniers rangs.*

La vraie sagesse n'est point austère; l'ami de l'humanité ne tombera jamais dans une sombre misanthropie : la mémoire du bien qu'on a fait rafraîchit le sang et calme l'âme; le vieillard qui a été utile aux hommes ne s'éloigne jamais entièrement d'eux, et trouve dans son cœur les maximes qu'une muse tendre et brillante dictait au chantre de l'imagination.

> Il cherche à consoler par un doux souvenir
> Et la douleur présente, et les maux à venir ;
> Et même lorsqu'il touche à l'extrême vieillesse,
> Quelque ombre de bonheur charme encor sa faiblesse;

Du festin de la vie, où l'admirent les dieux,
Ayant goûté long-temps les mets délicieux,
Convive satisfait, sans regret, sans envie,
S'il ne vit pas, du moins il assiste à la vie.

Il existe deux genres de gaieté : l'une est vive, légère, étourdie, bruyante, emportée, c'est celle de la jeunesse ; elle fatigue par ses éclats, et comme un feu d'artifice elle laisse après elle, dans l'ame, quelque chose de silencieux et de triste ; l'autre est plus calme, plus douce, plus constante, c'est une illumination qui chasse les ombres de la nuit et qui nous réjouit en nous éclairant.

Cette gaieté est un charme particulier aux vieillards bons, aimables, instruits, vertueux, indulgens : on croit voir en elle le sourire d'une bienveillante expérience et d'une conscience satisfaite.

Aussi tous les jeunes gens quittaient, dit-on, le théâtre, les jeux, les affaires, pour chercher la conversation instructive et enjouée de Socrate Et qui n'aimerait mieux à présent même les joyeux entretiens du philosophe Montaigne que la gaieté licencieuse d'une jeunesse frivole ? on voit que, dans sa vieillesse, la raison ne lui dictait encore ses préceptes qu'en riant. *A mesure, disait-il, que la possession de la vie est plus courte, je veux la rendre plus vive, plus pleine, plus profonde ; je veux arrêter la légèreté de sa fuite par la promptitude de ma saisie ; il faut secourir la vieillesse, il faut l'étayer. Je m'aide de tout ; et la sagesse et la folie auront assez à faire à m'aider par office alternatif dans ce dernier âge.*

Une belle vieillesse fait encore mieux quelquefois que de couronner une belle vie ; souvent elle en a expié et réparé une mauvaise ; comme on voit des monumens devenir plus vénérables dans leur vieillesse, tandis que d'autres se dégradent par le temps.

Si la sombre tyrannie de *Tibère* déshonora dans Caprée, par ses vices et par sa cruauté, les exploits et la renommée de sa jeunesse, la sagesse et la douceur d'*Auguste* avaient fait oublier les fureurs d'*Octave* : on détestait le jeune triumvir, on chérit, on pleura le vieil empereur.

La philosophie du vieillard *Dioclétien* dans sa retraite lui rendit la gloire que son despotisme et ses persécutions avaient souillée, et plus illustre au bord du tombeau que sur le trône, ce fut lorsque sa vieillesse lui fit quitter le sceptre du monde qu'il se montra plus digne de le porter.

On dit en vain qu'il ne faut pas juger sur les apparences, la laideur ou la beauté de notre ame se peint presque toujours sur nos traits : jamais physionomie basse ne cacha derrière elle un esprit noble ; jamais la franchise n'eut un regard oblique et incertain ; jamais conscience troublée ne se couvrit d'un maintien calme et serein.

L'habitude du vice empreint une sorte de flétrissure sur le visage d'un vieillard. La nature ne se reconnaît plus sur la figure du méchant. Elle ne nous montre qu'un masque, on n'y voit que l'affectation et l'apprêt d'un artifice impuissant ; l'hypocrisie s'y montre au lieu de la bonté, la froideur à la place du calme, et lorsqu'il veut paraître tranquille, l'effort qu'il fait sur lui-même ne lui donne qu'une impassibilité apparente et semblable à celle de la mort.

Regardez au contraire le voyageur que nous avons accompagné jusqu'à présent sur la route tracée par la sagesse; tout est vénérable, noble, paisible dans sa chevelure, dans sa barbe blanche, dans la douce gravité de son maintien, dans la bienveillance de son regard, dans la sérénité de son front large et dégarni, où la vertu semble avoir gravé ses maximes.

Une belle vieillesse, loin d'inspirer de l'effroi et d'exciter le dégoût, attire si bien l'amour et commande tellement le respect, que l'imagination religieuse des hommes l'a prise pour modèle lorsqu'elle a voulu représenter l'Éternel.

Par-tout où la corruption des mœurs n'a point dégradé et faussé les esprits, la vieillesse est en honneur; la première idée des peuples a été de confier aux vieillards le soin de les gouverner : pendant plusieurs siècles les anciens d'Israël gouvernèrent le peuple hébreux.

Le mot de *vénérable* ne peut se séparer dans notre esprit de celui de *patriarche*.

Le nom de *sénateur* rappelle le privilége naturel accordé par les Romains à la vieillesse.

Toute la jeunesse grecque, si passionnée pour la liberté et l'égalité, se levait respectueusement à la vue d'un vieillard.

Mais nulle part le grand âge ne jouissait de plus de considération que dans *Sparte*, tant que la vertu y laissa régner les lois de Lycurgue. Aussi *Lysander* disait *qu'il n'y a lieu au monde auquel il fit si bon vieillir qu'à Lacédémone.*

Mais, me répondra-t-on, si cette vieillesse dont vous faites l'apologie a ses douceurs comme ses peines, ses plaisirs comme ses douleurs, convenez au moins que son terme est effrayant; c'est la limite de la vie, la rive de l'*Achéron*; le triste vestibule de la mort.

Écoutez notre voyageur ; arrivé au bout de sa carrière, prêt à toucher le but qu'il n'a jamais perdu de vue, il va vous répondre et vous rassurer.

« A quoi servirait en effet, dit-il, la science de bien
» vivre, la plus importante et la plus difficile de toutes,
» si elle n'apprenait à bien mourir ?

» Il n'est point d'objet si effrayant qu'on ne puisse
» envisager sans crainte quand on s'est familiarisé avec
» lui ; plus on s'occupe de la mort, moins on la re-
» doute ; il faut, comme Montaigne, *lui ôter son es-*
» *trangeté et la domestiquer à force d'y penser.*

» Si la vie est un bien, la mort est son fruit ; si la
» vie est un mal, la mort est son terme.

» Il aurait pu nous en coûter, si au milieu de notre
» voyage il avait fallu quitter brusquement un séjour
» paré de toutes les illusions, de toutes les joies, de
» toutes les fleurs de notre jeunesse ; mais la sage na-
» ture, qui malgré nos plaintes et nos criailleries a
» réglé notre marche beaucoup mieux que nous n'au-
» rions pu le faire nous-mêmes, a voulu que la vieil-
» lesse en nous délabrant démeublât peu à peu notre
» logis, pour le faire quitter à notre ame avec moins de
» regret.

» Plus notre route a été longue, plus la lassitude est
» grande, et pour dire vrai, à certaine époque la mort
» n'est qu'un repos désirable.

» Notre corps même, fatigué, se courbant de plus
» en plus vers la terre, semble l'inviter doucement à
» le recevoir.

» Un rideau qui affaiblit notre vue, nous annonce,
» comme l'ombre croissante de la nuit, qu'il est temps
» de nous endormir.

» Notre ame, il est vrai, peut concevoir quelque
» crainte du nouveau voyage qu'elle va faire dans un
» monde inconnu; mais tout dépend pour elle des pré-
» paratifs qu'elle a faits avant de s'embarquer.

» Si elle n'apporte pour bagage que des titres vains,
» des dignités trompeuses, de mensongères richesses,
» je conviens qu'elle perd tout en mourant, et que de
» tels effets ne sont point reçus avec nous sur la bar-
» que de l'inexorable Caron.

» De tout cela, on ne laisse et on n'emporte rien
» avec soi; la gloire et la vertu sont les seuls biens
» qui survivent à nos dépouilles mortelles; comme ils
» tiennent à l'ame et non au corps, ils voyagent avec
» elle, et en même temps ils lui conservent, dans ce
» monde qu'elle quitte, une vie impérissable.

» Cicéron vous l'a dit avant moi, *l'homme vicieux*
» *perd tout avec la vie, l'homme de bien sait qu'il*
» *lui reste sa vertu et sa gloire qui ne peuvent mourir.*

» L'homme sensible et bon, dont les jours n'ont
» point eu d'éclat, ne laisse point de triomphes, de sta-
» tues, de palmes pour rappeler son passage sur la
» terre, mais l'amitié conserve son souvenir. Des re-
» grets sincères, un deuil constant, prolongent sa vie
» dans les cœurs qu'il chérissait; et si ses paroles et ses
» bienfaits ne font plus d'heureux, sa mémoire et son
» exemple font encore du bien.

» L'arbre, planté sur une tombe par un ami qui l'ar-
» rose de ses larmes, est peut-être plus cher aux morts
» qu'un vain laurier. Horace nous le dit:

« Il faudra bientôt disparaître,
» Cher Posthume, et le noir cyprès,

» Des beaux arbres qui t'ont vu naître,
» Reste seul fidèle à jamais
» Au passager qui fut son maître. »

» Je voudrais pouvoir vous donner autant de motifs
» de consolation pour supporter la peine la plus réelle
» attachée à la vieillesse, celle de voir chaque année
» tomber autour de soi tous les objets qu'on aime. Nous
» souffrons plus de les voir nous quitter que nous ne
» souffririons en les quittant nous-mêmes; l'un et l'autre
» chagrin serait pourtant insupportable, si l'on croyait
» que cet adieu est éternel, que l'ame périt avec le
» corps et que de la vie on passe au néant.

» Mais deux sentimens innés dans l'homme doivent
» éloigner de lui la funeste possibilité de cette destruc-
» tion totale, et pour exprimer cette conviction in-
» time, empruntant une voix plus habile et plus élo-
» quente que la mienne, je vous répéterai ces paroles de
» Cicéron : *Par un sentiment que je ne puis définir,*
» *mon ame, prenant l'essor vers la postérité, semble*
» *n'envisager dans la mort que le commencement de*
» *la vie. S'il était faux que nos ames fussent immor-*
» *telles, les plus belles et les plus grandes ne ten-*
» *draient pas à l'immortalité.*

» L'espoir de rejoindre les êtres chéris qu'on a per-
» dus adoucit pour la vieillesse l'approche de la mort,
» et la métamorphose presque en plaisir.

» Ah! quel heureux jour! que celui où, m'élevant
» au-dessus de la foule rampante des mortels, je
» m'envolerai dans la demeure divine des ames. J'irai
» joindre non-seulement les hommes illustres dont
» nous faisions tout à l'heure l'éloge, mais encore,
» mon cher Caton, ce fils si tendre, cet homme si

» accompli ; j'ai fait pour lui ce que la nature semblait
» l'avoir destiné à faire pour moi : j'ai mis son corps
» sur le bûcher, mais son ame, attachée à la mienne,
» tournant ses regards de mon côté, n'a fait que me
» devancer dans ces lieux où il comprenait que j'irais
» bientôt le rejoindre.

» Si j'ai montré de la constance dans cette perte, ce
» n'était pas que j'y fusse insensible; mais je me suis
» consolé dans la pensée que nous n'étions pas sépa-
» rés pour long-temps.

# DE LA MÉMOIRE.

Chacun sait que sans la *mémoire* l'homme serait privé de toute lumière pour se conduire; on ne peut se faire une idée d'une sensation qu'en se la rappelant; il faut se souvenir pour comparer, raisonner et juger; mais cette faculté, qui développe chez nous toutes les autres, est, comme tout dans le monde, mêlée d'ombre et de clarté; c'est la colonne moitié obscure, moitié lumineuse, qui marchait devant les Hébreux. On peut dire de la *mémoire* autant de mal que de bien, car si elle se montre à nous d'un côté comme la mère de la science, des talens, de l'expérience et de la douce reconnaissance; d'un autre côté, elle donne naissance à l'erreur, à l'ingratitude, à la vengeance.

La *mémoire* de certaines fables inventées par l'ambition, adoptées par la peur, retenues par la sottise, fait naître le fanatisme.

Le souvenir des pesans abus, des longues oppressions, produit les ressentimens tumultueux, excite les fureurs populaires.

Les révolutions sont les fruits amers du souvenir des droits violés, de l'orgueil humilié, des intérêts blessés.

*Le vulgaire confond toujours,* ainsi que le remarque l'auteur de la Sagesse, *la mémoire avec l'entendement,* et cependant la grande *mémoire* se trouve souvent unie au jugement débile. Si elle suffisait pour rendre habile, juste, vertueux, les prédicateurs et les comédiens seraient les premiers hommes du monde.

Un ancien appelait la *mémoire le trésor de l'ame*; elle mériterait ce nom si l'on n'y gravait que des vérités, si elle n'était que le répertoire des bons principes et des bons exemples ; mais un de nos vieux sages remarque justement qu'on *y plaque sans ordre des mots et des syllabes presque toujours inutiles, quand ils ne sont pas nuisibles.*

Le cerveau humain, au lieu d'offrir l'image d'un appartement bien rangé et bien garni, ressemble à un garde-meuble où se trouvent entassés pêle-mêle le vieux et le neuf, les objets précieux et ceux de rebut ; de sorte que la plupart des hommes feraient peut-être un bon marché en oubliant ce qu'ils ont appris pour apprendre ce qu'ils ne savent pas.

Si l'on en croyait Pythagore, la *mémoire* serait un don funeste : Érasme, dont la folie n'est pas toujours gaie, nous rappelle *que ce sage, après avoir été successivement philosophe, homme, femme, roi, coq, poisson, cheval, grenouille, et se souvenant de ce qu'il avait éprouvé pendant toutes ses transmigrations, déclara l'homme le plus malheureux des animaux.*

Je suis loin de rêver aussi tristement ; mais pourtant il faut convenir que parfois la souvenance est chose assez fâcheuse.

Thémistocle disait *qu'il aimait mieux l'art d'oubliance que celui de mémoire.* Je le crois bien, ce Thémistocle était un émigré vertueux, toujours patriote, quoique ruiné par sa patrie ; toujours citoyen, quoique banni. Il sentait que pour rester fidèle à son pays, et pour résister aux séductions des ennemis d'Athènes, il fallait oublier toutes les injures qu'il avait reçues, toutes les injustices qu'il avait éprouvées.

Loin de vouloir, comme Alcibiade, livrer l'Attique aux étrangers, son ame héroïque regardait toute vengeance contre des compatriotes comme un suicide ; et certes, dans une position semblable à la sienne, la première science, et qui rapporte le plus de gloire, est celle qui apprend à *oublier*.

On ne saurait croire en combien de circonstances l'oubli semble préférable à la *mémoire*, et, sans compter les pédans dont les longs et verbeux récits m'ont fait désirer cent fois dans mon enfance de les voir plongés jusqu'au cou dans le fleuve *Léthé*, connait-on rien de plus fâcheux que ces gens toujours panégyristes du passé, toujours détracteurs du présent, qui ne peuvent oublier leur jeunesse ?

Comme ils ne brillent plus dans la société, il n'y a plus d'ordre dans le monde ; l'amour, la grace et le bon goût sont exilés, parce qu'ils ne peuvent plus aimer ni plaire ; tout est décoloré dans l'univers, parce que leurs sens sont affaiblis ; le changement des mœurs, des institutions, dérangeant leurs habitudes, tout leur paraît bouleversé.

A leurs yeux l'égalité est injustice, la liberté même leur semble un esclavage, parce qu'elle les soumet à des lois au-dessus desquelles leur rang les plaçait autrefois.

La moitié des causes de nos troubles disparaîtrait, si l'on pouvait oublier des temps d'abus, d'inégalités, de priviléges dont il était très-naturel à ceux qui en jouissaient de désirer la durée, mais qui, une fois expirés, ne peuvent plus renaître.

Le présent est la seule partie du temps qui nous appartienne. Le passé n'est plus rien pour nous, et l'avenir ne nous sera peut-être pas donné ; à quoi peut nous servir au bord de la tombe de regretter notre berceau ?

L'envie qu'excite en nous la fortune ou le mérite de nos contemporains, est trop souvent la cause secrète qui nous porte à nous ressouvenir si tendrement de ceux qui ne sont plus, à les exalter, à les placer si haut que leurs successeurs désespèrent de les atteindre ; Horace disait avec raison :

> Tel, qui des vieux auteurs défend toujours la gloire,
> Ne les entend pas trop, mais veut le faire accroire,
> Et montre, en redoublant ses pénibles efforts,
> Plus de haine aux vivans que d'amour pour les morts.

On dirait, à voir certaines douleurs exaltées, à suivre de certains deuils, à entendre certains regrets à propos de gens qu'on louait et qu'on aimait médiocrement quand ils vivaient, que la *mémoire* grandit, embellit ces hommes qui ne sont plus, et attendrit tout à coup ceux qui leur survivent.

Je suis bien loin de blâmer les souvenirs qui honorent la tombe, lorsqu'ils viennent de piété et non d'hypocrisie ; mais je suis peu sensible aux larmes d'une femme qui n'a bien aimé son époux qu'après son trépas, aux regrets touchans que prodiguent à un homme célèbre les vivans qui l'ont dénigré pendant sa vie.

Je pense comme Sénèque, *que si le deuil des morts est chose triste, il est un pire deuil, le deuil des vivans.* Il entendait sans doute par là le deuil qu'on devait porter pour ces vivans qui, par leurs vices et leur méchanceté, déshonorent eux, leur siècle et leur patrie.

Au reste, on doit convenir que le faux hommage qu'une feinte douleur paie forcément à la *mémoire* d'un homme éminent, lorsqu'il succombe sous les coups de la nature ou de la fortune, a cependant un bon effet, celui d'avertir l'envie que ses coups de dents et de griffes seront inutiles, et que *le génie*, ainsi que le dit un ancien, *paraît grand, même après sa chute. Étendu sur la terre, il n'est pas plus méprisé que les ruines des temples, qu'on vénère encore comme entiers lorsqu'on foule aux pieds leurs débris.*

En tout la *mémoire*, si elle était toujours accompagnée de jugement, serait le premier don du ciel, et le plus précieux pour l'homme. Ce serait le brillant flambeau de sa vie; elle le porterait aux vertus et l'éloignerait des vices, par les grands exemples de gloire et de honte que présente l'histoire.

Comme on imite plus qu'on n'invente, presque toutes nos sciences, nos lois, nos institutions ne sont que des souvenirs. Les muses, ornement et charme de la terre, ont reçu justement le nom de *Filles de mémoire*.

Cette *mémoire* que Platon appelle une grande et puissante *déesse*, donne, suivant Plutarque, *l'être au passé; elle est*, dit-il, *l'ouïe des sourds et la vue des aveugles.*

Je ne disconviens point qu'elle ne mérite en partie ces éloges; mais je dis que, semblable à la *langue*, elle est pour nous, tour-à-tour, ce qu'il y a de meilleur et de pire.

*La mémoire*, ou *Mnémosyne*, n'est point, comme le dit la fable, une divinité presque égale à la Sagesse. C'est tout simplement un vaste magasin d'où l'on tire au hasard, tantôt des remèdes, tantôt des poisons; tout s'y trouve mêlé, bons et funestes conseils, utiles et pernicieux exemples ; et ce qu'il y a de plus fâcheux, c'est que, pour l'ordinaire, au lieu d'en donner la clef à la raison, ce sont nos passions qui se chargent d'y fouiller et d'y prendre ce qui leur convient le mieux.

Aussi Dieu sait comme elles en rapportent avec empressement des récits de fortune imprévue et rapide pour les joueurs, des exemples de gloire et de puissance pour les ambitieux : un jeune monarque belliqueux n'en tire que les portraits d'Alexandre et de César ; l'avare s'admire en voyant l'image de Vespasien ; le gourmand rêve à la table de Lucullus, et s'enorgueillit de sa gloutonnerie ; la femme voluptueuse n'a plus honte de ses faiblesses, en songeant à la célébrité de Cléopâtre, à la renommée d'Agnès Sorel. Elle suit la tendre La Vallière, non au couvent, mais dans les rians bosquets de Versailles. La vieille coquette se regarde avec complaisance dans son miroir, en se rappelant le long printemps et le florissant été de Diane de Poitiers ; le fanatique, au lieu d'admirer les douces et royales vertus de Saint-Louis, ne se souvient que de l'édit dans lequel il ordonne de *percer avec un fer chaud* la langue du blasphémateur.

Combien de jeunes courtisans sont plus disposés à imiter joyeusement la galanterie de Henri IV que son infatigable activité.

Combien d'exagérés de nos jours semblent n'avoir puisé dans l'histoire que l'amour de la vengeance qui animait la fureur plébéienne de Marius, la cruauté aristocratique de Sylla, l'impitoyable rigueur du despote Octave.

L'infidèle *mémoire* trace au crayon les bienfaits, et burine les injures ; elle rappelle bien bas au débiteur la dette qu'il a contractée, elle parle sans cesse au créancier de l'argent qu'il doit recevoir.

Lorsqu'elle favorise nos vices, elle prend le ton tranchant, dogmatique, hérissé de citations qui nous encouragent; mais nous parle-t-elle de justice, de clémence, de sacrifices à faire de nos ressentimens, des dangers de la rigueur, des avantages de la bonté, des suites funestes de l'arbitraire, elle hésite, bégaie, s'exprime avec doute, et nous dit comme Auguste à Cinna :

> L'un m'invite à le suivre et l'autre me fait peur;
> Mais l'exemple souvent n'est qu'un miroir trompeur;
> Et l'ordre du destin, qui gêne nos pensées,
> N'est pas toujours écrit dans les choses passées.
> Quelquefois l'un se brise où l'autre s'est sauvé,
> Et par où l'un périt un autre est conservé.

C'est sur-tout dans les temps de révolution que la *mémoire* a une mobilité et une docilité incroyables; on dirait qu'attachée à la roue de la fortune elle tourne avec elle; il n'est point de *kaléidoscope* qui change ses tableaux avec plus de rapidité.

En un instant, elle efface de notre esprit le mérite du vaincu, et y grave celui du vainqueur : elle trompe la vue, altère le langage et dénature la pensée. Tel lapide aujourd'hui l'idole qu'il ne se souvient plus d'avoir encensée la veille; ceux que l'on courtisait, on les fuit; ceux qu'on dédaignait, on les recherche; les services rendus sont oubliés; on semble même avoir perdu toute idée de ce qu'on a dit, écrit, fait, sollicité ou obtenu.

Les métamorphoses se font avec impudence, on dirait que ceux qui se transforment si vite croient que tout le monde a perdu comme eux la *mémoire :* on en voit même certains qui non-seulement dénigrent, mais couvrent d'opprobre les personnes et les choses qui ont été pendant plusieurs lustres la source de leur fortune, le soutien de leur existence, l'objet de leur culte, et le sujet de leurs chants.

On dirait à les entendre, si on ne les voyait pas, que tout en eux, hors le visage, est changé; ils sont comme cette *pie d'un barbier romain*, dont parle Plutarque : « Elle faisait merveille de chanter et de parler, con-
» trefaisant la parole des hommes et la voix des bêtes;
» il advint que l'on fit les funérailles de l'un des plus
» riches personnages de la ville; force trompettes et
» clairons accompagnaient le convoi et s'arrêtèrent en
» sonnant bien longuement et à grand bruit, près de
» la maison du barbier, devant l'oiseau parleur. De-
» puis cela, tout le lendemain la pie demoura muette,
» sans siffler, parler, ni faire son ramage accoutumé
» en ses ordinaires passions, tellement que ceux qui
» auparavant s'esbahyssaient de sa voix, s'émerveil-
» laient alors de son silence; on croyait que par la peur
» sa voix fût demourée esteinte. Mais après une re-
» traite en soi-même, cette voix se réveilla tout sou-
» dain, ne disant rien de tout ce qu'elle avait accou-
» tumé auparavant de dire ou de contrefaire, sinon le
» son des trompettes. » On est bien sûr que nos *pies* modernes contreferont toujours le *son* qui domine, et la voix qui fait le plus de bruit.

Ce sont peut-être de semblables observations sur les inconvéniens de la *mémoire* qui portaient Pétrarque à en parler ainsi : « C'est à la vérité une des plus nobles
» puissances de l'ame, mais d'ailleurs c'est une grande
» maison d'ennui, une galerie de vieux tableaux, où il
» y a plus d'objets désagréables que de ceux qui char-
» ment la vue. »

Que conclure de tout ceci? qu'on doit cesser de cultiver sa *mémoire* et chercher à tout oublier? Non, mais qu'il faut se méfier de cette *mémoire*, et ne lire dans ses archives qu'à la lueur du flambeau d'une saine philosophie : elle rejettera toute souvenance d'illusions détruites, de pouvoirs effacés, de biens perdus, d'injustices éprouvées, toute image d'un passé qui ne peut se reproduire; elle nous rendra reconnaissans, par le souvenir des bienfaits d'autrui, tolérans, par celui de nos fautes; elle nous inspirera le désir d'imiter les hommes grands et vertueux, dont la *mémoire* impose encore le respect à notre ame et sanctifie jusqu'à nos pensées les plus secrètes.

Elle nous dira comme Sénèque : « Heureux l'homme
» dont la mémoire seule suffit pour nous corriger; heu-
» reux encore celui qui vénère assez les grandes vertus
» pour rentrer dans l'ordre à leur seul souvenir ! »

C'est un bon usage à faire du passé que de s'y choisir des juges et des témoins de sa vie, tels que Cicéron, Caton, Marc-Aurèle, Henri IV, Bayard, l'Hôpital, Sully, Turenne, Catinat, d'Aguesseau, etc. Qu'on croie agir ou parler en leur présence, et l'on se permettra peu d'actions et de discours qu'on puisse se reprocher.

Puisqu'on trouve tout dans la *mémoire*, « magasin, nous dit Montaigne, plus fourni de matière que d'invention, » laissons-y tout ce qui peut nous nuire, et tâchons de n'y prendre que tout ce qui peut être utile à nous et à autrui.

Si l'on était dans la nécessité d'opter, il vaudrait peut-être encore mieux oublier le *bien-être* que se souvenir du *mal-être*. « Je me console, disait Montaigne, d'avoir
» peu de *mémoire*, parce que je me souviens moins des
» injustices éprouvées; il aurait fallu pour me rappeler

» une injure, qu'un page vînt me répéter tous les jours
» trois fois à l'oreille, comme l'officier persan au roi Da-
» rius : Sire, souvenez-vous de l'incendie de Sardes et
» des Athéniens. »

J'aime et j'admire cette douceur, mais pourtant je ne me consolerais pas avec une telle facilité de manquer de *mémoire*; ce que je voudrais pour ma félicité, ce que je conseille aux autres pour leur bonheur, c'est un sage mélange de souvenance et d'oubli.

Oublions nos prétentions, rappelons-nous les droits des autres, perdons la *mémoire* de nos malheurs, gardons celle de nos exploits, souvenons-nous de nos erreurs, de nos faiblesses, de nos inconséquences, pour oublier plus facilement celles d'autrui; jetons dans l'oubli les causes de nos discordes, mais songeons sans cesse à leurs suites funestes.

En gravant dans la *mémoire* de nos enfans les principes de la Charte qui nous lie, honorons la *mémoire* des hommes qui les ont les premiers proclamés; enfin, comportons-nous de sorte que nos actions et nos écrits soient dans l'avenir une mine féconde de bons exemples pour nos neveux et une source de douces jouissances pour nous.

Je l'ai dit autrefois avec assez de raison, quoique dans une chanson :

>Si du méchant l'ame embrasée
>Cède aux remords qu'il ne peut fuir,
>Pour l'homme juste l'Elysée
>De sa vie est le souvenir.

C'est là le grand bienfait, l'avantage inappréciable de la *mémoire*, c'est par elle que la conscience nous récompense ou nous punit. Honorons-la donc comme un juge incorruptible, apprécions ses peines et ses charmes. Notre aimable Delille a trouvé dans son cœur tout ce qu'on peut dire de mieux sur la *mémoire* :

> L'homme ingrat au passé goûte peu l'avenir,
> Non, l'espoir ne vit guère où meurt le souvenir;
> Dans le même foyer tous deux ont pris naissance,
> Et le cœur sans regret languit sans jouissance.
> Et toi, du souvenir le plus noble attribut,
> Douce reconnaissance, accepte mon tribut!
> Le présent est le Dieu que l'intérêt adore,
> Mais toi, vers le passé ton œil se tourne encore.
> Si des dettes du cœur il s'était acquitté,
> « *Cet homme se souvient,* » disait l'antiquité.

# DE L'OPPOSITION.

L'OPPOSITION déplaît à toute volonté, à toute puissance, et cependant cette volonté, cette puissance en ont toujours besoin ; c'est elle qui fait leur vraie force, le charme de leurs jouissances ; sans elle tout languirait ; que dis-je ? rien n'existerait même dans le monde : tout dans la nature vit par contraste et par opposition.

La lumière ne peut exister sans ombres ; c'est leur opposition seule qui donne du relief à tous les objets ; si le feu ne rencontre qu'une paille légère, il s'éteint promptement ; il ne dure que lorsqu'il trouve un bois dur et solide qui lui résiste.

L'amour périrait de langueur si le plaisir volait aussi rapidement que le désir. La beauté qui se défend de sa flamme la rend plus vive et plus durable.

Que deviendrait la gloire du vainqueur sans la résistance du vaincu ? L'industrie ne perdrait-elle pas toute son activité, si rien ne s'opposait à nos désirs, à la satisfaction de nos besoins ? C'est la dure pauvreté qui l'aiguillonne, et qui, en lui résistant, la pousse à la fortune.

La volupté continue deviendrait elle-même une douleur ou un ennui ; il faut, pour la rajeunir et l'embellir, que la fatigue et que des obstacles l'arrêtent et donnent aux besoins et aux désirs le temps de renaître.

S'il était aussi facile d'apprendre que de voir, l'étude

perdrait tout son prix. Il faut qu'une sorte d'obscurité et de fortes barrières nous fassent sentir la jouissance et l'honneur de percer l'une et de franchir les autres. La vertu cesserait d'exciter notre intérêt, notre vénération, notre enthousiasme, si elle n'avait pas à vaincre les passions, à lutter contre le malheur.

Tout le mérite d'une bonne éducation ne consiste-t-il pas dans l'opposition continuelle d'un maître sage et ferme à la légèreté, aux caprices, à la paresse de notre enfance?

Les hommes ne sont que de grands enfans : chacun de nous, s'il n'était retenu par une opposition puissante, s'abandonnerait souvent en aveugle à ses folles passions, à son égoïsme; il voudrait jouir de tout ce qui pourrait le tenter. La religion, la loi, l'autorité, s'opposent à ses erreurs, à ses excès, et forcent tous les intérêts privés de céder à l'intérêt général.

D'un autre côté, les ministres de cette religion, les organes de ces lois, les agens de ces autorités, armés du pouvoir religieux, civil et militaire, conduiraient le genre humain au gré de leurs caprices, et le réduiraient bientôt en esclavage, si l'*opposition* nécessaire et redoutable de la vertu, du courage, de l'opinion publique, et de fortes institutions n'éclairaient pas leur raison et n'enchaînaient pas leur volonté.

Voilà tout le mystère des sociétés humaines; elles sont florissantes tant qu'un gouvernement fort et vertueux s'oppose au délire des passions privées, et tant que l'esprit public, la vigueur des institutions et le courage des citoyens forment une inexpugnable barrière contre les passions et contre les erreurs de l'autorité.

Lorsqu'il en est autrement, lorsque la multitude n'a

plus de maître ni de guide, on tombe dans cette anarchie qui causa les troubles sanglans de Rome, la honte et les malheurs d'Athènes : et quand la puissance ne trouve pour lui résister aucune opposition légale et courageuse, elle dégénère en tyrannie, et périt par ses propres excès.

C'est alors qu'on voit monter sur le trône, et disparaître rapidement, des furieux ou des imbécilles, tels que Caligula, Claude, Néron, Héliogabale, d'abord tyrans, et bientôt victimes d'un peuple esclave.

L'opposition, que les gouvernemens regardent comme un épouvantail, est donc un vrai besoin pour eux; c'est la force qui les soutient, c'est le flambeau qui les éclaire. Sans son appui, ils s'égarent et tombent.

C'est ainsi qu'autrefois l'*opposition* du collège sacré de Memphis rendit la puissance des monarques d'Égypte sage et durable.

Les mages en Perse conservèrent long-temps les maximes de Zoroastre, l'autorité du prince et la sécurité du peuple. La grave et vénérable opposition de l'aréopage fut la seule égide qui mit quelque temps Athènes à l'abri du fléau destructeur de l'anarchie.

Tant que les éphores et le sénat de Sparte éclairèrent et limitèrent l'autorité royale, Lacédémone fut le temple de la gloire et de la liberté.

Rome mérita les respects de l'univers tant que le sénat contint le peuple, tant que l'*opposition* des tribuns tempéra l'orgueil des patriciens; elle devint esclave, lorsque l'artificieux Octave et ses cruels successeurs se mirent au-dessus des institutions et des lois; et leur palais ne fut plus qu'un théâtre de honte et de meurtres, dès qu'aucune *opposition* ne put soutenir leur trône chancelant.

La barbarie plongea pendant plusieurs siècles l'Europe dans d'épaisses ténèbres. L'ignorance, la servitude, furent le sort des peuples ; la force seule tenait lieu de lois, la naissance de droit. Les princes, les seigneurs se battaient debout sur les peuples opprimés. La lueur qui jaillissait du choc continuel des armes était la seule lumière de ces temps affreux, où le glaive de Brennus semblait avoir brisé toutes les balances de la justice.

Enfin on vit l'ordre et la sécurité renaître dans l'Occident, lorsque les lettres y reparurent, lorsque la raison naissante s'opposa aux fureurs aveugles du fanatisme et de la féodalité ; du choc long et sanglant des partis, un autre germe d'opposition s'était formé ; l'honneur se créa une puissance qui long-temps, dans l'Europe moderne, tint lieu de frein et de lois. La piété éclairée de quelques papes adoucit les mœurs, et s'opposa à l'effusion journalière du sang ; l'habileté de quelques princes opposa une législation empruntée des Romains à l'usurpation féodale ; le peuple fut admis dans les assemblées à présenter au pouvoir la faible opposition de ses *doléances* ; et, dans l'absence de ses assemblées, les parlemens s'acquirent une juste renommée en défendant la justice contre les grands, contre les ministres et contre l'ambition de la cour de Rome.

L'imprimerie multiplia les lumières ; les peuples, guidés par leur clarté, marchèrent graduellement à une émancipation générale. Maintenant éclairés enfin par tant d'expériences, nous avons, nous défendons une Charte qui constitue les oppositions précieuses de pouvoirs qui se balancent. Le roi, qui doit être puissant pour notre propre félicité, s'oppose du haut de notre trône à toute discorde intestine, à toute ambition coupable.

Une chambre haute, par son intérêt héréditaire, est le premier appui de ce trône, la première digue aux passions arbitraires ou anarchiques.

Une chambre de représentans du peuple défend la propriété, la liberté, l'égalité.

L'opinion publique, dans cet état de pouvoirs balancés et d'opposition légale à toute erreur, à tout arbitraire, à toute injustice, devient l'arme la plus forte du gouvernement : l'essentiel pour lui est donc de la bien connaître, car avec elle il est invincible.

Eh bien! pour reconnaître cette opinion publique que tant de flatteries ou tant de haines, tant de prestiges ou tant de préjugés s'efforcent de déguiser, la lumière la plus utile est celle que présente une *opposition* quelconque; même en se trompant elle nous éclaire; il perce toujours quelques vérités au milieu de ses erreurs.

Si une *opposition*, même en lui supposant des écarts dans sa marche, démontrait à l'autorité qu'elle a commis des fautes graves, que ses agens ont abusé de leur pouvoir, ou bien qu'elle s'est écartée en quelques points des principes de la justice et de la constitution, ne serait-ce pas un devoir pour l'autorité de réparer ses fautes, de redresser ses agens, de revenir aux principes? Et cette *opposition* alors ne serait-elle pas utile au gouvernement comme au peuple? et ne serait-ce point, au lieu d'un adversaire fâcheux, un sage conseiller ?

Enfin, si une *opposition* passionnée, n'écoutant que son intérêt, manquait au respect qu'elle doit au Roi et à la Charte, si cette opposition, affectant un faux zèle pour la constitution qu'elle aurait long-temps combattue, l'attaquait témérairement, en la déguisant sous le nom de révolution; si inconséquente, quoique opiniâtre, invoquant la Charte et méconnaissant les principes de tout gouvernement représentatif, elle proposait de forcer la majorité nationale d'obéir à la minorité, de charger exclusivement les anciens ennemis de la liberté du soin de la défendre, de placer les armes dans les mains de ceux qui n'ont pas combattu, d'exclure des affaires l'expérience et l'habileté, pour les confier à l'orgueil blessé, à la dangereuse inexpérience ; si enfin, aveuglée par son égoïsme, cette *opposition* laissait percer à chaque mot son vrai, son unique dessein, celui de s'emparer de tous les honneurs, de tous les emplois, de tous les pouvoirs, pour nous soumettre ensuite au joug des priviléges, de l'arbitraire, de l'intolérance, et sacrifiait à ce désir l'honneur de la France même et l'indépendance nationale; que serait, que ferait une telle *opposition*? Elle ne serait qu'une faction repoussée par l'opinion publique ; elle ne ferait que fortifier dans cette opinion le gouvernement qu'elle attaque ; chacun de ses efforts pour s'élever la précipiterait vers la terre, et la publicité de ses écrits serait le signal de sa honte et de sa défaite; tant il est vrai que toute opposition peut toujours être utile : elle est lumière ou ciment, éclaire le pouvoir ou le consolide.

On a dit avec autant d'esprit que de raison que l'*opposition* dans un état est comme la bile dans le corps humain; il en faut un peu pour conserver la vie; trop nuirait à la santé. C'est la sagesse, la fermeté, la justice et la modération d'un bon gouvernement qui doivent et qui peuvent la contenir dans de justes limites.

# DES COULEURS.

On dit communément qu'il ne faut jamais disputer des goûts ni des couleurs ; et, comme l'inconséquence est la reine du monde, c'est précisément sur les couleurs et sur les goûts que l'on dispute le plus souvent.

Je ne rappellerai pas ici les querelles survenues entre les beaux esprits du dix-septième siècle, sur le goût de préférence que les uns affectaient pour les anciens, et les autres pour les modernes;

Je ne parlerai ni de la guerre ridicule soutenue par les amateurs exclusifs du chant français contre ceux du chant italien, ni d'une autre guerre qu'on se déclara dans Paris au nom de Gluck et de Piccini.

Je laisserai dans l'oubli les efforts infructueux d'un grand nombre de gens de bon ton et de bon goût pour faire préférer Pradon à Racine, et plus tard Crébillon à Voltaire.

Enfin, je ne dirai pas un mot du goût exquis de quelques-uns de nos contemporains, qui voudraient donner à notre littérature des lettres de naturalisation germanique ou britannique, et nous faire quitter le genre classique pour le goût romantique ; mais, comme cette erreur pourrait nous jeter dans un péril imminent, commencer notre décadence, et chasser de notre théâtre la muse de Corneille pour la remplacer par celle du mélodrame, je me propose d'entrer en lice quelque jour contre les révolutionnaires dramatiques, afin de défendre la charte de Melpomène.

Aujourd'hui, je ne veux parler que des couleurs : l'ancien adage, qui défend de les prendre pour sujet de discussion, n'a dans aucun temps été respecté.

Jadis, on ne faisait trêve aux guerres contre les barbares, aux débats des conciles, aux querelles des sectes, que pour défendre avec fureur, dans le cirque, la faction verte contre la faction bleue.

L'Angleterre frémit encore au souvenir de tout le sang breton qu'on répandit au nom de la Rose-Rouge et de la Rose-Blanche.

Nos chevaliers, pour soutenir dignement la prééminence de la beauté dont ils portaient les couleurs, combattaient à outrance leurs nobles rivaux, qui arboraient avec le même zèle des couleurs différentes.

Enfin, depuis un quart de siècle, c'est en prenant couleur dans nos sanglantes querelles, que trop d'esprits opiniâtres ont prolongé nos divisions et nos malheurs.

L'exagération, fille de l'esprit de parti, est devenue à tel point une habitude chez nous, même dans un moment où le besoin de repos et de conciliation devrait être un sentiment général, qu'on accuse la modération de n'avoir pas de couleurs, parce qu'elle vise à les fondre toutes.

Semblables aux buveurs blasés par les liqueurs fortes, et qui trouvent le vin trop fade, nous préférons l'éclat du feu qui nous brûle à la lumière douce qui nous éclaire ; notre vue, altérée par le prisme ardent des passions, trouve la raison trop pâle : les couleurs fortes et tranchantes attirent seules nos regards ; nous sommes comme les paysans moscovites, qui n'admirent que l'écarlate, et se servent d'un seul et même mot, *krasnoï*, pour exprimer ce qui est rouge et ce qui est beau.

Lorsqu'on veut aujourd'hui prôner un journal et augmenter le nombre de ses abonnés, on dit que sa couleur est très-prononcée; et tel autre journal que je n'ai pas besoin de nommer, et qu'on cherche à dénigrer, est accusé de n'avoir pas de couleur.

Mais il faut s'expliquer; que demande-t-on? Personne ne voudra, je crois, de la couleur tout-à-fait blanche, quoiqu'elle épargnât bien des sottises à maints barbouilleurs de papier, souvent de l'ennui aux lecteurs, et beaucoup de besogne à la critique.

La couleur tout-à-fait noire est trop sombre, trop funèbre; et, n'en déplaise aux partisans de l'antique gravité, après tant de jours tristes, nous avons un peu besoin de la couleur rose de la gaieté ou tout au moins de la couleur verte que porte l'espérance.

Nous avons eu trop de guerres et de proscriptions pour ne pas craindre la couleur foncée qui rappelle les plaies de la guerre ou les fureurs sanguinaires de l'anarchie.

Se barioler à la fois de plusieurs couleurs vives et opposées ne conviendrait qu'au personnage comique, qui se permet tout sur le théâtre à l'abri du masque.

Que reste-t-il donc à faire, et quel parti doit-on prendre? Celui que conseillent la douceur dans les sentimens, la sagesse dans les opinions, le goût dans les arts.

Évitez également la pâleur de la crainte, la rougeur de la violence; adoucissez, fondez, nuancez vos couleurs; faites-en un signe de ralliement, de concorde, d'union, qui soit en harmonie avec le mélange des pouvoirs de la Charte ; qu'à cette vue l'arbitraire se rapproche de la justice, l'orgueil de l'égalité, l'anarchie de la liberté, la jalousie de l'émulation.

Que votre ton se montre sage sans être froid, ferme sans être dur ; soyez toujours doux et jamais faible; en suivant cette règle, vous pouvez avec succès employer sur votre palette toutes les couleurs, et rire tranquillement des critiques qui oublient que rien d'excessif ne dure, et que les feuilles qui veulent se parer des couleurs les plus éclatantes sont celles qui se voient le plus tôt condamnées par la raison à porter la plus triste de toutes les couleurs, *celle de feuille morte.*

# LA COLÈRE D'UN MODÉRÉ.

Assis l'autre jour au Palais-Royal dans un cabinet de lecture, qu'on prendrait pour une des écoles de Pythagore, en voyant le grand nombre d'hommes occupés, méditans et silencieux qu'il renferme, je m'amusais à parcourir tant de feuilles ennemies accolées ensemble par l'intérêt du marchand, par l'avide curiosité des abonnés; je lisais dans les yeux des lecteurs leurs diverses passions, qu'animaient tour-à-tour les journaux de tous les tons et de toutes les couleurs.

Leurs discussions, souvent trop aigres, échauffaient un peu les esprits, mais sans les enflammer. C'était dans les regards seuls qu'on pouvait observer le combat que se livraient au fond des ames l'esprit de parti et la raison, l'erreur et la vérité, les préjugés et les principes, l'intérêt général et l'intérêt privé.

Cette lutte était muette; l'ordre se maintenait; la règle prescrite était observée; chacun, même les femmes, gardaient le silence; enfin, journaux, gazettes, abonnés, ministériels, indépendans, exclusifs, tous ces coqs rivaux

> Vivaient en paix;
> Certain pamphlet survient,
> Et voilà la guerre allumée.

On se l'arrache, on en dévore rapidement les exemplaires; les uns le trouvent parfait, les autres détestable : ceux-là très-utile, très-juste; ceux-ci faux, pernicieux, incendiaire : tel le disait très-royaliste, tel autre très-séditieux; c'est le salut de l'État, dit l'un ; c'est la ruine de la France, dit l'autre : on s'échauffe, on s'aigrit, on dispute, on s'emporte; le libraire effrayé rappelle vainement tout le monde à l'ordre, cent voix étouffent la sienne. Au milieu de ce tumulte, je me sens rudement heurté par un homme qui, dans son emportement, brise ma chaise, renverse la table qui se trouvait devant nous, et m'entraîne violemment dans le jardin.

Sa voix tonnait, son œil était en feu, son geste menaçait; Achille parut moins terrible lors qu'Agamemnon l'insulta; mais jugez de ma surprise, lorsque, sorti de ce cabinet paisible, presque métamorphosé en champ de bataille, je reconnus, en envisageant ce furieux, mon ancien camarade de collège Dercourt ; de tous les hommes que j'aie jamais connus, le plus doux, le plus tolérant, le plus pacifique, et qui dans son quartier mérita sous tous les régimes le surnom de *modéré*, que la raison lui donna par estime et la passion par mépris. Lui-même il le reçut comme un titre honorable, tandis que les exagérés de tous les partis le lui donnaient comme un *sobriquet injurieux*.

Eh! qui le croirait? lui dis-je; c'est vous qui faites de telles folies ? *eh quoi! vous êtes philosophe et vous vous emportez!* Au bruit que vous faisiez, comme Roland dans sa fureur, je ne vous aurais jamais reconnu; et à présent que je vous vois en face, je vous reconnais à peine; en considérant ce sourcil arqué, ce visage enflammé, cette contraction dans tous vos traits, je suis tenté de m'écrier, comme Virgile : *Quantùm mutatus ab illo!*

Le sage Montaigne avait bien raison de dire « qu'il se-
» rait bon de présenter un miroir à un homme en co-
» lère pour lui faire voir sa laideur. »

Raillez tant que vous voudrez, me répondit Dercourt; il n'y a douceur qui tienne contre de tels excès. Comment voulez-vous que j'écoute, que je lise de sang froid les discours, les écrits de ces insensés qui, poussés par la plus aveugle vanité, veulent bouleverser la France et nous entraîner dans l'abîme qu'ils creusent? Puis-je rester de sang froid quand je vois des fous mettre le feu à la maison que j'habite; et d'ailleurs l'un des hommes les plus sages de l'antiquité, Aristote, ne disait-il pas *que la colère sert quelquefois d'arme à la vertu?*

— J'en conviens; mais aussi Sénèque réfutait ce paradoxe, en répondant *que nous remuons les autres armes et que celle-là nous remue.*

D'ailleurs la colère est l'arme de la faiblesse. Ce sont les plus petits animaux qui s'irritent le plus facilement. Elle donne un avantage à l'ennemi en lui prouvant qu'il vous a blessé; elle est comme la peur, et ressemble au brouillard, au travers duquel tous les objets se grossissent. Enfin....

— Épargnez-moi toutes ces sentences, s'écria notre modéré en m'interrompant; mon courroux ne m'ôte ni le jugement ni la mémoire; je sais qu'un homme emporté ne dit, ne fait que des sottises. Je n'ai point oublié ce mot de Sénèque, « que la colère, semblable à
» un vomitif, fait jeter au dehors tout ce que nous avons
» de mauvais en nous. » Et pour mettre un frein à mes paroles, quand je me sentais irrité, je me suis rappelé souvent cette singulière idée du bon Plutarque, qui pensait « que la prévoyante nature avait sagement placé

» une rangée de dents, comme un rempart au-devant
» de notre langue, afin de lui mettre la bride, si elle ne
» voulait obéir à la raison. »

Je n'ignore rien de tout cela, je suis même, j'en conviens, honteux de mon emportement ; mais avouez aussi que je suis excusable, et qu'on voit à présent un tel égoïsme, des passions si effrénées, tant de mauvaise foi, un esprit de parti si opiniâtre, si funeste, qu'ils pousseraient à bout la sagesse de Socrate, la patience de Job, et la douceur d'un ange.

— Vous m'étonnez bien, lui dis-je : je ne vois à présent que ce qui s'est trouvé dans tous les temps et dans tous les pays à la suite de grandes révolutions, c'est un reste d'agitation après le mouvement, la vibration après le bruit ; la masse se calme, la surface de l'onde est seule ridée. De quoi vous alarmez-vous? des projets d'une poignée d'hommes aveuglés par leur ambition, égarés par leurs regrets, trompés par leurs espérances. Nous avons vu bien pis que tout cela, nous avons éprouvé des maux bien plus réels, couru de plus grands dangers, et cependant alors vous étiez aussi calme que courageux ; ne vous souvient-il plus du temps où, sous le régime absolu on vous mit à la Bastille ? vous avez supporté cette injustice avec une admirable philosophie.

— C'était une erreur d'un ministre, un malheur privé ; le sort d'un particulier n'influait pas sur celui de tous ; c'était la faute des institutions, et le tort d'un homme. J'attendais avec patience que le temps éclairât l'autorité et corrigeât les abus.

— Mais en 1789, au milieu de la violence des partis, vous restiez calme et modéré.

— J'avais désiré une réforme et non une révolution ;

je gémissais de nos troubles, mais sans m'irriter : chacun se montrait alors dans sa cause avec justice et de bonne foi ; une partie de ceux qui jouissaient voulaient très-naturellement conserver leur bien-être et leur prééminence ; ceux qui souffraient prétendaient améliorer leur sort, ce qui était juste : chacun envisageait le bien public à sa manière, tous y tendaient, et j'espérais qu'après quelques orages nous arriverions au port.

— Mais sous le règne de la terreur, lorsque la discorde et l'anarchie couvraient la France d'échafauds et l'inondaient de sang, quand Robespierre et ses complices vous jetèrent au fond d'un cachot, vous voyiez la mort s'approcher avec un stoïcisme étonnant, et cette affreuse tyrannie ne vous portait pas à la fureur qu'excite maintenant en vous une crainte chimérique.

— L'extravagance de ces démagogues me faisait à la fois horreur et pitié ; c'était un orage violent et court ; il ne pouvait durer ; je souffrais, mais comme d'une contagion, et je voyais sans m'irriter ces hommes en délire courir à la potence qui les attendait.

—Plus tard une guerre longue, sanglante, et l'ambition démesurée des conquêtes ont moissonné deux de vos fils ; je partageai votre douleur, et j'admirai, en vous plaignant, une fermeté, une douceur, une *modération* qu'il m'eût été bien difficile d'imiter.

—Vous êtes cruel de me rappeler ce malheur, la plaie est encore saignante ; mais en déplorant une gloire fatale qui devait mêler tant de cyprès à tant de palmes, et qui nous a suscité tant d'ennemis, j'avais joui, comme Français et comme père, de l'héroïsme de nos braves. Le laurier sur une tombe est un arbre consolateur.

—Mais enfin tout ce que désirait autrefois votre *mo-*

*dération* s'accomplit aujourd'hui; vous aimiez, comme cet ancien, *une nature moyenne et tempérée*; vous avez un gouvernement pacifique, la liberté sans licence, l'égalité sans saturnales, une Charte qui garantit tous les droits et concilie tous les intérêts. Jamais les institutions n'ont été plus conformes à vos principes, et c'est dans ce moment que, pour un vain bruit, à la lecture d'une futile brochure, votre modération vous abandonne?

— Eh! oui, c'est précisément parce que nous possédons une constitution si chèrement achetée, et qui peut faire le bonheur de la France, que je m'irrite avec raison contre ceux qui feignant de la respecter veulent la détruire, et qui *ne l'embrassent que pour l'étouffer*. Je n'avais pas voulu de révolution parce qu'elle devait entraîner trop de maux; mais, lorsqu'elle est faite depuis trente ans, je ne puis supporter l'idée de la voir recommencer; je m'indigne contre ceux qui voudraient nous faire remonter un fleuve de sang, et rejeter dans les chaînes une grande nation affranchie.

Il m'est impossible d'entendre sans colère des gens qui veulent renverser la constitution nommer révolutionnaires ceux qui la défendent. Ils se disent exclusivement royalistes, en attaquant sans mesure le système sage du Roi; ils veulent qu'on leur donne exclusivement les fruits et la garde d'une liberté qu'ils ont sans cesse combattue. Ils parlent de popularité, de justice, et prétendent priver de leurs droits politiques les propriétaires qui n'ont ni parchemins, ni châteaux, ni grande opulence; ils regardent les lauriers français comme des taches, et oseraient désarmer des mains héroïques!

Sous le nom de *garanties nécessaires et d'antécédens,* ils désirent qu'on exclue des emplois les dix-neuf vingtièmes des Français, pour s'emparer eux-mêmes de toutes les places. Au mépris de la tolérance jurée, ils déclarent hautement *qu'il faut tout soumettre au joug religieux.*

Après avoir prêché long-temps *l'obéissance passive,* ils s'opposent ouvertement aux sages volontés du Roi. Ils proclament par-tout qu'ils sont en majorité dans la nation, et cependant ils crient au secours; enfin, au mépris des devoirs les plus saints, sacrifiant à leurs passions *l'indépendance* nationale, ils implorent l'influence étrangère, pour nous *forcer,* disent-ils, *à être heureux.*

Il faudrait, je l'avoue, n'avoir pas de sang français dans les veines pour qu'un tel délire et de si dangereuses inconséquences ne portassent pas l'homme le plus sage au plus violent degré d'indignation.

—Je ne suis pas de votre avis, repris-je en souriant; puisque la sagesse du Roi trouve des adversaires, puisque la Charte a des ennemis, je suis charmé qu'ils aient trop de passions pour les déguiser; je les aime mieux inconséquens que raisonnables : leurs projets masqués auraient pu être dangereux; ils se perdent en se montrant à découvert, et tombent dès qu'ils marchent. Ils éclairent sur leurs desseins le peuple qu'ils espéraient tromper, et le gouvernement qui croyait avoir d'anciens motifs de compter sur eux.

Vous les auriez payés pour se nuire, qu'ils n'auraient pas mieux fait. Revenez donc à votre calme accoutumé, plaignez-les de leur incurable aveuglement, et rougissez de votre colère.

—Eh bien! je me rends, dit Dercourt en m'embrassant, je ne chercherai pas à éluder vos raisonnemens, j'en reconnais la justesse : je suis presque aussi honteux à présent devant vous que ce philosophe qui, surpris par Diogène à la porte d'un mauvais lieu, se collait contre elle pour se cacher. *Prends garde*, dit le sage, *en reculant, tu t'y enfonces*. J'aime mieux aller moi-même franchement au-devant de vos reproches, et je rougis....

—Attendez, mon cher, lui dis-je, et ne regrettez pas tant un court moment de faiblesse, il n'y a peut-être pas de mal que certaines gens sachent enfin à quel point leur aveugle égoïsme peut irriter en France les hommes les plus sages.

—Vous me rassurez, répondit Dercourt; je me féliciterais d'être sorti quelques instans des bornes de la raison, si tant d'hommes passionnés pouvaient être ramenés à la justice et à la *modération* par la *grande colère d'un modéré*.

# LE COUP DE VENT.

Ne me parlez plus, de grace, de cette ennuyeuse raison, de ce triste bon sens, de cette insipide modération, me disait dernièrement une jeune dame de mes amies, en se promenant avec moi aux Tuileries : c'est tuer les passions, c'est éteindre la vie, c'est briser les flèches de l'amour, flétrir la couronne de la gloire ; c'est mettre la végétation à la place de l'existence.

Madame a mille fois raison, dit le chevalier de M*** qui l'accompagnait. Vos philosophes ont déclamé contre les éteignoirs, et je n'en connais pas de plus somnifères que leurs éternelles sentences contre tout ce qui existe de noble et d'élevé dans le monde. Armés de leur pesant niveau, ils veulent que tout se range sans distinction sous le joug d'une impassible loi. Écoutez-les, et bientôt il sera parfaitement égal d'être un obscur honnête homme ou le descendant d'une race qui rappelle tous les glorieux prodiges de la chevalerie ; le gouvernement avancera également l'officier, le magistrat, qui ont pris des emplois pendant notre longue et hideuse révolution, l'homme ardent et ferme qui a prouvé son zèle et son courage en s'enfermant dans ses foyers et en s'éloignant de la contagion.

Avec votre belle doctrine, il faudra que le vice et la vertu se donnent la main, qu'une utile vengeance ne punisse pas tant de crimes, et que l'union et l'oubli réciproques fassent de la France un Élysée, où les hommes ne seront plus que des ombres glacées.

Ajoutez, dit à son tour l'abbé C\*\*\* qui se trouvait près de moi, que votre maudite tolérance, refroidissant par-tout le zèle ardent de la piété, désenchantera l'autre monde comme celui-ci; il sera tout-à-fait indifférent d'être hérétique ou orthodoxe; chacun croira ce qu'il voudra; votre imprudente raison mêlera ensemble le grain utile, l'ivraie funeste : l'une étouffera l'autre; l'erreur restera impunie; vous empoisonnerez dans leur germe les moissons célestes, et vous en ferez tant, qu'on ne craindra plus la Divinité, lorsqu'on la verra désarmée de ses foudres vengeresses.

Ma foi, mon cher, s'écria le gros L\*\*\*, en me frappant sur l'épaule, vous aurez de la peine à vous défendre, tout le monde est contre vous; et bien que ce soit avec des principes et un but tout opposés, je me range, moi, du côté des assaillans.

Votre prétendue modération n'est autre chose que de l'incertitude et de la faiblesse. Il faut des passions sur la terre, comme du vent sur la mer; sans cela, tout languit et rien ne marche. Les Romains, les Grecs, les Suisses, les Américains, n'auraient pas conquis la liberté sans enthousiasme : comment résisterez-vous à la force des préjugés, à l'orgueil des grands, à l'ambition des prêtres, à la puissance abusive des ministres, si vous restez emprisonné dans les entraves d'une charte, si vous vous fiez au seul appui de la loi? Ranimez dans les cœurs une noble flamme; tonnez contre tous les abus de l'autorité; échauffez le courage des peuples; critiquez tout ce qu'écrit, frondez tout ce que fait le ministère : c'est dans les orages que brille le génie; c'est du choc des passions que jaillissent les grandes vérités; l'agitation est l'élément de la liberté; le calme annonce et précède son anéantissement : attisez avec moi ce feu sacré que vous couvrez d'une froide cendre, et criez, comme ce vieux Polonais : *Malo periculosam libertatem quàm quietum servitium.*

Je vois, repris-je alors, que j'ai affaire à forte partie, et que j'aurai quelque peine à convaincre des juges si prévenus; avant de me condamner, il faudrait me comprendre; mais les passions rendent sourd et aveugle; voyons cependant si vous l'êtes tout-à-fait, et s'il ne m'est pas possible de me faire entendre.

Je commencerai d'abord par répondre à madame; car, malgré toutes les révolutions, les femmes chez les Français conserveront toujours leur prééminence, et l'empire de la beauté ne connaît pas de rebelles. Le bon sens qu'elle blâme a cependant toujours réglé sa conduite et commandé l'estime : la raison, qu'elle a su opposer aux caprices d'un injuste tuteur, a triomphé d'autant plus complètement que, loin d'être ennuyeuse, elle était ornée de toutes les graces qui la rendent piquante. Je n'aime pas les cœurs tièdes et glacés qu'elle a dû bien rarement connaître; mais le sentiment peut être vif sans être fougueux : rien de ce qui est excessif n'est supportable ni durable; et, quelque ennemie que madame se montre en ce genre de la modération, il me semble qu'elle ne pensait pas ainsi lorsque son mari, tourmenté par une passion violente, l'éloignait de tous les yeux, la retenait captive, et la rendait victime de la plus barbare et de la plus injuste jalousie. Je crois qu'alors elle n'aurait pas été fâchée de voir un peu plus de modération dans les sentimens de son époux.

*Romeo* et *Vergy* sont de fâcheux amans; *Coucy* vaut mieux.

J'honore les aïeux du chevalier qui sont aussi les miens; mais le premier d'entre eux dut sans doute à son mérite personnel son élévation; et notre orgueil doit souffrir que d'autres aient commencé de nos jours, et en grand nombre, à illustrer leurs familles.

L'oisiveté ne donne pas plus de droits à la fortune que de titres à la gloire. On n'abandonne pas un ami malade; c'est lorsque la patrie est tourmentée de la fièvre des révolutions, qu'il devient plus périlleux et plus honorable de la servir, de faire le bien, d'empêcher le mal. On peut avoir des opinions différentes, mais le même amour du bien public doit réunir tous les sentimens, lorsqu'une voix sage et puissante rappelle à la concorde; il y a de la vraie force à se vaincre soi-même. Cette modération qui nous fait étouffer nos regrets, triompher de nos ressentimens, n'est pas de la faiblesse; j'en prends à témoins ces héros de tous les partis, ces fiers protestans, ces brillans ligueurs, naguère ennemis, et qui s'empressèrent d'unir leurs cœurs et leurs bras pour soutenir le trône de Henri, de ce Roi qui ne sut tout subjuguer que parce qu'il sut tout pardonner, et qui dut sa plus grande gloire à sa plus douce vertu, à sa modération.

Je répondrai peu de mots à l'abbé; l'Évangile lui parlera bien mieux que moi de douceur, de tolérance et de charité; je lui dirai seulement que s'il était dans un autre pays, et qu'on trouvât chez lui quelques-uns de ces livres que je lui ai vus, livres très-purs mais très-gallicans, qui, dans une autre contrée plus méridionale, seraient peut-être jugés sentant un peu l'hérésie.

il serait possible qu'un zèle qui lui semblerait trop brûlant lui fît invoquer alors ces maximes de modération qu'il repousse si vivement aujourd'hui. Quoi qu'il en dise, sans croire éteindre le feu sacré de la piété, je m'obstinerai toujours à répéter comme l'apôtre S$^t$ Jean : *Mes petits enfans, aimez-vous les uns les autres.*

Je viens enfin à vous, mon cher L✳✳✳; et, puisque vous parlez latin, je vous dirai : *quantùm mutatus ab illo!* Combien vous êtes changé depuis le moment où, jeté avec moi dans les prisons, au nom de la liberté, mais par les fureurs de l'anarchie, vous invoquiez si énergiquement les principes de l'ordre, la justice de la loi et la puissance d'un gouvernement protecteur! Aujourd'hui, cette garantie vous gêne, le port vous ennui, tout lien vous semble une chaîne; je vous répondrai comme à l'abbé : *éclairez* et ne *brûlez pas*, et souvenez-vous bien que la liberté se détruit plus par ses excès que par ses ennemis. Il faut faire aimer ce qu'on veut établir; on hait tout ce qui est violent; la vie est dans le mouvement, et non dans l'agitation : ne préférez-vous pas un beau jour à un orage; un doux printemps aux glaces de l'hiver et aux rayons brûlans de la canicule; le zéphyr à l'aquilon?

Ah! nous y voilà, nous dit en riant madame de Z✳✳✳; il faut à monsieur les îles fortunées, un printemps éternel, des fleurs en tout temps, des ruisseaux de lait, enfin.... Elle allait poursuivre, tout à coup le ciel s'obscurcit; les nuages amoncelés nous plongent dans les ténèbres : on entend un bruit effroyable, un ouragan furieux s'élève, éclate et tonne.

Le boulet meurtrier déchire l'air avec un sifflement moins terrible ; de toutes parts on voit les ardoises légères, les tuiles pesantes voler et se briser en mille éclats; les cheminées s'ébranlent, se fendent, tombent et répandent l'effroi dans les rues.

Les eaux soulevées portent avec impétuosité les barques fragiles sur le rivage et les rompent. Les chars et leurs coursiers, surpris par la tempête, sont enlevés avec violence et précipités dans les flots. Le chêne robuste qui a bravé les siècles, arraché tout à coup avec ses racines, déchire la terre qui le porte, effraie, en se balançant, la foule qui cherchait son abri, et tombe avec fracas.

Les tourbillons de sable que le vent élève, les torrens de pluie qui fondent des nuées, dérobent aux yeux la clarté du jour. L'effroi des animaux, les cris des hommes, le choc des élémens, tout présente l'image affreux du chaos. On se fuit, on se cherche, on s'appelle, on se heurte: au milieu de cet effrayant désordre, notre compagne épouvantée, nous conjurait de la sauver.

La violence du vent déchire sa robe flottante: son schall, enlevé malgré mes efforts, aurait exposé ses charmes aux regards les plus malins et les plus indiscrets, si, dans un tel moment, on avait pu voir autre chose que le péril. Son chapeau, paré de fleurs fraîches comme elle, et léger comme son esprit, vole et tournoie dans les airs. Soudain un grand marronier tombe avec bruit près de nous, et nous laisse un instant douter dans notre effroi si nous avons pu échapper à sa chute.

J'entends un cri, je me retourne: je vois par terre l'intolérant abbé, le fier chevalier, et mon ami, le bouillant démocrate, se débattant entre les branches de l'arbre renversé, tous trois unis et confondus dans ce commun malheur.

Je les croyais blessés, heureusement ils n'étaient que froissés; je les relève; l'ouragan diminue peu à peu; nous traversons pourtant encore avec peine le jardin, et nous nous réfugions près de la terrasse du nord, au pied d'un mur élevé, qui, nous mettant à l'abri du vent, nous donne enfin le loisir de respirer.

Hélas! s'écrient mes compagnons d'infortune, encore consternés du bruit de la tempête qui s'éloignait, quand cette violence s'apaisera-t-elle? quand verrons-nous le calme se rétablir?

Vous voilà donc enfin de mon avis, leur dis-je, et vous comprenez que tout ce qui devient violent et impétueux est insupportable; un vent frais est nécessaire pour purifier l'air, pour porter d'un végétal à l'autre la fécondité, pour faire communiquer entre elles les diverses parties du monde que la mer sépare, et que lie un utile commerce au moyen de ses vaisseaux légers.

Les vents modérés sont bienfaisans; ils ressemblent aux sentimens qui unissent les hommes; mais les ouragans, pareils aux passions, bouleversent et détruisent tout.

Lorsque la sagesse qui maintient l'ordre, semble se relâcher un moment de sa vigilance, voyez quel affreux désordre en résulte! Ah! croyez que, si vos passions restaient sans frein, un plus terrible orage vous précipiterait bientôt dans un abîme de malheurs!

En train de moraliser, je voulais poursuivre; mais je m'aperçus qu'on ne m'écoutait pas. Ah! mon Dieu, dit la jeune dame, le vent m'a enlevé un petit roman manuscrit où la passion brille dans tout son éclat; il aurait enflammé les cœurs les plus froids.

Et moi, reprit l'abbé, j'ai perdu un gros cahier, où

je prouvais invinciblement les dangers de la philosophie et l'absurdité de la tolérance.

Ah! madame, s'écria douloureusement le chevalier, je vois que votre ridicule est perdu; j'y avais mis cette lettre où je démontre si énergiquement qu'une armée nationale est anti-monarchique. Malheur à moi, dit le gros L✳✳✳, je ne trouve plus dans ma poche ce pamphlet vigoureux qui allait renverser les ministres; aucun n'y aurait résisté.

Le vent s'apaisait; moi, consterné de ce que je venais d'entendre, je quittai ma société, bien convaincu que c'est en vain qu'on oppose aux passions de bonnes vérités.

Autant emporte le vent.

# LE VIEUX DIPLOMATE ÉLECTEUR.

On se souvient toujours avec plaisir de sa jeunesse; c'est ce qui donne dans tous les siècles, au bon vieux temps, un si grand nombre de zélés partisans.

Le monde brille d'un éclat divin à des yeux de vingt ans; ces mêmes yeux, à soixante, trouvent tout décoloré; le ci-devant jeune homme blasé dit que de nos jours on ne sait plus ni plaire ni s'amuser; le soldat goutteux affirme qu'on ne marche plus, qu'on ne se bat plus comme de son temps; nous ressemblons tous plus ou moins à ce sourd qui prétendait qu'à présent personne ne sait plus prononcer, et que la mode est de parler bas et de bredouiller.

Un vieux diplomate de mes amis, retiré des affaires depuis long-temps, mais rêvant toujours à la politique, me disait l'autre jour avec douleur : Hélas ! mon cher, la science du gouvernement est par-tout en décadence; et savez-vous pourquoi ? c'est qu'on n'estime plus la diplomatie comme on le devrait; l'histoire moderne va ressembler à l'histoire ancienne, nous redeviendrons barbares; la force décidera de tout; les glaives écriront et déchireront les traités.

De mon temps, la paix était longue, les guerres étaient courtes, les traités solides, les invasions rares, les révolutions presque impossibles; l'art des négociateurs évitait, abrégeait, terminait les dissensions intestines, les querelles extérieures, et leur adresse maintenait tout en équilibre. Les ambassadeurs calmaient les ressentimens, redressaient les griefs, épiaient, surveillaient les desseins ambitieux, contenaient les passions d'une puissance par l'intérêt des autres : les ministres négociaient avec les parlemens, avec les états, avec les diverses classes de citoyens, ménageaient les amours-propres, flattaient les espérances, gagnaient les esprits, et terminaient les discordes par des transactions.

Aujourd'hui tout est changé; on ne cause plus dans les cabinets, on déclame dans les tribunes; on tonne dans les manifestes; au lieu de se défendre, on envahit, on pille, on brûle, on dévaste; ce ne sont plus des armées, mais des peuples entiers qui combattent; et, sans négociation, on attend pour traiter, que le plus faible, écrasé par le plus fort, se courbe sous son joug et porte sa chaîne.

On oublie que, soit au de hors, soit au dedans, nos vrais ennemis sont les passions; la force qui les comprime les rallume; la réaction suit l'action; on ne peut détruire les passions par la violence, il faut les atteindre par une adroite sagesse : l'injustice les enflamme, la modération les calme, l'habileté les dirige vers le bien commun : en un mot, je vous le dis, l'art de gouverner n'est autre que l'art de négocier.

— Voilà, j'en conviens, lui dis-je, mon cher, un bel éloge de la diplomatie et très-différent du portrait que nous en avait tracé le malin Figaro; mais je ne sais si ce panégyrique n'est pas plus brillant que juste. Il me semble que trop souvent l'ouvrage de nos grands politiques ressemble à celui de Pénélope; ils défont bien promptement ce qu'ils ont fait, et renversent très-vite ce qu'ils ont lentement élevé.

Depuis le traité de Vervins jusqu'à ceux de nos jours, il n'est peut-être pas une stipulation qui n'ait été violée par la force, éludée par l'adresse, effacée par la victoire, et il est trop facile de voir que presque toujours vos plumes mobiles, taillées par le sabre et dirigées par le canon, tournent et retournent complaisamment au moindre souffle de la fortune.

On a fait, il y a quelques années, en Allemagne, un excellent livre pour prouver la nécessité d'un accord entre la politique et la morale; il était plein de vérités: aussi peu de gens l'ont lu, personne n'en a profité; il est oublié, et le livre venimeux de Machiavel vit encore. Que voulez-vous! le monde est fait ainsi; il résiste à la sagesse, et suit en courant la folie.

Donnez à votre libraire un ouvrage qui parle le langage de la raison la mieux ornée; en le prenant, il courra grand risque de se ruiner. Mais si vous lui en confiez un autre qui déraisonne comme les passions, vous ferez sa fortune.

Dans un temps de calme, je sais qu'une politique adroite et prudente peut rapprocher des intérêts opposés et prévenir de grands malheurs; mais lorsqu'une fois les passions sont en jeu, tout votre prétendu savoir devient inutile, et il n'est point de Torcy, de d'Avaux, de d'Estrades, d'Ossat, qui puissent résister à leur torrent; ils auraient tous échoué, si, vivant dans d'autres siècles, ils avaient voulu arrêter le fanatisme ambitieux de la Ligue ou la folie des Croisades. Charles Martel pouvait seul servir de digue à la furie des Sarrasins, et sans son bras victorieux mille ambassadeurs, avec tout leur esprit, n'auraient pas garanti l'Europe du joug barbare de l'Alcoran.

Voulez-vous avoir vous-même la preuve du peu de puissance que conservent l'esprit et la raison sur des hommes passionnés ? la voici qui se présente d'elle-même. Je ne vous donnerai point de grandes puissances à combattre pour exercer votre talent ; je ne vous opposerai que quelques-uns de vos propres amis ; comme vous êtes doux, fin et conciliant, vous en avez conservé dans tous les partis, et le hasard semble nous les amener ici tout exprès.

Ceux que je vois sont chacun très-tranchans et animés de différens esprits de parti ; vous êtes électeur, ils le sont aussi ; vous avez sûrement déjà fait un choix, et je le suppose digne de votre expérience et de votre sagesse : allons, déployez tout votre talent, faites usage et de votre excellente logique et de votre profonde connaissance du cœur humain ; joignez l'adresse à la force, ménagez les amours-propres en les éclairant, flattez les intérêts pour les concilier, développez enfin toutes les ressources de votre politique, et je gage que vous ne viendrez pas à bout de réunir en faveur de votre candidat les suffrages du *royaliste exclusif*, du *ministériel exagéré*, de *l'ardent démocrate* et de *l'intolérant docteur* qui s'approchent de nous.

— J'accepte la gageure, répond mon ami, et la victoire ne sera pas difficile, car les quatre adversaires que vous m'opposez m'aiment, m'estiment, et le candidat que je voudrais leur faire adopter jouit d'une telle réputation de science, de probité, et s'est montré toute sa vie si bon citoyen, que personne ne pourrait faire d'objections soutenables contre un pareil choix.

La conférence ne tarda pas à s'ouvrir ; aujourd'hui, dès qu'on se rencontre, la première chose qu'on fait c'est de parler politique : pour elle la jeunesse oublie ses plaisirs, la vieillesse ses chagrins, les femmes leur ménage, les prêtres leur bréviaire, les marchands leur négoce, les médecins leurs malades.

L'élection d'un député étant alors l'objet de toutes les intrigues, la cause de tous les dissentimens, le sujet de tous les entretiens, chacun, sans trop écouter son voisin, parla vivement de l'importance du choix qu'on allait faire. Suivant l'un, la cause de la liberté en dépendait ; selon l'autre, l'ordre public serait par là compromis ou sauvé. Ils invoquaient tour-à-tour les intérêts sacrés de la patrie, de l'autel et du trône ; rappelaient, en parlant d'*oubli*, les fautes, les erreurs, les malheurs et de notre époque et des anciens temps, et prêchaient tous la paix avec cette violence qui dispose à la guerre.

Ce fut bien pis lorsqu'ils en vinrent à vanter les candidats que chacun d'eux protégeait : chaque éloge attirait une épigramme et presque une injure. Ce qui méritait aux uns l'estime et la confiance était pour les autres un sujet de défiance, de haine et de mépris.

Des généralités on passa bientôt aux personnalités ; l'aigreur se changeait en colère, la discussion en querelle ; pendant ce tumulte, j'admirais le flegme de mon prudent diplomate, qui laissait le feu s'exhaler, attendant le moment où la fatigue des combattans lui permettrait de se montrer à son tour sur l'arène.

Dès qu'un instant de silence lui permit de prendre la parole, avec une adresse vraiment diplomatique, il rendit justice aux louables intentions de ses amis, et ne blâma que l'excès d'un zèle qui les emportait un peu au-delà des bornes de la raison.

Loin de critiquer leurs choix, il applaudit d'abord

aux motifs qui les avaient dictés; ce ne fut qu'avec les ménagemens les plus délicats qu'il s'efforça peu à peu de leur faire sentir, par l'exemple même que donnait cette petite réunion, l'impossibilité d'obtenir les voix d'une nombreuse assemblée en faveur de candidats qui, bien que recommandables par d'excellentes qualités, avaient chacun arboré avec trop de passion les couleurs d'un parti pour ne pas exciter la méfiance des partis contraires.

Enfin, après avoir prouvé, avec une éloquence sage, mais entraînante, la nécessité de se faire des concessions mutuelles pour se rapprocher, — Pourquoi, dit-il, vouloir toujours, dans le dessein de terminer les révolutions, mettre en avant les hommes que leur ardeur brûlante rend plus propres à les enflammer qu'à les éteindre? N'existe-t-il donc point de citoyens en France capables par leurs talens de servir les intérêts que vous défendez, et trop vertueux pour les trahir?

Moi, j'en connais un : c'est un ami zélé de la Charte et de la liberté, et un loyal défenseur des droits et des intérêts du peuple; en même temps il vénère la religion comme le plus grand appui de la morale; il ne sépare point le Roi de la Charte, et il regarde un trône héréditaire comme la seule barrière qui puisse garantir un grand peuple de l'anarchie. Attaché par ses propriétés, par ses principes, par son caractère, au maintien de l'ordre, il soutiendra l'autorité salutaire du gouvernement dans tous les actes conformes à la justice et aux lois; si quelquefois, différent d'opinions avec les ministres, il combat leur avis, ce sera pour les éclairer et non pour leur nuire, pour les redresser et non pour les remplacer.

Il discutera sans aigreur, parce qu'aucun intérêt de parti ne dictera ses paroles; car son unique vœu est de voir le peuple libre, le roi puissant, les Français réunis, et notre patrie heureuse et indépendante.

Dès qu'il a cessé de parler, tous ses amis s'écrient qu'un tel candidat est un trésor! ils le félicitent de l'avoir découvert et lui demandent vivement de le leur faire connaître.

Mon vieux diplomate triomphait, moi-même je craignais pour ma gageure, il cède enfin à leurs instances; mais à peine il a nommé le futur représentant de la nation, tout à coup l'enthousiasme cesse, et fait place à de bruyans murmures. — Je connais votre homme, dit impétueusement le démocrate; il a du talent, de la probité, des lumières, mais il exerce une *fonction*; moi, je ne veux point de *fonctionnaires publics*; ils sont trop dépendans.

— Votre candidat, s'écrie l'exclusif, a servi pendant la révolution; sa probité ne me suffit pas pour le trouver *honnête homme* et *pur*; en tout, je ne connais pas de révolutionnaires plus *dangereux que les modérés*.

— Je conviens, ajouta le docteur, que votre client respecte la religion et la vérité, mais il tolère et plaint l'erreur; la *tolérance* est voisine de l'*impiété*; en un mot c'est un *philosophe*, et ce n'est pas avec de tels hommes qu'on peut relever la religion.

— Il m'est impossible de souscrire à votre choix, dit enfin le dernier; je crois bien que votre député défendra les ministres toutes les fois qu'ils auront raison, et ce n'est pas un grand mérite; mais, lorsque par hasard ils auront tort, il ne votera ni ne parlera pour eux, et ce n'est pas ainsi qu'on peut faire marcher le gouvernement.

A ces mots, ils quittent tous mon vieil ami, et le laissent consterné du peu de succès de ses talens diplomatiques.

J'ai perdu! me dit-il tristement; les passions, je le vois trop, ferment tous les yeux, bouchent toutes les oreilles, et ne laissent pas le plus petit passage ouvert à la lumière et à la raison.

Ce qui m'afflige sur-tout aujourd'hui, c'est qu'il me paraît certain que cet esprit de parti écartera de la tribune l'homme le plus propre à défendre à la fois les principes de la liberté, l'autorité nécessaire du prince et les intérêts de la nation.

Rassurez-vous, mon cher, lui répondis-je en l'embrassant; ce monde-ci ressemble au théâtre; lorsqu'on y joue une pièce nouvelle, d'un côté les partisans enthousiastes du drame en applaudissent les défauts, de l'autre des cabaleurs ardens en sifflent les beautés; mais, malgré l'exagération des deux partis, l'opinion se forme, et le public impartial fait triompher l'ouvrage s'il est bon, ou le condamne à l'oubli s'il est mauvais. Il en sera de même dans les élections; en vain l'esprit de parti prodiguera les éloges outrés, les injustes reproches; l'intérêt général l'emportera sur les intérêts privés, et votre candidat sera choisi parce qu'il aime la liberté sans licence, la religion sans fanatisme, et l'autorité royale sans arbitraire. Le public a moins d'esprit que vos grands politiques; mais il a du bon sens, et sait ce qu'il lui faut.

Peu de jours après, les électeurs s'assemblèrent, et le candidat du vieux diplomate fut élu.

# LE CARNAVAL EN CARÊME.

Un étranger qui m'avait autrefois accueilli avec amitié dans son pays arriva ces jours derniers à Paris; il comptait y jouir des amusemens du carnaval. Cet homme, peut-être l'un des plus francs que j'aie connus, a, par contraste, la manie des mascarades; il se faisait une fête de voir ces bals masqués de l'Opéra, où l'on s'ennuie si fréquemment et si long-temps en cherchant et en attendant le plaisir.

Quelques affaires imprévues ayant retardé son voyage, vainement il voulut accélérer sa marche, et regagner le temps perdu; sa voiture se brisa, son espoir fut trompé, et il arriva justement le lendemain du mardi-gras, à cette sombre époque où la loi veut que le *jeûne* succède aux *festins*, et que l'*austérité* expie les écarts d'une courte *folie*.

Je trouvai mon voyageur très-contrarié et presque affligé. — Voyez, me dit-il, si je n'ai pas un guignon tout particulier; je fais *quatre cents* lieues pour venir au bal de l'Opéra, et par un hasard qui ne se renouvelle qu'une fois en quatre siècles, on m'escamote un carnaval; le temps avancé son horloge, j'ai fait une course inutile, le bœuf gras est mangé, et je ne verrai plus de masques.

— Consolez-vous, lui dis-je en riant, si vous ne voulez que des masques, je me charge de vous en faire voir; dissipez votre chagrin, promenons-nous, et soyez sûr que, sans enfreindre la loi, je vous ferai trouver ici *le Carnaval en Carême.*

— J'y consens, répond mon ami, habillez-vous et ne vous gênez pas ; pour moi, je vois un journal sur votre table, je vais le lire. Il le prit, et bientôt, faisant une vive exclamation : Je tombe, dit-il, sur un morceau d'éloquence, riche d'images, plein de poésie, brillant de verve, passant du grave au doux, du plaisant au sévère ; j'y vois tour-à-tour de la force, de l'ironie, de la gaieté, même des épigrammes ; c'est sûrement quelqu'un de vos poëtes fameux qui s'amuse à faire en prose un poëme héroï-comique. — Vous vous trompez, lui dis-je, en jetant les yeux sur son papier, vous lisez le discours de l'un de nos orateurs ; le barreau s'égaie parfois, et l'écrit qui vous occupe en ce moment est l'extrait du plaidoyer d'un avocat dans une affaire criminelle. — Je ne m'en serais pas douté, s'écria mon voyageur ; et comment reconnaître Thémis, en la voyant tantôt si fardée, tantôt si épigrammatique ?

Après quelques momens de silence, nouvelle exclamation de notre étranger, un peu enthousiaste de sa nature. Ah ! mon ami, quels beaux vers ! Pour ceux-là, je suis bien certain qu'ils viennent de l'ame et non de la tête ; l'esprit ne trouve point de ces inspirations, le cœur seul les donne. Je parierais bien que ces auteurs, toujours sincères, toujours constans, n'ont jamais brûlé d'encens profane, et qu'ils ont consolé le malheur dans l'exil, comme ils chantent la puissance dans son triomphe.

— Bon ! lui répondis-je, voici encore des masques qui vous trompent ; les auteurs dont vous lisez les vers ont du talent, de l'imagination, mais leur muse est mobile comme la fortune ; et, depuis vingt ans, toujours attirée par ce qui brille, elle a chanté, avec la même ardeur et avec un égal succès, tous les heureux de chaque époque, toutes les idoles de chaque jour. Un grand nombre de ces messieurs pourraient à juste titre prendre le nom de poëtes *lauréats* de la république, de l'empire et de la monarchie.

— Je sais, reprit mon ami, que la poésie a ses licences ; mais si ce que vous me dites est vrai, il faut que vos poëtes aient bien de l'adresse pour trouver d'heureuses transitions en montant leur lyre sur des tons si différens. Vous voilà prêt, je crois, sortons.

Nous traversâmes les Tuileries et nous entrâmes dans le café du Palais-Royal le plus à la mode ; il était rempli d'une foule d'oisifs de tout genre, grands amateurs de café, de spectacles, de nouvelles, et de tout ce que la musarderie recherche activement pour tuer le temps qu'elle ne sait pas employer.

Près de la table autour de laquelle nous étions assis, deux hommes disputaient avec feu sur la loi du recrutement. Après les avoir écoutés pendant quelques minutes : voyez, me dit le voyageur, avec quelle énergie s'exprime cet homme à la voix mâle, aux sourcils arqués ! quel feu brille dans ses regards ! quelle noble passion l'anime pour la gloire de vos armes ! comme il parle bien de la science militaire ! il me semble le voir sur un champ de bataille. C'est sûrement un de ces fameux guerriers dont l'épée meurtrière a tracé de si brillantes pages dans vos annales.

— Vous n'y êtes pas, lui dis-je à l'oreille ; s'il a tué beaucoup de monde, ce n'est pas à l'armée : cet homme est un médecin.

— Oh! pour le coup, reprit mon ami, tout le monde s'y serait trompé comme moi. Et son antagoniste, ce gros homme qui parle si posément, mais qui combat avec tant d'opiniâtreté les opinions belliqueuses de son convive, quel est-il? A ses calculs économiques, à ses argumens pacifiques, à sa crainte de voir sous les armes vos braves soldats, je dois croire que c'est un magistrat qui compte plus sur les lois que sur la force pour la défense de l'État, ou c'est peut-être un philosophe qui rêve la paix perpétuelle; car, à l'entendre, il paraît qu'il ne veut point d'armée.

— Encore une erreur, lui dis-je; celui dont vous parlez est un ancien capitaine qui compte trente années de service et une campagne. Ma foi, s'écria mon ami, vous me l'aviez promis, je commence à me croire au bal de l'Opéra.

Nous sortîmes du café et nous allâmes chez un fameux restaurateur; nous y goûtions les douceurs d'un repas bien apprêté, d'un tête à tête tranquille, d'une conversation amicale, lorsque nous entendîmes dans un cabinet voisin du nôtre la voix d'une femme qui disputait avec feu; cette voix, d'abord fort douce, s'aigrit graduellement par la colère; bientôt ses paroles ressemblèrent à des cris d'indignation; mais nous ne pûmes distinguer clairement que ce peu de mots : *Finissez, ou je ne crois plus à votre honneur; finissez, ou je ne vous reverrai plus; il m'est impossible de vouloir et de souffrir ces libertés.*

A ces mots, croyant qu'un téméraire voulait abuser d'une imprudente, et la faire repentir de lui avoir accordé trop légèrement un tête à tête; nous étions prêts, en preux chevaliers, à voler à son secours et à la défendre de toute violence, lorsqu'un garçon ayant ouvert la porte, sans que son arrivée interrompît la dispute, nous entendîmes clairement qu'il était question, non d'honneur, mais d'opinions, et que les *libertés* dont la dame s'offensait si fort et qu'elle ne pouvait supporter, étaient la liberté civile, la liberté politique et les libertés de *l'Église gallicane*, que défendait vivement contre elle un ancien chanoine de ses parens.

Eh bien! qu'en pensez-vous? dis-je alors. Vous voyez que l'oreille trompe ici comme les yeux : pour cette fois, je n'ai pas mieux deviné que vous; allons un peu au spectacle, l'art nous trompera peut-être moins que la nature.

— Où irons-nous? demanda mon ami. Je voudrais voir le grand Opéra; les accords d'une musique harmonieuse adoucissent les impressions de la tragédie, et donnent à ses accens une voluptueuse mélancolie.

— Volontiers : voyons l'affiche; que donne-t-on aujourd'hui? *le Rossignol*.

— Mais le titre n'est pas trop tragique.

— Je le crois bien, c'est un conte très-licencieux, qu'un homme d'esprit a trouvé le moyen de mettre en scène avec beaucoup de goût et sans manquer aux règles de la décence.

— Je l'entendrai un autre jour; j'aime assez que chaque théâtre conserve son genre, et pour entendre de la comédie en musique, je préfère l'Opéra-Comique.

— Fort bien! Que joue-t-on? *Montano* et *Stéphanie*, précédé de *Wallace*. — Est-ce bien gai? — Bon! ce sont deux tragédies! — Comment, je ne verrai donc rien ici à sa place? eh bien! allons à l'Ambigu-Comique.

— Oui : vous y verrez le massacre de toute la famille

des Machabées ! — Morbleu ! il n'y a donc pas moyen de s'en tirer ?.... Ah ! j'y suis, partons pour le théâtre de la Gaieté. — A merveille ! on vous y donnera pour spectacle la vue de toute l'armée de Pharaon noyée dans la mer Rouge.

— Oh ! pour le coup c'est trop fort ! ce n'est point aux boulevards que je veux aller étudier la Bible ; je reviens à votre premier avis ! allons entendre *le Rossignol* de l'Opéra.

— Je crois, mon cher, que vous ne pouvez pas mieux choisir, car il est suivi d'un très-joli ballet (*le Carnaval de Venise*); vous y verrez un grand nombre de masques charmans, et vous conviendrez que, de toutes façons, je vous ai dit vrai, en vous promettant que je vous ferais trouver à Paris *le Carnaval en Carême*.

# DE L'OPINION PUBLIQUE.

Les sages ont dit que l'*opinion* est la reine du monde; mais beaucoup de gens, qui les lisent peu ou qui les entendent mal, nient cette vérité. Si le jour les blessait, ils nieraient le jour.

L'*opinion*, selon eux, n'épouvante que le faible; elle obéit aux forts. Aussi insensés que ces pyrrhoniens qui niaient le mouvement, il faut se contenter de marcher devant eux pour leur répondre, et c'est ce que le temps et l'esprit public font à leur grand déplaisir.

Si cependant ils voulaient consulter le passé, ils seraient un peu moins aveugles sur le présent, un peu plus clairvoyans sur l'avenir.

Remontant aux temps antiques, qu'ils regardent l'Égypte! Pharaon, ses mages, ses ministres, ses trésors, ses innombrables armées; tout cède à l'*opinion* publique d'un peuple étranger et captif qui veut être libre, et à l'*opinion* publique de son propre peuple qui croit ces étrangers favorisés par le ciel.

Ces mêmes Juifs, proscrits depuis par l'*opinion* générale, n'ont jamais pu se relever; et leur propre *opinion*, bravant le mépris et tous les genres de tyrannie, n'a jamais voulu se soumettre.

A la voix *du roi des rois*, tout l'Orient se lève, s'arme, marche, et se précipite sur une petite contrée, pauvre, divisée, faible et peu populeuse; mais l'amour de la liberté y grave cette *opinion* généreuse : *Il faut mourir ou rester libres.* Trois cents guerriers donnent un héroïque exemple; le chêne est renversé par le roseau, le colosse de la monarchie des Perses s'écroule; trois millions de soldats sont vaincus et dispersés par une poignée de héros; et le *roi des rois* fuit en traversant l'Hellespont sur un faible bateau, débris honteux de sa flotte superbe.

Dans un autre temps *l'opinion* change; la cupidité, la jalousie, remplacent l'amour de la patrie sur cette terre classique de la liberté, et un faible roi de Macédoine donne des fers à la Grèce.

Rome compte une longue suite de rois habiles et belliqueux; aucun parti ne conteste et n'attaque leur puissance fondée sur la loi et sur *l'opinion*. Tarquin, par un crime, change cette *opinion*; il imprime pendant plusieurs siècles, dans le cœur des Romains, une haine implacable contre la royauté.

Une autre *opinion* s'établit, c'est que la bourgade de Rome doit vaincre et dominer l'univers. Les villes voisines sont successivement vaincues : Carthage, malgré ses trésors, ses flottes et le génie d'Annibal, est détruite; la Grèce est soumise; l'Asie et l'Égypte sont conquises; la Gaule, malgré sa farouche vaillance, est subjuguée; Rome devient la maîtresse du monde.

L'orgueil de la gloire militaire l'emporte malheureusement sur l'amour de la liberté; *l'opinion* change; la toge obéit aux armes; la tyrannie commence, et les soldats disposent du sceptre.

En Palestine, douze hommes ignorans enseignent un nouveau culte, qui promet à la vertu des récompenses, et aux crimes des châtimens éternels : ils appellent les esclaves à une vertueuse indépendance, les citoyens à l'égalité. La religion qu'ils annoncent est austère, effrayante, impose les plus rigoureuses privations, ordonne de braver les plus grands périls, rabaisse la grandeur, ruine l'opulence, brise le prisme de la gloire, éteint le flambeau de l'amour, et, dans l'attente du ciel qu'elle promet, n'offre en compensation sur la terre que des jeûnes, des larmes, des fers et des supplices : toutes les puissances de la terre, toutes les passions s'arment contre cette nouvelle *opinion*, mais elle s'étend, s'accroît, s'affermit, triomphe de tous les obstacles, méprise les richesses, brave les échafauds, renverse les autels, détruit les coutumes, et s'assied sur le trône du monde.

Une autre *opinion* prend naissance dans le Nord ; le colosse romain, l'objet de la terreur universelle, n'inspire plus que le mépris, et les peuples sauvages de l'Europe renversent en peu d'années cet empire que n'avaient pu ébranler le génie d'Annibal, les forces de la Grèce, la fureur des Gaulois, l'opiniâtre habileté de Mithridate, et les innombrables armées d'Antiochus.

Un voile de ténèbres couvre le monde ; la tyrannie sacerdotale et la tyrannie féodale règnent sans opposition, et se déchirent mutuellement dans cette obscurité. Tout à coup le fanatisme égare et enflamme l'*opinion* publique ; en vain la prudence, l'intérêt personnel, l'expérience, et tous les sentimens de la nature réunis, veulent s'opposer à ce torrent ; au nom de l'*opinion* tout cède, et l'Occident tout entier se précipite sur l'Orient, dans l'unique dessein de planter une *croix*, et de conquérir un tombeau.

Le peu de guerriers échappés à la mort, qui survivent à cette entreprise téméraire, rapportent de Constantinople en Europe quelques rayons des lumières antiques.

Le jour renaît dans l'Occident : à sa lueur, la vérité, la liberté, cherchent leurs anciens titres, la barbarie se dissipe ; la civilisation recommence, les arts se raniment ; la tyrannie féodale et sacerdotale s'ébranle, les hommes reconnaissent leurs droits et les réclament : une *opinion* nouvelle, éclairée par les écrits de tous les temps, et qu'une heureuse découverte multiplie et répand dans l'univers, crée pour ainsi dire un nouveau monde.

Cette *opinion* change les lois, les intérêts, les positions, les mœurs ; en vain l'autorité, le clergé, la magistrature, la noblesse, résistent : une voix universelle éclate, et dit : nous ne voulons plus d'arbitraire, nous ne voulons plus de priviléges, nous ne voulons que des lois égales pour tous et consenties par nous.

Nous voulons que des représentans expriment notre volonté et nous garantissent de la tyrannie, qu'un corps de grands propriétaires nous garantisse de la démagogie ; nous voulons qu'un roi héréditaire et inviolable nous garantisse de l'anarchie.

Nous voulons l'égalité devant la loi, la liberté de nos pensées, de nos personnes, de nos biens ; nous voulons que le règne des préjugés finisse et que celui des principes commence.

Telle est aujourd'hui l'*opinion* générale, progressive, forte, irrésistible, qu'on ne peut plus ni tromper, ni anéantir ; la sottise et la folie conspirent encore seules pour la combattre. Chaque démarche agrandit l'abîme qu'elles creusent sous leurs pas. Puissent-elles se convaincre enfin que lorsqu'il existe une *opinion* publique, fondée sur la vérité, sur la justice et sur la raison, il y a gloire et bonheur pour ceux qui la suivent, honte et ruine pour ceux qui l'attaquent.

# L'USURIER.

Je me trouvai dernièrement dans une position très-embarrassante ; l'argent, ce métal si vil au dire des philosophes, et si désiré cependant par eux comme par tout le monde, me manquait au moment où il m'était le plus nécessaire, au moment où je voulais tirer de prison un honnête homme, renfermé pour dettes à la requête de quelques personnes qu'il avait obligées autrefois ; ces personnes étaient très-pures ; mais leur pureté ne souffrait pas l'alliage de la reconnaissance lorsqu'il s'agissait d'un débiteur *pensant mal*, c'est-à-dire, ayant des opinions politiques différentes des leurs.

Depuis que je cherchais de l'argent, je rencontrais plus rarement ceux de mes amis qui en avaient, et je ne trouvais que ceux qui se voyaient gênés comme moi ; ils me donnaient très-libéralement d'excellens conseils, aussi conformes à leur caractère qu'opposés à mes goûts.

L'un me conseillait de jouer le dernier écu qui me restait, quitte, en cas de malheur, à terminer mon drame à *l'anglaise*.

L'autre m'engageait à faire un pamphlet bien hardi, bien cynique, bien mordant, qui aurait rempli ma bourse aux dépens de ma réputation.

Un troisième voulait que je sollicitasse un emploi pour me faire essuyer un nouveau refus, ou contracter de nouvelles dettes ; car dans la plupart des places lucratives pour les fripons, l'honnête homme se ruine.

Un poëte, mon voisin, m'engageait à donner au Théâtre-Français une tragédie que je lui avais lue, et qu'il avait impartialement applaudie, parce qu'il ne travaille que pour les Variétés. Le pauvre homme ignorait qu'en cas de réception, grace à l'activité laborieuse des comédiens, je ne serais parvenu à faire jouer ma pièce, et en recueillir les lauriers et le profit que dans une quinzaine d'années.

Enfin, le seul avis que je trouvai assez raisonnable pour le suivre, fut celui d'un jeune étourdi de neveu que je venais de faire entrer au service.

Écoutez, mon oncle, me dit-il, votre ami est en prison, il faut qu'il en sorte, vous avez besoin d'argent, on ne vous en donnera pas, il faut en acheter.

Je vais vous amener mon petit bossu, Balthasar, c'est l'homme le plus obligeant ; c'est le bienfaiteur de la jeunesse ; il n'est point de mauvais pas dont il ne la tire. Son argent est à tout le monde. Il est complaisant, expéditif, rien ne l'embarrasse : si nos ministres le consultaient, notre liquidation serait bientôt terminée. Nous sommes le mieux du monde ensemble ; moi, je ne pense qu'au présent, et lui qu'à l'avenir. Il me donne son argent dont j'ai besoin aujourd'hui, il profitera du mien quand j'en toucherai ; il vit de mes intérêts, et moi de ses capitaux. D'honneur, c'est un homme charmant.

J'ai toujours pensé que de tous les plaisirs celui de faire du bien est le seul qu'on ne peut jamais payer trop cher, et qu'une bonne action vaut bien qu'on fasse pour elle une folie. Je dis donc, en riant à mon neveu, de m'amener son contrôleur-général, et bientôt Balthasar parut. Il avait l'air malin et railleur comme tous les bossus : disgraciés par la nature, ils sont frondeurs, ainsi que tous les mécontens : leur esprit venge leur corps, et comme ils se voient sans cesse exposés à la raillerie, ils se mettent toujours en garde contre elle, et sont en état d'escarmouche perpétuelle avec leur prochain.

Après m'avoir montré, d'un ton moitié respectueux, moitié ironique, combien il était surpris qu'un homme de mon âge, et qui avait joui d'une si grande aisance, fût réduit à rechercher les services d'un pauvre diable comme lui, Balthasar m'assura de son zèle, s'étendit en plaintes sur la rareté du numéraire ( rareté dont je m'apercevais certainement plus que lui ) ; il me vanta sa probité, dont il prit à témoin mon neveu, qui le pressa militairement de terminer son inutile exorde, et d'arriver à la conclusion. Ce préambule fini, nous entrâmes en matière, et je déclarai qu'une somme de vingt mille francs m'était indispensablement nécessaire.

Les voici, me dit en souriant le petit vieillard, et en même temps il tira vingt billets d'un porte-feuille aussi rond que sa bosse. Je suis fâché que vous n'ayez besoin que de cette bagatelle. Ces vingt mille francs sont à vous, et le plaisir d'obliger un homme de votre mérite me décide à ne vous demander qu'un intérêt de cinq pour cent : j'espère que vous ne me trouverez pas déraisonnable.

— Déraisonnable ! m'écriai-je ; mais je ne reviens pas de ma surprise ; on ne m'avait pas trompé ; vous êtes vraiment un phénix ! quoi ! vous n'exigez pas même l'intérêt du commerce ?

— Attendez-donc, reprit en riant mon neveu, vous

allez embarrasser le généreux Balthasar avec vos éloges ; il ne vous demande en effet que cinq pour cent, mais c'est par mois.

A ces mots, je souris, mais un peu amèrement, et passablement confus de ma méprise.

— Monsieur est trop judicieux, dit alors le petit bossu, pour l'avoir entendu autrement. Les temps sont si durs! on voit aujourd'hui tant d'hommes malheureux! Comment pourrais-je satisfaire mon penchant pour les secourir, si le profit que je tire de mon argent ne soutenait mon zèle, et ne multipliait mes moyens? Prenez, monsieur, prenez cet argent, vous n'en trouverez nulle part à meilleur marché : il devient si rare dans un siècle où tout le monde en veut : tout se vend aujourd'hui, la réputation, l'esprit, l'amitié, l'amour. Il n'y en aura bientôt plus assez pour tous les talens, pour toutes les faveurs, pour tous les genres de mérite qu'on loue, qu'on emprunte, ou qu'on achète ; l'article seul des capitulations de conscience suffirait, je crois, pour faire disparaître en peu de temps le numéraire, et l'esprit de parti hâte son écoulement avec une prodigieuse rapidité.

— Comment, lui dis-je, vous parlez d'or ? L'auteur du livre de la *Sagesse*, Salomon lui-même, ne s'exprimerait pas mieux : je suis ravi de voir et d'entendre un philosophe *usurier*.

— Philosophe, à la bonne heure, reprit le malin vieillard, ne l'est pas qui veut ; mais *usurier !* pourquoi me donner ce nom banal ? tout le monde est *usurier*.

— Tout le monde! m'écriai-je, ah! mon cher et très-cher Balthasar, voilà le plus étrange paradoxe que j'aie entendu.

— Eh bien! dit le bossu, en peu de mots, je vais vous le prouver. Une vérité constante, c'est que rien ne se donne; tout se vend, tout se prête; la terre vend à l'homme ses moissons pour prix de sa sueur et de son travail. Il n'est pas bien certain que la vie nous soit donnée par le ciel; elle est si courte qu'elle nous semble plutôt *prêtée*; et, si nous y jouissons de quelques petits plaisirs, on prétend que là bas le diable nous les fait payer un peu *usurairement*. Notre ame même est si peu un *don* absolu, que lorsqu'on veut faire entendre qu'un homme est mort, on dit communément qu'il vient de *rendre l'ame*.

La justice, qui est une très-belle chose assurément, se vend, dit-on, dans beaucoup de pays; et lorsqu'elle a besoin d'aide, on ne dit point qu'on lui *donne*, mais qu'on lui *prête* main forte, apparemment dans l'espoir qu'elle nous le rendra.

Ces mortels prédestinés que nous envions parce que nous croyons que le sort leur a prodigué toutes ses faveurs, interrogez-les, ils vous apprendront ce qu'elles leur coûtent, et à quel point le poëte avait raison de dire que *la fortune vend ce qu'on croit qu'elle donne*.

Rien ne devrait être plus gratuit que les conseils, ils ne coûtent point de déboursé, et voyez cependant, dans tous les pays, en quelle bonne monnaie sont payés les conseillers de cour, etc., etc., etc.

De tous les *usuriers*, la flatterie est celui qui fait les plus gros profits : quand les grands manquent de vertus, elle leur en *prête*, et se voit payée largement en pensions, en faveurs, en places et en cordons.

Que de profits les bonzes et les derviches ont trouvés presque par-tout, en *prêtant* au *vice* le masque de la *piété!*

La vérité, la plus pauvre des vertus, puisqu'elle est toute nue, ne se voit-elle pas forcée d'emprunter le voile de la fable? sans ce passe-port d'emprunt, elle ne gagnerait souvent, à se montrer, que des injures et des disgraces.

Combien de brillans personnages ne doivent notre sotte admiration qu'à un éclat d'emprunt? tout, jusqu'au nom, se *prête* à présent à gros intérêts ; que de *prête-noms* font de grandes affaires à la bourse, et de beaux discours à la tribune!

Demandez aux *modistes* les plus illustres, si elles ne doivent pas leur fortune et leur renommée aux charmes qu'elles *prêtent* à tant de femmes à qui la nature avait oublié d'en donner.

Je vois qu'on *prête* volontiers des torts, des sottises, des méchancetés à son prochain ; mais pour l'ordinaire, dans ce genre, comme le disait l'abbé de Voisenon, on ne *prête* qu'aux riches.

Enfin, pour ce qui nous regarde, nous autres bossus, je sais bien que vous croyez en général pouvoir nous *prêter* gratuitement des ridicules, mais vous voyez que nous savons les rendre avec *intérêts*. Ainsi, je le répète, tout le monde *prête* pour gagner ; tout le monde est *usurier*.

Après ce beau discours, qui m'avait plus réjoui qu'édifié, le vieil usurier partit, me laissant son argent, et emportant mon billet. Je courus à la prison, j'en fis sortir mon ami. J'avais acheté un peu cher sa liberté, mais il était heureux ; son bonheur et sa reconnaissance me payèrent ce service avec *usure*, *usure* la plus douce et cependant la plus rare de toutes.

# DE L'ORDRE.

L'ORDRE est comme la *justice*; tout le monde en sent le besoin : ceux mêmes qui, entraînés par leurs passions, violent l'une et troublent l'autre, les invoquent cependant toujours; et dans leurs paroles ainsi que dans leurs écrits, ils manifestent pour l'ordre et la justice le plus grand respect.

Les partisans de l'ancien régime, des préjugés et du pouvoir absolu, semblent plus particulièrement prendre *l'ordre* pour mot de ralliement. Ils traitent les principes libéraux, professés par leurs adversaires, de rêveries idéologiques et de chimères de perfectibilité, très-dangereuses pour la tranquillité publique. Par ce moyen, ils attirent dans leur parti une foule de gens qui préfèrent le repos à tout, et long-temps ils leur ont fait croire que pour être tranquille il faut consentir à être un peu enchaîné.

Ces hommes pacifiques se voient encore confirmés dans cette erreur par la faute que commettent quelques chauds amis de la liberté : ardens et courageux, ceux-ci ne savent pas à quel point ils nuisent à leur propre cause, lorsqu'ils répètent avec fierté ces paroles d'un Polonais : *Malo periculosam libertatem quàm quietum servitium* (j'aime mieux la liberté périlleuse que l'esclavage tranquille). Ils ne se doutent pas que de toutes les concessions qu'ils pourraient faire à leurs rivaux, celle-ci serait la plus dangereuse.

Dans toute société, les hommes généreux, courageux, énergiques, forment nécessairement le plus petit nombre, et si l'on avoue que la *servitude* peut être *tranquille*, et qu'on peut jouir du repos à l'ombre du despotisme, la foule préférera le calme que lui promet la *servitude* à l'agitation dont la menace la *liberté*.

Cette erreur, comme beaucoup d'autres, vient de ce qu'on ne se donne pas la peine de bien définir les mots dont on se sert ; il en résulte qu'on est très-loin de s'entendre sur le vrai sens du mot *ordre*.

L'*ordre* est l'arrangement fait par la sagesse, pour que chaque chose et chaque personne se trouvent à la place qu'elles doivent occuper, conformément aux principes éternels de la *justice* et de la *vérité*.

C'est dans ce sens qu'on a toujours regardé l'*ordre* admirable qui règne dans l'univers comme la preuve la plus évidente de l'existence et de la sagesse de Dieu.

Les lois, qui règlent les actions des hommes, sont justes ou injustes, utiles ou dangereuses, suivant qu'elles s'accordent plus ou moins avec ces principes constans, avec ces règles éternelles; et c'est avec un profond discernement que le célèbre chancelier d'Aguesseau, dans ses *Instructions à son fils*, a cru nécessaire de faire précéder la connaissance qu'il voulait lui donner du *droit des gens* et du *droit civil*, par ces principes antérieurs à toute législation, par cette loi naturelle émanée de la raison divine.

Ces règles, ayant pour source la *justice* et la *vérité*, doivent être invariablement les mêmes dans tous les temps, dans tous les climats, chez tous les peuples. Les bonnes lois en sont une application ; les mauvaises, une déviation.

*L'ordre* est tout ce qui leur est conforme ; le *désordre*, tout ce qui s'en écarte. Les nations prospèrent tant qu'elles y sont soumises ; elles tombent dès qu'elles en brisent le joug.

Autrefois les plus sages des mortels, les stoïciens, déclaraient formellement qu'indifférens aux accidens de la nature et aux caprices de la fortune ils ne reconnaissaient qu'un bonheur pour l'homme, celui de se maintenir dans *l'ordre*, et qu'un mal, celui d'en sortir. Ils entendaient par *ordre* l'état où l'ame repousse l'erreur, suit la vérité, méprise le vice et ne respecte que la justice ; en un mot, l'état où se dérobant à l'anarchie des passions elle n'est soumise qu'aux règles établies par la Divinité.

La conséquence de ces principes difficiles à nier est que *l'ordre* ne peut résulter que des lois justes et égales, et qu'il est incompatible avec un état de choses dépendant des chances du hasard et des fantaisies d'une autorité arbitraire.

Ceci est tellement évident, qu'il eût été impossible de différer d'opinion sur un point aussi important, si les langues, au lieu d'être formées peu à peu au gré des besoins, des passions et du hasard, avaient pu l'être par une saine philosophie. Mais les grammairiens n'arrivent que long-temps après que les langues sont faites ; et les hommes ont faussé leurs idées en donnant aux mêmes mots divers sens, qui souvent sont très-contradictoires entre eux.

Ainsi de cette belle idée que présente le mot *ordre* qui rappelle l'arrangement parfait du monde, vous passez subitement à cette autre définition qui ne vous représente que le commandement d'une part et l'obéissance passive de l'autre.

Le même mot exprime cette loi première et naturelle, qui exige que tous les hommes s'aiment et s'assistent, et la décision d'un chef de plantations qui ordonne à ses agens de donner cent coups de fouets à ses nègres. Un autre sens attaché au même mot vous montre à son tour des castes, des classes formées non selon les principes éternels de justice et de vérité, mais suivant le droit du plus fort ou du plus adroit, qui consacre sur la terre l'injustice et l'inégalité.

Le même mot, s'écartant encore plus de son origine, ne frappe l'esprit que par l'image de décorations, dont quelques-unes s'épurent en n'honorant que le mérite, mais dont plusieurs ne sont accordées qu'à la faveur et ne flattent que la vanité.

Enfin une autre manière d'entendre ce mot, et qui n'est pas la moins vicieuse, est celle qui fait confondre le mot d'*ordre* avec celui de *repos*. C'est ainsi qu'un pacha, lorsqu'il a étouffé quelques plaintes par des tortures, et puni quelques murmures en faisant trancher quelques têtes, voyant toute sa province muette et consternée, se vante d'y voir tout dans l'*ordre* : *ordre* ou *repos* qui diffère peu de la mort, car personne ne s'agite dans la tombe !

Ouvrez le *Dictionnaire de l'Académie*, vous y verrez que l'ORDRE *est l'arrangement, la disposition des choses mises en leur rang*; définition trop vague, parce qu'elle n'explique pas d'après quels principes ces rangs doivent être réglés. Vous y trouverez ensuite l'ORDRE *de bataille*, les neuf ORDRES *des anges*, l'ORDRE *des sénateurs*, l'ORDRE *des chevaliers*, l'ORDRE *plébéien*, l'ORDRE *du clergé*, l'ORDRE *de la noblesse*, les ORDRES *monastiques*, les ORDRES *de chevalerie*, l'ORDRE, *commandement*, etc. On est étonné de la pauvreté du langage, quand on se trouve obligé d'employer le même mot pour exprimer tant de choses si différentes, et il en résulte, pour la plupart des esprits, une grande confusion d'idées.

Mais pour en revenir au sens dans lequel on prend ce mot pour signifier *l'arrangement* qui assure le plus la tranquillité et la prospérité d'un peuple, il faut ou renoncer à la raison, ou convenir que cet *ordre* ne peut naître que de principes justes, de règles claires, constantes et fixes, et que rien ne peut lui être plus opposé que l'autorité arbitraire, qui nous fait dépendre, non des lois, mais des hommes; non de la justice, mais du hasard.

Peut-on nommer *ordre* un arrangement qui change au gré d'un ministre, selon les caprices d'une maîtresse ou d'un favori, et d'après les passions d'un tyran voluptueux ou d'un prince conquérant.

L'*ordre* dans l'armée peut-il exister, si la faveur aveugle dicte seule les choix ?

Peut-on compter sur l'*ordre* dans les finances, si les impôts, levés sans nécessité, sont répartis sans égalité et dépensés sans contrôle ?

Un tel *ordre* peut-il inspirer la confiance qui donne ce *crédit*, créateur de prodiges, qu'on ne voit que dans les pays libres; enfin l'*ordre* peut-il régner dans la société, si le prince, supérieur aux lois, dicte ses volontés à des commissions partiales ou à des tribunaux dépendans ?

On ne peut faire à ces questions que cette inepte réponse, refrain éternel des préjugés contre la raison : « On se résigne, il est vrai, en reconnaissant un » pouvoir absolu, à des sacrifices de droits, de li- » berté, de vanité ; mais par ces sacrifices, on achète » le *repos.* »

C'est encore une vieille erreur, qui vient d'un mot mal défini, et qui fait prendre le silence de la crainte et de la compression pour la tranquillité. Il faudrait presqu'autant confondre le mouvement de la vie avec l'agitation, et l'immobilité funeste produite par l'*opium* avec le repos. Et par exemple, l'inquisition se vante d'avoir maintenu l'Espagne en repos, et d'y avoir établi un tel *ordre*, qu'elle a préservé ce pays de guerres religieuses. Voyez dans quel excès d'égarement on tombe par cet abus des mots, puisqu'il vous conduit, d'une part, à nommer *ordre* et *repos* l'état d'une contrée où des millions d'hommes se sont vus ou bannis, ou plongés dans des cachots, ou offerts en holocauste sur un bûcher, aux passions de quelques fanatiques ; et de l'autre à ne pas voir que dans les pays où l'*ordre* a été troublé par les guerres religieuses, loin d'en accuser la liberté, il faut nécessairement attribuer ces désordres à la triste folie des hommes qui ont voulu comprimer la première des libertés, celle des consciences.

Lorsqu'après de longues guerres, *Louis XI,* dans sa vieillesse, faisait tout trembler, pouvait-on appeler *ordre* et *repos* la stupeur où la nation était jetée par la crainte que répandait le grand prévôt *Tristan*, et par l'effroi qu'inspiraient les oubliettes ? Est-il bien permis d'admirer l'*ordre* établi par la volonté du confesseur de *Louis XIV,* quand les jansénistes se voyaient par-tout persécutés, comme les protestans, et lorsqu'on rasait la demeure paisible de pauvres religieuses, dont tout le crime était de ne point voir dans un livre cinq propositions qui n'y étaient pas?

Si nous remontons aux temps antiques, appellerez-vous *ordre* et *repos*, la situation où se trouvait l'empire romain sous la domination absolue des Tibère, des Néron, des Caligula, des Domitien, des Commode, des Héliogabale?

Et les prédécesseurs de ces hommes religieux qui aujourd'hui prônent, pour l'amour de *l'ordre*, l'obéissance passive, trouvaient-ils autrefois cette obéissance compatible avec leurs droits, leurs devoirs et leur bonheur, sous le règne de Dioclétien?

« Mais, me dira-t-on, si l'autorité absolue ne donne » aux peuples qu'un repos apparent, elle en procure » au moins un réel aux gouvernemens. » Hélas! à chaque page, l'histoire dément cette assertion. Dans toute la série des archontes d'Athènes, des rois, des éphores de Sparte, des consuls de la république romaine, vous en trouvez un bien petit nombre qui aient perdu la vie dans les orages populaires, et en parcourant la vaste liste des monarques absolus d'Égypte, de Perse, de Rome, et des empires grec et ottoman, on voit une foule de rois et d'empereurs violemment détrônés, perfidement assassinés, et cruellement égorgés ainsi que leurs familles.

L'autorité sans bornes, les rigueurs sans mesure des gouvernemens modernes de l'Afrique, de l'Inde et de la Perse, parviennent-elles à établir dans ces pays *l'ordre*, le repos, la prospérité, et à préserver les chefs de ces peuples opprimés des plus fréquentes et des plus sanglantes catastrophes?

Je sais qu'on peut citer les exemples rares de quelques monarques absolus, véritables images de la Providence, tels que Titus, Trajan, Antonin, Marc-Aurèle, saint Louis, Louis XII, Henri IV, qui ont fait régner sur la terre une heureuse tranquillité, un *ordre* presque divin ; mais c'est parce que ces princes, loin d'user du pouvoir arbitraire qui répugnait à leur justice et que réprouvait leur philosophie, rétablissaient momentanément le règne des lois, et faisaient fleurir la liberté à l'ombre du trône.

Il est donc évident qu'en tout temps comme en tout pays le *désordre* est inséparable de l'arbitraire, et que l'ordre ne peut exister que lorsque les peuples, indépendans des caprices des hommes, ne sont esclaves que des lois.

Il serait certainement absurde de prétendre que dans les pays libres on n'a pas vu des agitations et des orages comme dans les monarchies ; mais si l'on en recherche impartialement les causes, on verra presque toujours que ces troubles ont dû leur naissance à des chefs, à des corps ambitieux qui voulaient violer les règles et détruire les libertés, et sur-tout à des institutions défectueuses, qui, s'écartant des principes de *justice* et de *vérité*, ne respectaient pas les droits de tous, et favorisaient alternativement ou les priviléges injustes de quelques corporations oppressives, ou les prétentions toujours dangereuses de la force militaire, ou la licence de la multitude, *licence* qu'on s'efforce en vain de confondre avec la *liberté*, sa plus constante ennemie.

Il nous semble qu'on doit conclure de toutes ces observations que l'*ordre*, loin de pouvoir servir de point de ralliement aux partisans de l'autorité absolue, doit être l'étendard constant des amis de la liberté, puisque de l'arbitraire naît tout *désordre*, et que l'*ordre* ne règne qu'avec des principes, des règles et des lois égales pour tous et consenties par tous.

Ces vérités doivent acquérir bien plus de force et d'évidence pour ceux qui vivent sous un gouvernement représentatif. Cette forme de gouvernement, qui garantit les droits imprescriptibles des hommes, qui consacre tous les principes de justice et d'égalité, qui préserve la nation de l'arbitraire de l'autorité, et qui éloigne de cette autorité les orages populaires, en ne laissant au peuple la faculté d'exprimer son vœu que par l'organe de ses représentans ; ces institutions, qui assurent à tous les individus la jouissance de la liberté civile, politique et religieuse, rendent en même temps l'autorité du monarque d'autant plus paisible qu'elle est plus légale ; défendent son repos, en le mettant dans l'heureuse impossibilité d'abuser de son pouvoir, doublent sa force, en lui donnant toute celle de l'opinion publique, et mettent le sceau à l'alliance éternelle que l'auteur de toute vérité et de toute justice a voulu qui fût établie entre la *vraie liberté* et le véritable *ordre*.

# DE L'INTÉRÊT ET DES OPINIONS.

Un ancien a dit que le doute était le commencement de la sagesse; d'autres même ont prétendu que ce doute en était le résultat, et que sur les objets les plus importans de nos recherches, après de longues études, ce qu'on sait le mieux, c'est qu'on ne sait rien. Montaigne, dont la tête ressemblait à une vaste bibliothèque, au commencement de ses immortels écrits a pris sagement cette devise modeste, *que sais-je?* En général, on ne voit guère que l'ignorance et la légèreté qui affirment; les hommes graves et savans hésitent et doutent; aussi, malgré tout ce qu'on dit du progrès des lumières, on serait tenté de croire qu'elles ont fait des pas rétrogrades, en voyant un si grand nombre de personnes dogmatiser sur tout avec assurance, et croyant résoudre des questions agitées depuis quarante siècles, les trancher hardiment, comme fit Alexandre lorsqu'on lui présenta le nœud gordien.

Les droits des peuples, ceux des rois, les systèmes opposés du gouvernement populaire, du gouvernement aristocratique et de l'oligarchie, les prétentions diverses de la puissance spirituelle et de la puissance temporelle, les différens modes d'organisation d'une armée, destinée à soutenir l'autorité et à défendre l'indépendance; toutes ces hautes questions d'ordre et de liberté, qui ont occupé et embarrassé tant de grands génies, n'offrent point d'énigmes qui effraient nos OEdipes modernes; il semble que ce soit des jeux d'enfans pour nos docteurs imberbes et pour nos femmes politiques: chacun, comme s'il sortait de ce puits aussi célèbre qu'inconnu, où l'on dit que se cache la vérité, avance ses opinions avec une audace et une confiance telles, qu'on croirait que leur politique est une révélation.

Ce ne sont pas seulement des systèmes, mais des dogmes, qu'ils établissent; ils ne dissertent pas, mais ils prêchent, et regardent comme hérétiques tous ceux qui ne partagent pas leurs avis.

On n'a ni pureté, ni vertu, ni morale, quand on a le malheur de penser qu'un peuple peut être très-bien gouverné en suivant un système, en adoptant des principes différens des leurs. Leur politique est une religion exclusive, intolérante; et beaucoup d'entre eux ne seraient pas éloignés d'y ajouter pour la défendre des institutions semblables à l'inquisition ou aux comités révolutionnaires.

Dans un siècle où l'on a tant raisonné, dans un pays où l'on a tant écrit, après tant d'actions et de réactions, d'essais et de changemens, de succès et de revers, quand on a vu éclore et s'évanouir tant d'illusions, briller et disparaître tant de météores; au moment où les accens de la sagesse s'unissent à la voix forte et terrible du malheur pour nous rappeler à la modération et à la concorde, d'où peut venir encore ce fanatisme politique, cette fureur de parti qui nous porte à nous proscrire, à nous haïr, à nous flétrir, à nous déchirer mutuellement pour des opinions, ainsi qu'autrefois on vit les malheureux Juifs, assiégés dans Jérusalem, se livrer des combats sanglans; et, plus tard, les Grecs s'entre-tuer dans Constantinople pour des disputes de cirque et des querelles de sectes, tandis que les féroces soldats de Mahomet accouraient pour renverser les derniers débris de l'empire?

Je ne sais, mais il me paraît cependant qu'on pourrait trouver la source de tant de malheurs, la cause de tant de dissensions, si on la cherchait de bonne foi : ce n'est point l'esprit qui nous manque, c'est la franchise; nous sommes trompés, non par la pensée, mais par la parole.

Occupés à relever le grand édifice de l'État, nous courons le risque d'éprouver le sort de ceux qui travaillaient à la *Tour de Babel* : nous ne pourrons nous entendre tant que nous parlerons des langues différentes, ou tant que nous n'attacherons pas aux mots les mêmes idées : et si ce n'est pas, comme jadis, la dispersion qui nous punit, au moins le désordre et le malheur seront le châtiment et le résultat de notre opiniâtreté.

Tout le monde affecte de parler d'*opinion*, de défendre *des opinions*, tandis qu'il ne s'agit au fond que d'*intérêts*. Les unes sont vagues et incertaines de leur nature, les autres sont positifs : une querelle sur les premières est interminable; on peut transiger sur les seconds : les *opinions* nous entraînent dans le champ sans limites de l'imagination; *les intérêts* nous ramèneraient dans celui de la réalité.

Un parti exalté son *opinion*, la déclare seule conforme à la morale, à l'honneur, à l'ordre public; l'autre soutient la sienne, comme seule compatible avec les droits des hommes, avec le bonheur des peuples, avec les principes de la liberté. L'un invoque des droits anciens, l'autre des droits nouveaux. Chacun se vante d'anciens triomphes ou d'exploits récens : réciproquement on se reproche des crimes qu'on recherche dans nos anciennes chroniques, dans nos modernes annales ; enfin on se suppose mutuellement des plans de conspiration, de tyrannie, de domination ou d'anarchie, et la passion, qui égare toujours, nous persuade que toute conciliation est faiblesse, et que notre parti, étant en majorité, triomphera sans aucun doute de celui de nos adversaires.

Examinons quel changement il se ferait soudain dans les dispositions de nos esprits, dans notre morale et dans notre politique, et combien nous serions près de nous rapprocher par la tolérance, et de nous unir par la justice, si, cessant de nous persuader que nous avons une *opinion* qui seule peut nous conduire au bien public (notre but commun), nous parvenions à nous convaincre mutuellement que nous mesurons cet intérêt général sur notre intérêt privé ; que le bien public, étant vu par nous uniquement de la place où le sort nous a rangés, ne nous présente qu'une de ses faces, et qu'il doit en montrer d'autres à ceux qui le regardent d'une position différente : alors, au lieu de taxer cette différence d'idées, d'injustice ou d'immoralité, on n'y verrait qu'une différence d'*intérêt*; et comme ces *intérêts*, impossibles à changer par des argumens, se combattront éternellement s'ils ne sont adoucis par des concessions, la nécessité (le plus sage et le plus impérieux des conseillers), substituant la raison à la force, nous prouverait qu'il faut traiter au lieu de disputer, négocier au lieu de combattre ; et qu'une sincère et solide transaction récompensera chaque parti de ses sacrifices, en lui donnant le repos, en désarmant la haine, et en rendant l'indépendance à un peuple en péril tant qu'il est divisé, invincible dès qu'il est uni.

# LES DONNEURS DE CONSEILS.

C'est une étrange sorte de biens que les conseils ; l'avare même en est prodigue ; chacun les donne libéralement ; presque personne n'aime à les recevoir, et encore moins à en profiter, et si parfois on demande un conseil pour la forme, c'est au fond un compliment ou une approbation qu'on veut recevoir.

Pour qu'un conseil plaise, il faut qu'il prenne la couleur de la passion à laquelle il parle ; c'est ce qui fait que, dans les conseils des princes, on trouve si fréquemment la flatterie à la place de la vérité ; l'une caresse et l'autre blesse : aussi regarde-t-on ordinairement l'une comme une amie soigneuse, complaisante, et l'autre comme une ennemie présomptueuse, opiniâtre et envieuse.

D'ailleurs, il est si naturel d'admirer un ordre de choses où l'on se trouve bien, que, de bonne foi, la plupart des flatteurs ne se croient que reconnaissans ; comment ne pas approuver le discernement de celui qui me choisit pour conseiller, la justice de celui qui m'élève, la libéralité de celui qui m'enrichit ; la sagesse de celui qui me confie une part de son autorité ? Consultez les loups, ils vous diront que la Providence n'a rien fait de plus admirable que de leur donner des dents aiguës, et de priver les moutons de crocs et de griffes, et ils vous conseilleront de les ôter aux chiens.

Si, d'un autre côté, on écoute les intérêts froissés, les hommes délaissés, les ambitieux frustrés dans leurs espérances, l'envie et l'humeur chassent à leur tour la pauvre vérité ; tout est en désordre là où ils ne dominent pas ; on n'apprécie point les talens, puisqu'on blesse leur vanité ; on est injuste, puisqu'on ne récompense pas leur mérite, et la chose publique est perdue sans ressource, parce que leur intérêt privé est mécontent.

Pour bien apprécier un conseil, il faudrait peut-être, avant tout, considérer la position de celui qui le donne, et, quelque éclairé qu'il puisse être, il est bon de regarder s'il vient de trop haut ou de trop bas, et s'il n'a pas ainsi trop de teinte de vanité satisfaite ou d'orgueil dépité.

Les meilleurs conseils viendraient sans doute de ceux qui ne demandent rien, et auxquels on n'a rien donné, ni ôté ; mais ce sont précisément les gens qu'on pense le moins à consulter, et qui s'avisent le plus rarement de conseiller.

A mon sens, de tous les donneurs de conseils, les plus plaisans, s'ils n'étaient pas souvent les plus fâcheux, ce sont ces hommes à théorie sans expérience, dont l'amour-propre est si grand et l'horizon si étroit, qui ont beaucoup écrit, peu lu, encore moins médité et qui n'ont rien vu. Généraux de cafés, politiques de pamphlets, magistrats de salons, financiers de coteries, oracles de boudoirs, qui sont mécontens de tout, parce qu'on ne les charge de rien, qui ne trouvent rien de difficile parce qu'ils n'ont rien fait, qui pensent que la peau humaine peut se travailler et tout souffrir comme leur papier ; tous ne sont pas vides d'esprit ; on en ramasse par-tout en France : mais ils sont vides de sens, féconds en mots, stériles en idées ; tous grands sorciers après l'événement, grands prédiseurs de choses passées, merveilleux critiques de ce qui n'a pas réussi, découvrant admirablement bien pourquoi une opération a échoué, pourquoi une pièce est tombée, mais incapables de réparer les mauvais effets de l'une ou de corriger les défauts de l'autre...

Ils vous prouveraient très-éloquemment que votre fluxion de poitrine vient de votre imprudence, pour vous être exposé au froid en sortant d'un lieu trop chaud ; mais ils ne vous donneront aucun moyen pour vous guérir. Ce sont des gens qui, loin de vous montrer la route que vous devez suivre, tournent le dos à votre but, et vous montrent officieusement les fossés et les écueils que vous auriez dû éviter la veille.

Une nouvelle et importante session s'ouvre ; les pamphlets abondent, les conseils pleuvent ; parcourons ces écrits ; on y verra tout ce qu'on n'aurait pas dû faire en 1814, en 1815, en 1816 ; mais que doit-on faire en 1819 ? Voilà l'utile et voilà la barrière où s'arrêtent nos conseillers ; là ils se taisent ou divaguent. Leurs yeux sont derrière leurs têtes. Ils voient clair dans le passé ; un brouillard épais leur couvre le présent et l'avenir.

Eh ! MM. les pronostiqueurs, cessez de nous avertir continuellement qu'il a plu ou tonné hier ; et, si vous voulez exciter notre curiosité ou notre intérêt, parlez-nous du temps qu'il fait aujourd'hui, des précautions que nous avons à prendre contre l'intempérie de la saison ; ou, si vous avez le coup-d'œil plus perçant et plus sûr que tous nos faiseurs d'almanachs, annoncez-nous l'heureuse époque où le beau temps sera tout-à-fait revenu.

Enfin, puisque vous aimez tant les conseils, écoutez celui-ci : avant de raisonner sur les choses, étudiez les hommes, consultez les intérêts pour mieux juger les opinions, conseillez moins orgueilleusement ceux qui ont plus d'expérience que vous ; approchez des difficultés avant de proposer de les franchir ; cherchez les remèdes au lieu d'énumérer les maux ; détournez votre lanterne du passé, sur lequel nous ne pouvons rien ; tournez-la vers le présent et l'avenir, si vous croyez qu'elle puisse éclairer ; et si vous reconnaissez qu'elle n'est (comme il n'arrive que trop souvent) qu'un feu follet, soufflez dessus, croyez mon conseil, et ne nous conseillez plus.

# LES KALÉIDOSCOPES,

ou

# LES LUNETTES MERVEILLEUSES.

La vanité, en gonflant l'esprit de l'homme, grandit tout en apparence autour de sa personne. Il prend son cercle étroit pour l'horizon du monde. Ce monde même n'existe dans son imagination que pour lui : il en est le centre et l'ornement. Tous les végétaux ont été créés pour son utilité ; les animaux, pour le servir, pour le nourrir ; les astres même pour l'éclairer.

Vainement il regarde le ciel : cette multitude infinie de globes, errant dans l'univers, ne peut le convaincre de la petitesse de son être, qui n'occupe qu'un point sur une terre qui n'est elle-même qu'un atome. Il oublie que le cours de sa vie n'est pas une *seconde* dans les temps.

Enorgueilli de sa frêle existence, tout ce qui le touche lui paraît digne d'occuper la terre et les cieux. Insecte éphémère, il rêve le pouvoir durable, la fortune constante, la gloire éternelle.

Une victoire l'enivre ; un diadème, un ruban, un titre, l'éblouissent ; un succès dans la carrière des lettres ou des honneurs exalte sa fierté ; il croit que son nom va traverser les siècles ! Aussi faible que vain, une chute, une injustice, un revers, ou l'abattent ou l'aigrissent; son intérêt privé prend à ses yeux la forme et la place de l'intérêt général; l'ordre est pour lui l'état de choses où il jouit; le désordre, celui où il souffre : enfin, le plus léger changement qui altère son crédit, qui dérange sa fortune, qui contrarie ses projets, et qui choque ses prétentions ou celles de sa classe, est une révolution sans exemple, un bouleversement total. Là, où son amour-propre ne croit plus rien gagner, tout est perdu.

De là vient cette étrange et incurable manie de certaines gens, qu'aucune raison n'éclaire, qu'aucun obstacle n'effraie, que l'impossible même n'arrête pas; regrettant l'époque où les priviléges, les distinctions, les faveurs partageaient le genre humain en deux classes, les heureux et les infortunés, les puissans et les faibles, les maîtres et les esclaves ; rêvant qu'ils forceront dix-neuf vingtièmes d'un peuple de renoncer à son affranchissement, ils espèrent ramener le passé, éteindre les lumières, comprimer la liberté, tuer la vérité, ressusciter les préjugés et rendre l'existence à des prestiges évanouis.

L'ordre qui plaît à l'immense majorité des hommes est pour eux la confusion et le chaos. Le régime qui sacrifiait les droits de toute une population aux prérogatives et aux jouissances de quelques familles leur paraît le chef-d'œuvre de la civilisation ; telle est l'âge d'or qu'ils regrettent, qu'ils nous citent, qu'ils nous vantent; tel est le paradis terrestre dans lequel ils espèrent nous faire rentrer, oubliant que la mémoire, semblable à l'ange qui porte une épée flamboyante, leur en défend la porte à jamais.

De là vient aussi cette inconcevable erreur qui les porte à croire qu'on peut mêler des usages gothiques à des lois nouvelles et sages, et conserver quelques vieux vestiges des institutions féodales et du régime arbitraire sous l'empire d'une Charte constitutionnelle, qui consacre tous les principes de l'égalité devant la loi, et ceux de la liberté civile et religieuse.

Retenant avec force le bandeau qui couvre leurs yeux, ils craignent la lumière et refusent de voir premièrement :

Que tout sur la terre change, s'accroît, mûrit, se perfectionne, vieillit, tombe et se renouvelle sous d'autres formes.

Secondement, que chaque changement, chaque régénération dans l'état social, exige que tout s'arrange, s'amalgame et se proportionne dans ce nouvel état pour en faire un ensemble homogène, un corps régulier, un ordre de quelque durée ; et que, si l'on introduisait par exemple dans notre Charte le moindre élément qui lui fût étranger ou contraire, au même instant tout changerait encore et nous replacerait dans un état de choses très-différent, et très-opposé aux vues sages du législateur.

Les passions sont les maladies morales ; les sages doivent en être les médecins. Ne trouveront-ils pas des remèdes pour nous guérir de tant d'égoïsme, d'entêtement et d'inconséquences ?

Telles étaient les réflexions auxquelles je me livrais après avoir long-temps disputé contre quelques exagérés, grands apôtres du bon vieux temps, grands antagonistes du système d'enseignement mutuel, grands ennemis de la science et de la liberté, et qui semblaient n'avoir rien retenu de leurs études que l'allégorie qui représente un *hibou* aux pieds de *Minerve*, d'où ils concluaient doctement que la sagesse ne peut exister que dans les ténèbres, dans l'ignorance, et que le genre humain se perdra en s'éclairant.

Comme je parlais tout haut, mon vieil ami Damon, qui était resté seul près de moi, s'écria : — Vous cherchez un remède à toutes ces folies; eh bien! *prenez mes lunettes.*

Je me retournai, et, à ma grande surprise, je le vis occupé à regarder et à faire tourner dans sa main, successivement, plusieurs de ces joujoux ingénieux qui amusent aujourd'hui tous les rangs, tous les âges, tous les sexes, et qu'on a nommés *Kaléidoscopes*.

— Êtes-vous fou, lui dis-je, mon cher? Eh quoi! c'est un homme grave, un philosophe, qui se livre à de si puérils amusemens? Voilà donc un de nos sages attelé au char de la mode, et quittant ses livres chéris! Nous n'allons plus le voir occupé que de *toupies harmonieuses*, de *casse-têtes chinois*, de *draisiennes* ou de *Kaléidoscopes*, et de toutes ces bagatelles dont une frivole industrie se sert pour lever des tributs sur notre oisiveté, sur notre inconstance et sur notre curiosité.

— Hélas! mon pauvre ami, me répondit Damon, vous feriez bien mieux de garder ce beau sermon pour ceux qui se livrent à des goûts ruineux, à des passions funestes; moi, je fais grand cas de tout plaisir qui ne nuit à personne; il en est tant de dangereux; épargnons ceux qui ne le sont pas.

Vous croyez, je le vois, que je perds tout-à-fait mon temps en fixant depuis une heure mes regards sur cette *lunette* avec autant d'attention que Lalande sur un télescope. Détrompez-vous; cette *lunette merveilleuse*, qui ne vous paraît qu'un joujou, fait naître dans mon esprit plusieurs pensées que je ne crois pas indignes de la méditation d'un homme sensé.

Ces tableaux charmans, que la volonté crée en un instant, et dont chaque tour de main peut varier à l'infini les combinaisons, l'harmonie, l'aspect et les couleurs, me font sentir vivement l'immense supériorité de la législation de la nature sur celle des hommes : elle seule, soumise à des règles immuables, toujours la même, bien que sous des formes toujours nouvelles, peut ainsi produire un nombre indéterminé de merveilles, où l'on trouve à la fois ordre et changement, symétrie et variété ; tandis que les créations humaines, copies imparfaites des créations célestes, sont étroites, bornées, et ne me montrent tour-à-tour qu'une régularité monotone, une méthode servile ou une confusion choquante.

Ce *kaléidoscope* mobile, où le plus léger mouvement semble disperser au hasard tous les morceaux de verre colorié, de forme et de grandeur différentes, par une étonnante combinaison, compose sans cesse des tableaux dont toutes les parties s'accordent, dont l'ensemble est régulier, dont l'harmonie est parfaite : comparons-lui le *kaléidoscope* de notre *législation* que nous faisons tourner avec tant d'agilité depuis vingt-cinq ans, et voyez que d'incohérences, de dissonances, d'irrégularités, de disproportion, de vague, de désordre, sont résultés de nos tentatives !

Combien d'efforts pénibles, d'essais infructueux nous avons faits avant de parvenir à composer un tableau bien conçu, bien ordonné, une Charte où les différens pouvoirs et les divers intérêts soient bien balancés !

N'en concluez-vous pas que les principes seuls peuvent nous conduire à d'heureux résultats? En effet, tout, dans cette *lunette*, vous plaît, vous frappe par un ordre merveilleux; il n'existe que par l'arrangement des verres soumis aux règles de l'optique : jamais un million de chances n'aurait pu produire un seul de ces tableaux réguliers, si l'on avait jeté au hasard, sur une table, les élémens qui les composent; il en est de même en politique : les passions n'y doivent créer que des institutions incohérentes et monstrueuses; l'ordre et l'harmonie n'y peuvent naître qu'en suivant les règles de la raison et les principes de la justice.

— Ma foi, dis-je alors à mon tour en riant, ce n'était pas trop la peine de regarder si long-temps dans une longue *lunette* pour n'y voir qu'une vérité si triviale; et qui donc peut ignorer que sans principes on ne fait point de bonnes lois, et qu'on ne peut confier à l'aveugle hasard le soin de régir les peuples?

Qui peut ignorer cette vérité? tous les hommes qui se moquent des principes, qui ne croient qu'aux intérêts et n'écoutent que les passions. Ces insensés ne veulent-ils pas nous livrer à toutes les chances absurdes du hasard, lorsqu'ils préfèrent à un sage équilibre de droits et de pouvoirs, les uns une autorité sans limites, les autres une aristocratie sans contrepoids, ceux-là un gouvernement arbitraire, ceux-ci une licence sans frein? ah! croyez-moi, ils ne feront pas mal, pour se guérir, de regarder dans nos lunettes.

Ils y trouveront d'ailleurs encore d'autres leçons qui les rendront moins confians et plus modestes. Il semblerait, à entendre les plus tranchans, qu'en partageant le genre humain en castes, en catégories, le mérite, les talens, l'honneur et la vertu ne se trouvent que dans les premières, auxquelles ils réservent, comme un droit, les emplois, les distinctions et l'autorité. Pour les tirer de cette erreur, recommandons-leur cette autre *lunette*, ils y verront une image parfaite de l'inégale distribution que nous fait le sort des dons de la fortune et de la nature.

Je jetai les yeux sur la nouvelle *lunette* arrangée par mon philosophe; il y avait placé, d'une part, de petites images représentant la science, l'ignorance, la richesse, la pauvreté, toutes les vertus et tous les vices; et de l'autre, des sceptres, des glaives, des houlettes, des crosses, des outils, des palmes, des croix, des cordons et des chaînes : je tourne, je retourne la *lunette*, et je vois à chaque mouvement les plus étranges tableaux; le bonnet de docteur couvrant l'ignorance, des palmes couronnant la pauvreté, des houlettes soutenant le sceptre, vingt cordons décorant le vice, des outils dans les mains de la richesse, des chaînes accablant la vertu. Je ne finirais pas, si je voulais décrire toutes ces étranges méprises du sort; elles opéraient souvent de si singuliers rapprochemens, de si étranges contrastes, que j'étais tenté de croire que le hasard y mettait quelque malice.

— Eh bien! que pensez-vous de cette lunette, me dit Damon? — Je vois, lui répondis-je, que c'est le kaléidoscope de la fortune. Il représente le vrai train du monde sous la conduite de l'arbitraire, de l'anarchie ou de la féodalité. Il doit prouver aux plus entêtés que l'état social est un chaos bizarre, quand le hasard de la naissance ou le caprice populaire en mesure les degrés, et qu'on ne trouve dans la société un ordre raisonnable et régulier, que lorsque le mérite et la loi en règlent les rangs.

— Vous convenez donc enfin, s'écrie Damon, que l'on peut tirer quelque utilité de cette *lunette-ci*? mais les plus communs de ces instrumens peuvent encore nous apprendre que, lorsque nous tenons une bonne législation, il n'y faut rien changer, sous prétexte de la perfectionner, à moins que les principes ne l'exigent évidemment, et qu'on doit encore y procéder avec une extrême circonspection. Le *transfigurateur* va vous le prouver mieux que moi. Ajoutez aux pièces qu'il renferme le plus petit atome étranger, et à l'instant vous verrez, dans les tableaux qu'il vous présentait, un changement total et des combinaisons toutes nouvelles.

— Vous me forcez, je crois, mon cher, repris-je alors, d'avouer que nos *kaléidoscopes*, qu'on ne peut certainement pas accuser de monotonie, sont d'excellens professeurs de politique et de philosophie : mais enfin ils ne sont pas propres à tout, et ne possèdent pas le secret de guérir toutes les maladies morales. Que pourront-ils dire à tant de gens froissés par le char des révolutions, pour les consoler de leur fortune détruite, de leurs priviléges abolis, de leur puissance renversée, de leur grandeur anéantie ?

— Je n'ai qu'un seul moyen, me dit mon philosophe, d'adoucir leurs regrets, c'est de les forcer à une sage résignation, en leur prouvant que tout change dans l'univers, en leur faisant contempler le spectacle des révolutions perpétuelles de la terre et des cieux.

J'ai chez moi un kaléidoscope merveilleux d'une forme très-différente de ceux-ci. On y voit le chaos, la création, le déluge, l'Atlantide engloutie dans l'Océan, l'Amérique sortant des eaux, la naissance et la chute des empires, l'Assyrie effacée par les Perses, Babylone dominante et changée en désert, l'Égypte législatrice du monde et subjuguée, les Juifs esclaves, délivrés, triomphans et proscrits, la Grèce victorieuse de l'Asie et asservie par les Romains, éclairant la terre et replongée dans les ténèbres par les Musulmans, Rome, maîtresse de l'univers, enchaînée par les barbares et délivrée par la croix; l'Europe déchirée par les hordes du Nord, ravagée par les Tartares, civilisée par la religion, opprimée par la féodalité, affranchie par la philosophie, illustrée par les arts, par les sciences, par les armes, et après tant d'orages, offrant au monde, par l'établissement des gouvernemens représentatifs, un magnifique monument élevé sur les débris des préjugés, et signalant l'alliance durable de l'ordre et de la liberté.

— Mais, lui dis-je, en l'interrompant, votre *lunette merveilleuse* c'est l'histoire. — Vous avez raison, répondit-il, l'histoire est le plus grand, le plus varié, le plus instructif des *kaléidoscopes*. Chacun ferait bien d'y contempler, sans cesse, le tableau mouvant de nos erreurs et de nos folies; mais par malheur, chacun n'y cherche que les images qui le flattent, et tourne vite pour fuir celles qui le blessent; on dirait que le miroir de la vérité est un verre ardent qui brûle nos yeux trop délicats; n'importe, recommandons toujours aux hommes ce grand *kaléidoscope*; et gloire à l'écrivain heureux qui pourra dignement finir celui que l'immortel *Bossuet* a si bien commencé!

# DES CONTRADICTIONS.

Je ne suis pas du nombre de ces dévots auxquels Boileau s'étonnait de voir tant de fiel, de ces athées fanatiques du néant, de ces exclusifs en tout genre qui prétendent que, hors de leur opinion, il n'y a point de raison ni de salut; de ces antiques privilégiés qui regardent comme scélérats et factieux tous ceux qui ne se croient pas nés pour leur obéir. Je conçois et je pardonne toutes les opinions, excepté celles qui tendent à troubler la paix publique et à retarder la consolidation de la liberté constitutionnelle. J'admire ceux qui en ont des idées justes, je plains ceux qui en ont de fausses ; je préfère la modération aux excès, comme j'aime mieux une température douce et saine que le soleil brûlant de la zône torride, ou que le froid aigu de la zône glacée ; mais sans me laisser entraîner par les passions, je les excuse ; elles sont toutes dans la nature : elle n'a pas donné à beaucoup de caractères la force nécessaire pour les réprimer : l'art de les vaincre n'est même chez les plus sages que le fruit d'une longue expérience.

Mais ce que je ne puis comprendre ni supporter, quoique je le voie tous les jours, ce sont les inconséquences et les contradictions; elles choquent mon esprit, comme mes oreilles sont blessées lorsque je vois danser en fausse mesure ; et ce qui est inconcevable à mon sens ;

c'est que beaucoup d'hommes, auxquels on ne peut refuser de l'esprit, du talent et de l'expérience, tombent dans ces choquantes contradictions qui heurtent le bon sens, et que la plus faible étincelle de raison devrait faire apercevoir et sentir.

L'histoire des contradictions, si on la faisait avec soin, serait l'histoire universelle. Voltaire, en la parcourant, paraît si frappé de ces inconséquences de l'esprit humain, et les relève d'une manière si piquante, que son ouvrage en ce genre a le défaut de tenir de plus près à la satire et à la comédie qu'à l'histoire. Mais il faut avouer que ce tort qu'on lui reproche appartient peut-être plus aux modèles qu'au peintre. Ses pinceaux sont fidèles; et si les traits qu'ils produisent sont parfois trop comiques, c'est notre faute, car il nous a peints ressemblans.

Eh, qui ne serait tenté de rire en voyant les oracles de la sagesse antique, les maîtres d'école de toutes les nations, les graves Égyptiens, adorer un bœuf, un crocodile, et laisser forcer leurs remparts, prendre leurs villes, massacrer leurs familles, plutôt que de commettre un sacrilége, en tirant sur les chats et les chiens, que les ennemis, connaissant leur superstition, plaçaient à leur tête pour escalader impunément leurs murailles?

Que dire de ce peuple privilégié qui, en présence d'un Dieu tonnant, danse en rond autour du veau d'or; de ces législateurs qui le déciment, parce que des filles phéniciennes ont habité avec de jeunes Israélites; de son chef qui coupe des rois en morceaux, et proscrit le monarque d'Israël pour avoir épargné les jours d'un prince captif?

Puis-je me prosterner devant la raison de ces fameux

sages qui s'envoyaient réciproquement des rebus à expliquer, des énigmes à deviner? Après avoir cru entrer avec eux dans le temple de la Sagesse, ne se croit-on pas dans celui de la Folie, quand l'un veut que les femmes soient en commun, quand l'autre nous dit qu'il a été jadis coq et grenouille; quand on en voit qui divinisent les nombres, l'air, l'eau et le feu, et lorsqu'aucun d'eux n'élève sa voix contre l'esclavage qui dégradait dans ces antiques législations les dix-neuf vingtièmes du genre humain.

Et ces Grecs si vaillans, si jaloux de leur liberté, qui s'enchaînent eux-mêmes en appelant d'abord les Perses et ensuite les Romains dans leurs querelles; et ces orgueilleux rois d'Asie, qui, avant d'être vaincus, couraient, le bonnet à la main, s'agenouiller devant le sénat de Rome, et se déclarer leurs affranchis; et ce peuple-roi qui se laissait traîner en prison, et fustiger par les patriciens usuriers.

Ne rabattez-vous rien de votre estime pour ce sage Caton, qui cède sa femme à un jeune homme, et qui, pendant ses repas, se fait vomir pour pouvoir remplir de nouveau son avide estomac?

L'habile Octave, rassasié de sang, et clément lorsqu'il a tout proscrit, vous paraît-il conséquent, lorsqu'ébranlant le trône qu'il fonde et les mœurs qu'il veut régénérer, il épouse une femme mariée et enceinte, préfère son gendre à ses petits-fils, proscrit sa fille pour ses débauches, et voyage publiquement en litière avec la femme de son ami Mécène?

Passons sous silence cette longue suite d'empereurs maîtres du monde : le despotisme est condamné à l'inconséquence, puisqu'il est par lui-même tout ce qu'on peut concevoir de plus opposé à la raison, à la nature et à la justice.

Arrivons au temps où les hommes sont éclairés par la lumière pure et morale de l'Évangile. Conçoit-on que ces mêmes chrétiens qui ont déployé tant de courage et d'éloquence contre les persécutions, se fassent persécuteurs dès que la croix triomphe ? Constantin veut convertir l'univers ; il prêche la vérité, la vertu, égorge sa famille, et ne se fait baptiser qu'au bord de son cercueil.

Beaucoup de ministres de l'église ne se montrent pas plus conséquens. Ceux qui invoquent un Dieu de paix, se déchirent pour des mots qu'ils n'entendent pas ; les apôtres de la pauvreté entassent des richesses ; les serviteurs des serviteurs de Dieu se font princes, ils résistent aux puissances de la terre, leur commandent, et veulent disposer à leur gré des trônes ; les ennemis du mensonge et des oracles se permettent des *fraudes pieuses* ( quelle profane alliance de mots ! ) et attestent de faux prodiges ; enfin rivale de l'esprit des ténèbres, l'inquisition naît, croît, s'élève, et au nom d'une religion d'amour, de tolérance et de charité, fonde son trône sur des cachots, prend une torche pour sceptre, inonde la terre de sang, et semble ne vouloir régner que sur des tombeaux.

Cependant une foule de peuples, descendus du nord, forment de nouvelles monarchies sur les débris épars de l'empire romain, qui s'était détruit en commettant la grossière inconséquence de désarmer ses propres citoyens et de confier sa défense à ces mêmes barbares qui devaient l'anéantir.

Tous ces peuples étaient libres. L'amour de la liberté,

le ressentiment d'une longue oppression, les avaient armés contre Rome. Leurs princes n'étaient que les premiers entre les braves, ils commandaient aux jours de péril; mais, dans la paix, ils obéissaient à des lois faites par la nation tumultuairement assemblée. Le bruit des armes manifestait les opinions et rappelait l'indépendance, même en exprimant l'approbation. L'or expiait le crime; le fer décidait le procès. Un guerrier n'était roi que par le vœu de ses compagnons d'armes, qui l'élevaient sur le pavois, et qui le maintenaient sur le trône ou l'en précipitaient.

Cette royauté sans pouvoir, cette liberté sans règle, fruit des caprices et non de la raison, devaient produire et produisirent tous les maux d'un gouvernement sans base et d'une sanglante anarchie.

Le bon sens n'aurait trouvé qu'un remède à cet état déplorable; il fallait mettre le trône à l'abri des caprices de la multitude et de l'ambition des grands, en soumettant et les rois et le peuple à des lois inviolables.

L'inconséquence humaine agit tout autrement; elle confia, ou laissa usurper aux plus ambitieux, aux plus farouches des guerriers, le droit d'élire des rois dans la famille royale, celui de commander les peuples, de les juger, et ne les assujettit aux princes que pour le service militaire.

Enfin, les rois se virent moins puissans que les grands vassaux; ces vassaux et tous les nobles, leurs subordonnés, se firent tyrans; les nations furent esclaves.

Pendant plusieurs siècles, la propriété des hommes, la sûreté de leur vie, l'honneur de leurs femmes et de leurs filles dépendirent de la volonté capricieuse des prêtres et des nobles, qui faisaient peser sur eux le double joug de la crosse et du glaive.

Les peuples opprimés tournaient en vain leurs regards sur un trône sans solidité; des barrières trop fortes, et trop multipliées empêchaient les rois d'étendre sur eux un sceptre protecteur. Les nobles écrasaient ce trône dont ils se disaient les soutiens : il n'existait plus de citoyens, mais des esclaves, dont le sang coulait et l'argent se prodiguait pour satisfaire les passions insatiables d'un million de têtes affamées, dont se composait en Europe l'hydre monstrueux de la féodalité.

Tel fut l'esprit de ces temps si vantés de la chevalerie. En tenant les hommes en servitude, on parlait toujours du christianisme, qui prêche l'égalité; de l'honneur, en mettant au nombre de ses droits les violences, les corvées, les outrages à la pudeur et le servage le plus humiliant; de l'amour pour le roi, en lui faisant sans cesse la guerre.

Si toutes ces extravagances et toutes ces inconséquences n'avaient pas été générales, elles n'auraient pu durer. Un prince revêtu d'un pouvoir légal, avec vingt mille hommes de troupes soldées, aurait conquis sans peine, en la parcourant, cette Europe anarchique, dont les rois ne commandaient qu'à des masses irrégulières d'hommes étrangers à la cause commune; ces troupes marchaient sans ordre et sans solde sous des chefs indépendans qui rejoignaient ou quittaient à leur gré la bannière royale. De tels simulacres d'armée ne donnaient aucune solidité aux succès, et n'offraient aucune ressource dans les revers.

L'ignorance universelle de tous les arts, même de celui de la guerre, prolongea seule cet inconcevable chaos.

Les campagnes étaient continuellement livrées au pillage ; mais l'existence des seigneurs demeurait comme inviolable dans ces châteaux situés sur la cime des rocs, où ils se retiraient comme des oiseaux de proie, menaçant la plaine, et toujours prêts à fondre sur des victimes timides et sans défense.

Ce ne fut point à la lueur de la raison, mais à la clarté du feu des discordes civiles, que le genre humain découvrit une issue pour sortir de cet état de ténèbres et d'oppression.

En Angleterre, les grands, effrayés des progrès de l'autorité royale qui tendait au despotisme, s'unirent, pour la limiter, au peuple, et reconnurent ses droits ; en France, par un moyen contraire, les rois, tendant la main au peuple, le relevèrent, le rappelèrent dans les assemblées, et se servirent de sa force comme de celle d'un *bélier* pour abattre la tyrannie féodale. La folie des croisades, par un bizarre caprice du sort, ramena la raison en Europe. Les nobles appauvris devinrent dépendans ; beaucoup de communes achetèrent leur liberté ; et les fanatiques guerriers qui avaient épuisé leurs trésors dans l'Orient, en rapportèrent le flambeau de l'histoire et des sciences, qui ne tarda pas à faire pâlir la torche du fanatisme.

Le désir de s'éclairer se ralluma ; les hommes voulurent tout examiner, tout connaître. On vit éclore partout l'active industrie ; enfin, deux grandes découvertes changèrent la face du monde.

L'artillerie augmenta l'autorité du trône et foudroya celle des châteaux. La découverte de l'imprimerie, devenant bientôt l'artillerie de la pensée, tonna contre tous les préjugés, contre toutes les erreurs, et donna au peuple les moyens de sentir sa force et de réclamer ses droits.

L'esprit le plus vulgaire aurait dû, cédant à l'évidence, prévoir les infaillibles résultats de cette nouvelle expansion de lumières; il fallait de toute nécessité que l'erreur disparût devant la vérité, les préjugés devant les principes, l'inégalité devant la justice, la force devant la loi, les intérêts privés devant l'intérêt général.

Mais il n'en fut pas ainsi. Par une étrange contradiction, on crut pouvoir continuer à tromper les hommes dont les yeux étaient ouverts, à commander la vénération pour des prestiges évanouis, et le respect pour des puissances tombées. La partie privilégiée des hommes, au lieu de se placer à la tête des peuples dans leur nouvelle route, refusa de marcher avec le siècle. Ils espérèrent follement arrêter la lumière et faire rétrograder la raison.

On vit alors s'établir une lutte insensée entre la minorité et l'immense majorité du genre humain, entre le fanatisme et le bon sens, entre l'orgueil et la justice. Les princes, les grands, les parlemens, le clergé, condamnèrent les découvertes comme innovations téméraires, proscrivirent les philosophes comme rebelles et comme impies; et cependant, par une inconséquente vanité, ils pensionnaient des savans, fondaient des académies, multipliaient les collèges, propageaient les lumières en défendant de s'en servir, et tonnaient tous contre l'indépendance et contre l'égalité, en les réclamant pour leur propre compte.

L'industrie égalisait tout, en disséminant les richesses et l'instruction; la crédulité perdait son bandeau, les préjugés n'étaient plus que ridicules, enfin les mœurs avaient totalement changé, et les aveugles chefs des nations semblaient ne pas s'en apercevoir.

Néanmoins l'habitude de la dépendance, l'antiquité des institutions, la force d'une puissance organisée pouvaient encore retarder une explosion à la longue inévitable ; une sage économie aurait pu reculer le moment du réveil.

Que firent les gouvernemens ? Ils grossirent leurs dépenses et leurs armées, s'obérèrent, et se virent ainsi forcés de lasser la patience des peuples par de nouveaux tributs, et d'implorer l'assistance et les conseils de ce tiers-état qu'ils voulaient maintenir dans une humiliante sujétion.

Alors l'heure sonna, et l'on vit éclater cette révolution qui a tout changé et tout renouvelé.

Éclairés par une si cruelle expérience ; parvenus à nous donner des institutions que la raison approuve, que la justice consacre, qui protègent tous les droits et tous les intérêts ; possesseurs d'une Charte qu'on peut regarder comme la plus douce transaction entre les trois passions politiques qui divisent les hommes, celles de la monarchie, de l'aristocratie et de la démocratie, montrerons-nous enfin plus de suite dans nos systèmes, plus de sagesse dans notre conduite, moins de contradiction dans nos pensées, dans nos paroles et dans nos actions ? Je le désire, je l'espère, je le crois même pour l'immense majorité de la nation ; mais il est encore malheureusement un certain nombre d'hommes que les lumières blessent au lieu de les éclairer, que la justice et l'égalité irritent, et qui se révoltent comme des enfans contre la raison. Leurs contradictions et leurs inconséquences ne seraient que ridicules, si quelques circonstances ne les rendaient pas effrayantes par les maux qu'elles peuvent encore attirer et sur eux et sur nous. Ce sont ces contradictions et ces inconséquences dont nous allons à présent essayer d'esquisser le tableau avec sincérité, mais avec ménagement : les passions rendent les oreilles trop délicates, les yeux trop irritables. Pour guérir des esprits frappés d'un long aveuglement, il faut leur montrer la lumière peu à peu : une révolution est pour eux l'opération de la cataracte.

Malgré la manie commune à presque tous les hommes de dénigrer le présent, de louer le passé, et, comme s'ils n'avaient pas lu l'histoire, de répéter constamment l'éloge de nos bons aïeux, qui étaient pourtant bien plus ignorans, et par conséquent bien plus grossiers et beaucoup plus vicieux que nous, il faut cependant que, sans en convenir, ils aient meilleure idée de notre siècle qu'ils ne le disent, puisqu'ils traitent avec tant de sévérité les erreurs, les faiblesses et les inconséquences de leurs contemporains, qui ne sont au vrai que des bagatelles, en comparaison du libertinage, de l'effronterie, des crimes, des trahisons, des assassinats, des persécutions et de la tyrannie qui souillent toutes les pages de l'histoire chevaleresque de ces vieux siècles, pour lesquels ils montrent un si grand enthousiasme.

Quoiqu'ils lisent peu, ils ont, je crois, pourtant quelquefois feuilleté les *Mémoires du cardinal de Retz*, qui portait dans sa poche un poignard pour bréviaire; de *Bussy*, qui a soulevé les rideaux de tant de palais de débauche; de *Sully*, qui ôte le masque à tant de bas courtisans, à tant d'illustres voleurs; de la *reine Marguerite*, qui nous montre l'adultère, et pis encore, armant les preux, divisant les familles, et servant de clef aux secrets et aux coups-d'états; les écrits de ce vieux *Brantôme*, qui raconte si naïvement tant d'obscénités, de superstitions et de crimes, décorés d'audace et de prouesses.

Qu'ils les relisent, qu'ils méditent Rabelais, et qu'ils osent encore nous parler du bon vieux temps!

Soyez plus justes et de meilleure foi ; en tout temps, en tout lieu, les grandes vertus, les grands crimes sont rares, la faiblesse et la médiocrité sont communes : peu d'hommes vont jusqu'à l'extrême du bien et du mal ; la foule est dans le milieu.

Cependant il faut ou fermer les yeux, ou convenir que le monde, en s'éclairant, est devenu meilleur ; que les mœurs comme les lois se sont adoucies, et qu'en Europe le respect pour les droits des hommes, la bienfaisance pour le pauvre, l'urbanité, la générosité et l'humanité, même au sein de la guerre, ont fait parmi nous autant de progrès que les sciences et les arts.

On ne voit plus les trois quarts de l'espèce humaine avilis par l'esclavage, et comptés au nombre des meubles et des animaux.

On ne voit plus les princes et les grands régner par leurs eunuques, gouverner sous l'autorité d'un comté des domestiques, couronner leurs concubines, et mutiler leurs frères et leurs rivaux, ou crever les yeux aux princes.

Ce n'est plus que dans un seul pays qu'on entend encore le bruit faible et lointain des menaces de la superstition et des chaînes de l'inquisition. Nos grands ne se croient plus le droit de disposer de la vie, de la propriété, de la femme d'un paysan, et d'armer son bras contre le sceptre. Les châteaux forts ne menacent plus le trône et les chaumières, les gouverneurs de province suivent les ordres du Roi, et ne lèvent plus d'armée pour lui résister.

Le vol n'est plus commis que par d'obscurs brigands effrontés. Le vice, perdant sa hardiesse, peut entraîner encore les sens ; mais loin de flatter la vanité, loin de se montrer en triomphe, il se cache dans l'ombre, et rend hommage à la vertu en fuyant ses regards.

Si de grandes questions politiques allument les passions et donnent naissance à des discordes civiles, la victoire les décide ; le vainqueur, soumis lui-même à l'opinion publique ( grande et nouvelle force européenne), les termine par des jugemens, par des amnisties, et l'intérêt général dicte la paix ; tandis qu'autrefois chacun, comme le prouve l'histoire de la Ligue et de la Fronde, après avoir combattu au nom d'une opinion, d'un culte et d'un parti, les vendait au plus fort, et faisait payer sa soumission par un titre, par un cordon, par une charge, par un gouvernement, par une gratification, et même par une confiscation.

Enfin, si l'on voulait encore trouver quelques traces de cet ancien bon vieux temps, si tyrannique, si corrompu, si grossier, si injuste, si sanguinaire, et dont on nous ressasse tous les jours l'ennuyeux panégyrique, il faudrait, pour le rencontrer, que les amateurs courussent en Turquie, en Perse, et jusqu'au fond de la Tartarie.

Mais quoique la lecture de l'histoire rende ces vérités évidentes, en dépit des obstacles qui entravaient et paralysaient le génie des historiens, tout le monde ne les voit pas nettement, et le bandeau des passions couvre encore les yeux de beaucoup de gens ; ils crient dès qu'on approche d'eux la lumière, ainsi que les enfans au moment où le jour frappe leurs paupières pour la première fois.

La nature et la raison leur disent bien que ce jour peut seul éclairer et guider leurs pas; mais l'orgueil et l'intérêt privé parlent à une foule d'hommes plus haut que la raison et que la nature : c'est ce qui fait que, nonobstant les progrès et les bienfaits incontestables de la civilisation, nous sommes encore si loin d'avoir atteint le but de perfection où nos institutions modernes nous conduisent; et c'est cet orgueil et cet intérêt privé qui, nous désunissant encore, sont la vraie cause des contradictions choquantes et des inconséquences absurdes qui étonnent en France tout homme sensé, lorsqu'il porte ses regards sur tout ce qui se passe autour de lui.

N'est-ce point en effet par intérêt et par orgueil qu'on voit tant de gens, tout en rendant hommage à la gloire française, afficher la haine et le mépris pour ceux qui l'ont acquise; médire des vivans, et n'honorer que les morts; dire, comme la Charte, qu'ils ne veulent plus de priviléges, mais prétendre aux préférences exclusives, et recommander comme moyen de salut les exclusions et les épurations; répéter les mots d'*oubli* et d'*union*, en demandant *des garanties* et des *antécédens*; c'est-à-dire, dans leur sens, réserver les places uniquement pour ceux qui n'ont rien fait; écarter ceux qui ont servi la France, c'est-à-dire, en parlant de paix, créer deux nations ennemies.

Si l'on n'était pas si aveuglé par l'orgueil, si égaré par l'intérêt, certains hommes pourraient-ils dire que leur parti est en majorité, et en même temps trembler à la nouvelle du départ des étrangers. D'autres croiraient-ils pouvoir concilier la prétention à la pureté, à l'honneur, avec la délation, le désir des vengeances, et l'amour des lois, d'exceptions et des coups-d'état?

N'est-ce pas ce même aveuglement qui fait craindre l'anarchie démocratique dans un pays où l'on voit un roi, une chambre des pairs, une armée, une garde de vingt-cinq mille hommes, une gendarmerie, des préfets, et dans lequel la chambre populaire n'admet que des députés de quarante ans, payant 1000 francs de contribution, et nommés par des électeurs propriétaires dont le moindre paie par an 300 francs d'impôts.

Ne trouvez-vous pas que c'est une inconséquence comique, comme l'orgueil qui la dicte, d'affirmer qu'une nation tombe dans la démocratie lorsque la loi n'accorde les droits politiques de citoyens, sur trente millions d'hommes, qu'à dix-sept mille susceptibles par leur fortune d'être députés, et à quatre-vingt mille capables par leurs impôts de concourir à l'élection?

Quelle foule d'autres contradictions attristent encore parmi nous le bon sens? On jure la Charte, et on déclame contre les principes libéraux qu'elle a consacrés.

Ceux qui se disent les plus ardens royalistes, frondent, plus que les libéraux qu'ils blâment, les volontés, les actes et les ministres du roi.

On déteste, dit-on, les révolutions, et l'on voudrait changer l'ordre établi par la sagesse royale.

Si l'on se résigne aux institutions, on est implacable contre ceux qui les ont dictées : on veut la concorde, et on sème la division ; on vante la sagesse, et l'on méprise la modération ; on sépare les intérêts moraux des intérêts matériels de la révolution, les choses des personnes ; on veut diviser ce qui est inséparable ; on exige qu'on soit à la fois blessé et content, froissé et tranquille ; enfin on rêve un accord sans fusion, une union sans amalgame, un faisceau sans lien.

Heureusement, malgré ces vœux absurdes et contradictoires des passions, l'opinion marche, et tout fait espérer que la raison et la justice étoufferont ces cris impuissans de l'orgueil et de l'intérêt.

Les intérêts privés, les vanités personnelles, qui se contredisent toujours, disparaîtront à la voix de l'intérêt général qui ne se contredit jamais.

# DES LACUNES HISTORIQUES,

## ET

## DE LA TOUR DE BABEL.

La plupart des historiens, se traînant sur les traces de leurs prédécesseurs, ne se livrent à aucune recherche pénible, de sorte que, dans un style plus ou moins sec, lâche ou ampoulé, et sous des formes diverses, ils ne nous disent que ce que d'autres ont cent fois écrit avant eux; et ne nous apprennent rien de nouveau.

Leur paresse me désole, car je suis à la fois, par opinion, ami de tout ce qui est ancien, et par goût, très-curieux de nouveautés; de façon que pour me contenter il faudrait me donner de vieilles histoires rajeunies par des détails nouveaux, ce qui, en y mettant un peu de soin, ne serait pas si difficile qu'on pourrait le croire : il faudrait seulement fouiller avec un peu plus d'intelligence et d'activité dans les antiques archives.

J'ai, par exemple, été fort satisfait, en lisant l'Histoire Universelle composée par une société de savans, d'y trouver tout un volume rempli de détails curieux sur la construction, les dimensions, les distributions de l'arche de Noé. Je la connais à présent mieux que les bateaux à vapeur, parce que les journaux n'ont parlé de ceux-ci que très-légèrement, et je fais étudier cette arche à fond par mes enfans, pour leur former le cœur et l'esprit. Le cadet remarquait l'autre jour que ce bâtiment ressemblait à une infinité d'autres, et qu'on y trouvait beaucoup de bêtes et bien peu d'hommes.

J'aurais bien voulu aussi que ces mêmes auteurs, si laborieux et si judicieux, eussent éclairci une question dont la solution serait très-importante pour nous.

Noé, après le déluge, se trouvant le roi du genre humain, prit nécessairement un de ses fils pour secrétaire ; mais lequel des trois ? voilà ce qu'il nous serait bien essentiel de savoir ; car si, par exemple, c'eût été Japhet, qui a peuplé, comme on le sait, toute l'Europe, ce Japhet, ayant eu le titre de secrétaire du roi, aurait été noble de droit ; il aurait transmis la noblesse à ses descendans ; nous serions aujourd'hui tous nobles en Europe, et ce fait, bien constaté, terminerait tout à coup la longue et sanglante querelle qui nous divise mal à propos en praticiens et en plébéiens. Ainsi, la principale cause de nos discordes disparaîtrait, et ceux que la raison de la Charte n'a pas encore pu réconcilier, se reconnaîtraient égaux en vertu de ce titre bien plus ancien, et s'embrasseraient cordialement.

Il est vrai que les trois autres parties du monde pourraient réclamer contre cette prétention européenne ; mais ce serait bien à tort, puisque récemment un écrivain célèbre a osé avancer que *la nation anglaise tout entière est, par ses vertus et ses lumières l'aristocratie du reste du monde.*

Dès qu'il serait bien reconnu que tous les Européens sont nobles et forment la véritable aristocratie du globe terrestre, il nous faudrait une marque éclatante de distinction ; et pour qu'elle fût convenable à l'ancienneté de notre noblesse, tous les Européens devraient être décorés de la *pourpre*; mais malheureusement, par la négligence de nos historiens et de nos naturalistes, cette antique *pourpre* de Tyr, si honorée par les rois d'Asie et par les patriciens de Rome, est perdue. Nous ne connaissons plus le poisson ou la coquille qui la fournissait, et au grand scandale de toute aristocratie, à la honte de toute vanité, depuis que les sauvages du Nord, vêtus de peaux, ont vaincu les Grecs et les Romains, qui, au lieu de soldats, n'avaient plus que des moines et des ermites couverts de frocs de laine blanche, brune ou noire, nous ignorons ce que c'était que la vraie *pourpre*. J'invite l'Académie des sciences à mettre fin à ce scandale, qui conserve les couleurs plébéiennes en honneur, et laisse dans l'oubli la toge royale, consulaire et patricienne.

Il est un autre point plus important, sur lequel un long travail me met à portée de répandre quelques lumières utiles, et de remplir une lacune historique qui fait honte à notre érudition ; je veux parler de la grande catastrophe qui la première a divisé, dispersé les hommes, et qui les empêche depuis tant de siècles de s'entendre. Je ne ferai point à mon lecteur la honte de supposer qu'il n'a pas déjà compris que c'est de la *Tour de Babel* dont il est question.

Un médecin persan, que j'ai vu en Russie, et qui, semblable à beaucoup de ses confrères, laissant à la nature le soin de guérir ou de tuer ses malades, s'occupait presque exclusivement de politique et de philosophie, me fit lire un vieux manuscrit chaldéen, qu'il avait traduit en arabe, et qui contenait l'histoire curieuse et véritable de ce grand événement.

Comme elle est très-longue je ne vous en dirai que quelques mots ; ils suffiront peut-être pour vous donner le désir de lire dans vos momens perdus l'ouvrage entier, que je m'occupe à traduire en français, ce qui exigera un peu de temps, puisqu'il est en seize volumes in-folio. Vous y verrez l'origine de toutes les querelles qui ont agité et ensanglanté la terre, et sur lesquelles, après quatre mille soixante-cinq ans, plusieurs tranchans publicistes se flattent de nous donner des idées nouvelles.

Tous les hommes, depuis le déluge, c'est-à-dire, pendant un siècle après ce désastre, ne s'étaient occupés qu'à peupler la terre : occupation fort douce, très-conforme à la loi divine, et très-contraire à celle de tant d'hommes, qui, depuis, n'ont fait consister leur gloire et leur puissance qu'à tuer une foule de leurs semblables pour faire vivre leur propre nom, et à les mutiler pour garder leurs femmes.

Tous les habitans de la terre vivaient égaux dans l'innocence de la vie pastorale. A mesure qu'ils se multiplièrent, la terre se fertilisa ; le travail s'accrut par l'industrie ; l'industrie amena la richesse, et son ombre inséparable, la pauvreté ; l'orgueil naquit ; l'émail des fleurs, la fraîcheur des bois, la paix des champs, ne satisfirent plus les vœux des hommes ; le fer, arraché des mines, et qui ne tarda pas à être employé à répandre le sang, servit d'abord à façonner la pierre, à bâtir des maisons, à construire une cité. Les familles réunies formèrent un peuple ; et dès ce moment la loi naturelle ne suffisant plus, on sentit le besoin de lois positives. Les pères de famille composèrent un sénat ; le plus ancien en fut déclaré chef ; et, fiers de leurs arts grossiers et de leurs premiers pas dans la civilisation, les insensés crurent qu'ils pouvaient s'approcher du ciel. En conséquence, tous se mirent à l'ouvrage pour construire une tour prodigieuse, que leur ignorant délire leur faisait considérer comme un point de communication avec la Divinité.

Ainsi l'industrie humaine naissante croyait déjà pouvoir rivaliser avec l'habileté sans bornes du grand architecte de l'univers.

Ils travaillaient tous avec cet accord si commun entre les hommes qui s'élèvent et si rare entre ceux qui tombent, lorsque tout-à-coup une question imprévue, faite au milieu d'un festin par l'un des plus habiles ouvriers, alluma, parmi ce peuple de travailleurs, le flambeau de la discorde.

« Je ne doute point, dit-il, que nos efforts réunis
» ne nous fassent atteindre notre but : mais, quand
» cette tour, qui dominera le monde, sera achevée,
» à quel usage la consacrerons-nous ? doit-elle être la
» demeure d'un seul homme ? quelques-uns doivent-ils
» en occuper les différens étages, ou sera-ce un bien
» commun, et tous auront-ils le droit de les habiter
» tour-à-tour ; et de jouir du magnifique spectacle que
» présentera la terre à ceux qui la regarderont de si
» haut ? »

A peine eut-il achevé, que de toutes parts une foule de voix confuses firent retentir les voûtes de la salle du festin ; tous parlaient à la fois, on ne pouvait s'entendre : après beaucoup d'efforts, le chef du sénat obtint la parole.

Enorgueilli de sa prééminence, il voulait posséder l'édifice à lui tout seul, disant qu'il était au-dessus d'eux et des lois, qu'il devait tout dominer pour tout surveiller ; et le désir de convaincre ses auditeurs attentifs lui faisant chercher des termes pour exprimer des idées tout-à-fait nouvelles au milieu d'hommes égaux, sa passion lui inspira les mots d'*autorité absolue*, de *hiérarchie*, de *fils du Soleil*, de *roi des rois*, de *seigneur*, de *vassal*, de *sérénité*, de *hautesse*, de *maître*, d'*esclave*, de *despotisme*, qui le rendirent tout-à-fait inintelligible pour la plupart de ses auditeurs, excepté pour quelques hommes vains et sans talent, mais dont l'instinct devinait assez que, n'étant rien par eux-mêmes, ils pourraient être quelque chose en portant le joug d'un maître dont ils flatteraient les caprices.

La grande majorité des assistans couvrit par ses murmures la voix du chef, et, après une longue confusion, ceux d'entre eux dont le hasard avait le plus multiplié les troupeaux, et qui, par leur audace ou leur adresse, s'étaient le plus enrichis des dépouilles conquises sur les animaux des forêts, s'efforcèrent de se faire entendre, et de prouver qu'il fallait différentes classes d'habitans dans la tour, comme elle avait divers étages, et que les plus élevés devaient appartenir à ceux qui tenaient de leurs pères plus de biens et plus d'éclat. Pour soutenir cette prétention, la même ivresse fit venir en foule dans leurs têtes les mots nouveaux de *castes*, d'*ordres*, de *patriciat*, de *satrape*, de *grandesse*, de *tétrarque*, de *priviléges* et d'*aristocratie*, qui d'abord firent rire la multitude, et bientôt la mirent en fureur.

Alors ce fut une véritable cohue ; car tout le peuple, poussant de grands cris, fit entendre, en mugissant, les mots de *niveau*, d'*égalité*, de *communauté*, de *tyrannie*, de *loi agraire*, de *fraternité*, de *révolution*, de *démocratie* et de *démagogie*.

Bientôt le tumulte, qui allait toujours croissant, se changea en rixe sanglante; tous les instrumens de travail devinrent des instrumens de mort, et les plus hardis de ces mortels présomptueux, qui se flattaient de monter au ciel, furent jetés expirans sur la terre, pour des questions et des paroles qu'aucun d'eux ne comprenait clairement.

En vain un *petit vieillard*, presque centenaire, et qui se souvenait des leçons de son bisaïeul Noé, leur cria : *Arrêtez-vous donc!* et voulut les ramener à la concorde, à la raison, en leur proposant de donner une autorité nécessaire, mais limitée, au chef de l'état; de lui laisser le sommet de la tour; d'assurer le repos des plus riches, en accordant un étage, une chambre supérieure à des hommes chargés de défendre leurs intérêts; de régler les rangs du reste selon le mérite, les talens et les vertus, et de céder le rez-de-chaussée de l'édifice à des individus choisis par tout le peuple pour conserver ses droits : on le comprit encore moins que les autres. Il disait des vérités qu'on ne devait connaître que trente siècles plus tard.

Ces furieux continuèrent sans trêve à se quereller, à se battre, à créer, pour des passions nouvelles, un langage nouveau; et, lorsqu'ils furent bien fatigués de disputer sans se comprendre, et de s'égorger sans pouvoir se soumettre, ils se séparèrent, se dispersèrent, et fondèrent, dans toutes les parties du monde, tous ces différens peuples, dont les sanglantes folies forment le vaste et triste *panorama* de l'histoire.

Après trois mille ans, devenus plus sages, ce n'est plus un édifice téméraire, c'est une bonne et sage constitution que nous voulons fonder; mais, tandis qu'on y travaille, quelques voix orgueilleuses, plusieurs têtes ardentes, quelques hommes fermant leurs yeux à la lumière, font encore entendre le langage des erreurs, des préjugés et des passions; on voit même des mains téméraires qui s'efforcent d'agiter et de ranimer les brandons de la discorde. Restons toujours réunis, resserrons encore nos liens pour déjouer ces coupables efforts; rappelons-nous l'avis du *petit vieillard*, et n'oublions jamais la *Tour de Babel*.

# DES PASSIONS POLITIQUES.

Le mot *passion* a été composé par un esprit très-juste et très-philosophique ; il nous rappelle celui de *souffrance*. Ce qui est certain, c'est que toute *passion* fait souffrir ; aussi, les sages de tous les pays et de tous les temps n'ont eu, dans leurs travaux, dans leurs discours, dans leurs écrits, qu'un seul but, celui de nous apprendre l'art de combattre et de vaincre nos *passions* ; c'est dans cette étude que consiste toute la philosophie.

En effet, que cherchent tous les hommes ? La vérité, leur seule lumière ; la justice, leur premier devoir ; le bonheur, leur unique but. Eh bien ! les *passions* nous dérobent cette lumière, nous font trahir ce devoir et nous éloignent de ce but.

La *passion* ne nous permet de voir les objets qu'à travers un prisme qui change leurs faces et leurs couleurs, et métamorphose en merveilles ce qui nous séduit, en monstres ce qui nous déplaît. Fanal trompeur, elle éblouit au lieu d'éclairer, nous écarte du port qui nous attend, nous jette sur les écueils qui nous perdent. La raison est le seul gouvernail propre à nous conduire dans les orages de la vie ; la *passion* rompt ce gouvernail, et nous livre en aveugle aux erreurs qui nous égarent.

Il est démontré que pour vivre heureux, malgré toutes les souffrances physiques et morales, inséparables de l'existence humaine, nous devons chercher à maintenir notre ame dans un état de calme. Ce bonheur, qu'on acquiert avec tant de peine, qu'on perd si facilement, n'est qu'une sorte d'équilibre moral : la modération seule le donne, la *passion* le dérange.

On ne peut concevoir une société bien ordonnée sans justice. Cette vertu peut seule assurer à chacun ce qui lui appartient, et le faire jouir avec sécurité de sa vie et de sa liberté, de sa réputation et de ses biens ; or, il est évident que la justice se tait dès que la *passion* parle. La *passion* dénature tous les objets : elle sent et ne raisonne plus ; elle soumet tous nos jugemens à l'affection, à la haine, à l'intérêt flatté ou blessé, à l'enthousiasme qui ne mesure rien, à la jalousie qui aveugle, à l'envie qui rabaisse et enlaidit tout. Ainsi les *passions* sont nos plus cruelles ennemies ; nous sommes forcés d'en convenir. Pourquoi donc, puisque aucun de nous ne l'ignore, nous défendons-nous tous contre elles avec tant de faiblesse ? C'est que ce sont des poisons qui nous plaisent, des erreurs qui nous caressent. Rois de la terre, les *passions* sont les courtisans qui nous flattent.

L'amour cache ses traits déchirans sous des fleurs ; la cupidité nous montre toutes les jouissances de la vie ; l'ambition nous promet les palmes de la gloire et les hommages de la postérité ; la haine, nous cachant sa laideur sous les traits de la justice, nous déguise le mérite de nos rivaux, grandit le nôtre à nos yeux, et ne nous laisse voir dans la vengeance qu'un triomphe légitime.

Cependant, il faut en convenir, la plupart de ces

*passions* ne sont que des illusions fugitives, dont le réveil est aussi prompt qu'amer. L'éducation, la religion, les exemples, les mécomptes, viennent au secours de notre raison. Les *passions* d'autrui même nous mettent en garde contre les nôtres. Le temps sur-tout les guérit; leur règne est court, incertain; tout tend à nous éclairer sur leur danger, et nous sommes plutôt passagèrement entraînés que totalement aveuglés par elles. Toute *passion* privée rencontre tant d'obstacles qui l'arrêtent, ses joies sont mêlées de tant de douleurs, elle marche au milieu de tant de sentinelles qui nous avertissent, qu'avec un peu de bon sens il devient facile d'éviter le précipice où elles nous conduisent.

Mais il n'en est pas de même des *passions publiques*, c'est-à-dire, du fanatisme et de l'esprit de parti; ces *passions*, que je réunis toutes sous le nom de *passions politiques*, sont les plus funestes; d'autant plus dangereuses qu'elles ne nous apparaissent que sous des formes révérées, décorées du titre des plus imposantes vertus, appuyées par la foule des hommes qui reconnaissent leur empire. C'est au nom du salut des peuples et de celui des ames qu'elles nous jettent dans les plus fatales erreurs, qu'elles autorisent les plus affreuses injustices, et que même elles nous font commettre trop souvent les plus grands crimes.

C'est par elles que les révoltes s'excitent, que les trahisons s'excusent, que les proscriptions se justifient; par elles les bûchers s'élèvent entourés de victimes humaines, d'offrandes et d'encens; par elles, le glaive du fanatique est béni; par elles, le poignard de Brutus est entouré de lauriers.

Un livre ne suffirait pas pour citer la foule d'exemples

qui prouvent depuis tant de siècles ces tristes vérités. Chaque page de l'histoire en porte la démonstration jusqu'à l'évidence. Mais sans dérouler ces annales sanglantes des folies humaines, sans reporter nos regards affligés sur cette épouvantable série d'invasions, de guerres civiles et religieuses, de conspirations, de pillages, d'assassinats juridiques, de républiques détruites, de cités disparues, de trônes écroulés, voyons dans notre pays, de nos jours, au milieu d'un siècle de lumière, à la fin d'une longue révolution, dans un moment où la paix succède aux combats, et à l'instant même où il ne reste, pour ainsi dire, qu'une vibration légère de nos longues convulsions ; voyons, dis-je, les obstacles que les *passions politiques* opposent encore parmi nous à la réunion des esprits, qui pourrait seule consolider le bonheur public.

On a posé les armes : le pouvoir qui dominait l'Europe n'existe plus ; les émigrés ont tous retrouvé leur patrie, la plupart leurs dignités, quelques-uns leur fortune, ou des dédommagemens : le roi, par une charte, a consacré les principes de la liberté et de l'égalité devant la loi, constant objet des vœux et des efforts des hommes que leurs amis appellent *patriotes,* et leurs ennemis *révolutionnaires* : l'ordonnance du 5 septembre a mis fin aux réactions ; la loi des élections a fait évanouir les craintes du parti constitutionnel et l'espoir de celui de l'oligarchie ; les mots d'*union* et d'*oubli* (sans doute réciproques s'il doivent être efficaces), partis du haut du trône, sont à présent dans la bouche de tout le monde ; pourquoi donc ne sont-ils pas encore gravés dans tous les cœurs? C'est que les mêmes *passions politiques,* qui nous empêchaient de nous entendre sur les choses, nous empêchent de nous accorder sur les personnes; on n'ose, on ne peut guère disputer sur les principes; il sont fixés par la Charte; on leur pardonne (comme le disait naïvement un de nos brillans publicistes), mais on reste inflexible pour les hommes qui les ont établis; de sorte qu'on voudrait ne les faire tourner qu'au profit de ceux qui les ont combattus, et au détriment de ceux qui les ont provoqués, exagérés, défendus et propagés.

D'autres, mais en petit nombre, ne sont guère plus raisonnables; ils pardonnent à la noblesse et non aux nobles, à l'émigration et non aux émigrés, et voudraient refuser le bénéfice de nos institutions à tous les hommes qui se sont plus ou moins opposés à leur établissement.

En un mot, ce sont moins les droits que les intérêts qui occupent la plupart des esprits, et ce sont plus les places que les choses qui nous agitent; mais dans cette nouvelle arène les *passions* déploient la même activité, montrent la même injustice, font éclater les mêmes haines, et la question de savoir *par qui on sera gouverné* se lie tellement à celle-ci : *comment sera-t-on gouverné?* que le fond reste le même sous une forme différente : ainsi nous voyons l'animosité, les récriminations, la crainte, la colère et la délation obséder l'administration, troubler la société, diviser les familles, lorsque tout devrait faire sentir la nécessité de la fusion, le besoin du repos, et l'absurdité des *passions*, c'est-à-dire, *des exagérations politiques*.

Les exagérés des deux bords renoncent aux *proscriptions*, mais non aux *exclusions*; ils ne se haïssent plus, disent-ils, mais ils se méprisent réciproquement, les uns comme apôtres de la servitude, les autres comme apôtres des factions. Il est vrai que la raison royale, la force de la Charte et l'opinion publique qui marche toujours, combattent pied à pied ces passions ; mais elles multiplient aussi leurs efforts pour tromper l'autorité, pour annuler les effets du pacte constitutionnel, et surtout pour égarer l'opinion publique.

Malheureusement, les plus grands écrivains, loin de se mettre en garde contre ces fatales *passions*, se laissent souvent entraîner par elles, leur servent d'organes, donnent de fausses lumières à l'histoire même, et propagent les erreurs dont ils devraient nous garantir.

Le livre de madame de Staël en est la preuve. J'aimais sa personne, j'admire son talent, je déplore sa perte ; mais puisque son ouvrage porte souvent l'empreinte de la *passion*, et par conséquent de l'injustice, je crois qu'il importe de relever les nombreuses erreurs d'un esprit toujours gouverné par ses sentimens ; erreurs d'autant plus dangereuses, qu'elle les revêt de brillantes couleurs et leur prête la chaleur de son ame. Malheureusement l'auteur n'est plus, mais son livre vit, et ce livre peut tromper sur les choses et sur les hommes. La *passion* éloquente est la plus formidable ennemie de la raison et de la vérité.

Peu d'observations suffiront pour dissiper les prestiges que la célébrité de l'auteur attache à cet écrit ; elles prouveront, j'espère, qu'en lisant cette dernière production de madame de Staël, en rendant justice à l'élévation de ses pensées, à la droiture de ses intentions et aux charmes de son style, on ne doit jamais perdre de vue que ce livre est l'ouvrage d'une femme vive, passionnée, et long-temps blessée dans ses intérêts les plus chers.

Lorsque madame de Staël ne traite que des matières générales, où l'intérêt privé n'entre pour rien, on admire avec raison la profondeur de ses réflexions, la justesse de ses raisonnemens, la force et la lucidité de ses expressions. Elle peint à grands traits et avec un rare talent la marche des esprits, le progrès des lumières et les diverses causes qui ont rendu la révolution inévitable ; et si elle a commis quelques erreurs de faits, dans le tableau des abus de la féodalité et des efforts graduels que faisaient de toutes parts tant d'esprits éclairés pour substituer des droits réels à des priviléges, et des principes aux préjugés minés par le temps, ces erreurs sont peu importantes, ne peuvent nuire à personne, elles ne portent que sur un passé qui ne peut se reproduire.

Mais dès qu'elle pénètre dans le champ de la révolution, elle marche sur celui des *passions* ; elle ne cherche pas à s'en garantir ; ses idées sur les choses sont toujours grandes et libérales, mais ses jugemens sur les hommes sont dictés par ses affections ; ce n'est plus l'homme d'état qui écrit dans son cabinet, c'est la femme d'esprit qui parle dans son salon.

D'abord elle convient qu'elle n'a entrepris cet ouvrage que pour rendre hommage à la mémoire de son père [*], et que son plan s'est étendu en avançant plus qu'elle ne se l'était proposé ; de sorte qu'elle n'a composé l'histoire difficile d'une aussi grande révolution que pour écrire l'éloge d'un homme. Un motif aussi respectable arrête toute critique qu'on pourrait faire d'un tel panégyrique, et l'on se sent naturellement porté à excuser cette exagération dictée par le cœur. Il en résulte

---

[*] Pag. 62, tom. 1.

seulement un effet fâcheux, c'est que tout, dans ce livre, est subordonné à cette première idée, et que chacun s'y trouve loué ou blâmé, non selon son mérite, mais en raison de ses rapports avec M. Necker; ses admirateurs sont les héros de ce poëme; ses détracteurs subissent un arrêt sévère, les indifférens sont méprisés: et la grandeur ou le néant des hommes publics de cette époque fameuse dépend, dans cette histoire, non de leurs talens, non de leurs actions, mais de l'admiration qu'ils ont prodiguée ou refusée au ministre.

Sans nous permettre aucune censure contre cet excès d'amour d'une fille pour son père, nous nous bornerons à dire que personne n'a jamais refusé à M. Necker une morale pure, une grande instruction en finances, une louable piété, un talent distingué comme écrivain : seulement on ne lui a pas reconnu cette adresse d'un politique qui prévoit et déjoue les intrigues ; cette fermeté d'un homme d'état qui combat les obstacles et en triomphe. Or, madame de Staël avoue elle-même *que son père avait quelquefois la maladie de l'incertitude*; et cet aveu nous dispense de rien dire de plus sur cet objet *.

On devait espérer que madame de Staël aurait tracé plus fidèlement que personne la marche de l'assemblée constituante.

Fille du ministre qui tenait les rênes du gouvernement, liée avec les principaux acteurs de cette grande scène, elle avait été à portée de tout voir, de tout connaître, et joignait au talent de tout peindre le courage et l'habitude de tout dire. Pénétrée des grands et vrais

* Pag. 9, tom. I.

principes de la justice, de la liberté et de la philosophie, je l'ai vûe alors bien juger les hommes et les événemens; mais depuis, son cœur a trompé sa mémoire, et l'on s'attendrait vainement à trouver dans son livre ( si l'on en excepte quelques idées générales ) une vérité utile, un élément dont l'histoire puisse profiter. Les *passions* dirigent, égarent sa plume; elle ne voit, dans ce premier acte de notre révolution, que son père et quelques amis. Si l'on avait écouté le premier, la France était sauvée, et c'est à l'éloquente sagesse des seconds que nous devons la proclamation des principes qui ont survécu à nos désastres et qui forment la base de la Charte qui nous régit.

Que d'erreurs dans ce jugement! Une foule de documens publics le réfutent. Mais sans répondre à cette apologie passionnée de son père, qui n'a su cependant satisfaire ni les vœux des amis de la liberté, ni ceux des défenseurs des anciennes institutions; sans vouloir approfondir les causes qui le firent disparaître si promptement d'un théâtre où il était entré précédé d'une si belle renommée, et sur lequel on l'avait vu remonter pour un moment avec tant d'éclat, faisons seulement observer l'injustice de l'auteur relativement aux principaux membres de l'Assemblée nationale.

Les uns, amis de M. Necker et de madame de Staël, étaient des hommes sages; ils craignaient les malheurs d'une révolution : ils firent de vains efforts pour en arrêter la marche. C'était là l'éloge qu'ils attendaient, qu'ils méritaient; mais, par cette raison même, on ne peut leur attribuer sans erreur les principes proclamés à cette époque. Aucun d'eux n'a fait adopter un seul décret qui reste.

Au contraire, les autres députés que madame de Staël estimait autrefois, et qu'elle dénigre aujourd'hui, qui partageaient ses opinions d'alors, mais qui n'admiraient pas son père comme homme d'état; *ces chefs du parti populaire* (c'est ainsi qu'elle les appelle), si elle trouve à propos de condamner leur ardeur, au moins aurait-elle dû se montrer plus juste à leur égard, leur attribuer tous les principes qu'ils ont consacrés, tous les décrets qu'ils ont fait adopter, toutes les lois sur lesquelles se fonde maintenant notre gouvernement représentatif; voilà ce qu'exigeaient la justice, la vérité. Mais la raison écrit l'histoire, et la *passion* ne compose que des romans politiques.

Madame de Staël ne se montre pas moins passionnée contre le parti opposé à la révolution. Après avoir peint comme un tyran Louis XIV \*, qui cependant restera grand malgré ses grands défauts, elle traite les nobles et les émigrés sans ménagemens; déclare *qu'ils ne reconnaissent pas de Français en France* \*\*, *et qu'ils ne regardent comme leurs compatriotes que les nobles étrangers* \*\*\*. La passion démocratique ne peut, certes, aller plus loin; juger ainsi, ce n'est pas écrire en historien; c'est imiter les démagogues et proscrire en masse.

Il est vrai qu'entraînée par d'autres affections qui la rendent inconséquente, elle prétend ensuite que la nation française, qui ne voulait plus de féodalité, *aurait souffert volontiers* la prééminence de *deux cents fa-*

---

\* Pag. 32 et suivantes, tom. 1.
\*\* Pag. 89, tom. 3.
\*\*\* Pag. 4, tom. 2.

*milles historiques* \*. Étrange aveuglement! Comment peut-on croire, si les Français voulaient renoncer à l'égalité, qu'ils pussent préférer l'*oligarchie* à l'*aristocratie* ?

Cette erreur vient de ce que madame de Staël, qui, par principes, aimait l'égalité, aimait d'un autre côté, par amour-propre, la société des personnes les plus distinguées par leur naissance. Elle était *démocrate* par ses idées, et *aristocrate* par ses liaisons.

Cependant la révolution marchait toujours rapidement. Madame de Staël, après s'être éloignée de la France pendant le régime de la terreur, dont son absence ne lui a pas permis de bien connaître toutes les horreurs, et de peindre avec assez de force toutes les calamités, revint à Paris.

Le directoire, la traitant avec distinction, acquit des droits à son indulgence, et cette nouvelle position exerça une si grande influence sur ses opinions, qu'elle défendit quelque temps, contre son habitude, ce gouvernement tyrannique; on voit même, avec autant de peine que de surprise, dans son dernier ouvrage \*\*, qu'elle donne des éloges à l'administration de ces hommes dont aucune habileté ne compensa les fautes, et dont la prompte et honteuse chute n'excita pas même la pitié. Ce directoire avait violé la liberté des deux conseils, détruit les lois, ruiné le trésor, affaibli les armées, et livré de nouveau notre patrie aux fureurs de l'anarchie.

Un autre gouvernement s'éleva sur les ruines de ce

---

\* Pag. 166, tom. 1.
\*\* Pag. 159, tom. 2.

directoire qui tomba sans se défendre. Le chef de ce gouvernement fut injuste pour madame de Staël et l'exila. L'enthousiasme qu'il lui avait d'abord inspiré se changea en haine, et cette passion violente a dicté la fin de son livre.

Elle ne s'est point bornée à condamner sans restriction la conduite et les actions de l'homme qui la bannissait; elle enveloppe * dans cette condamnation tout ce qui a servi l'État sous son gouvernement, c'est-à-dire, presque tout ce qu'on pouvait compter de citoyens éclairés et connus par leurs talens ou par leurs vertus : oubliant sans doute que dans cette classe nombreuse, qui pouvait se croire l'élite de la nation, se trouvaient ses amis intimes, les libéraux et les indépendans qu'elle estime le plus, et la plupart des hommes que le gouvernement royal a jugé nécessaire de conserver à la tête du ministère, des administrations, des tribunaux, et dans toutes les places éminentes ou inférieures de l'église; enfin que des membres même de sa famille, justement honorés par l'opinion publique, avaient occupé des places dans ce temps même qu'elle proscrit.

Son animosité la fait renoncer cette fois à son amour constant pour *l'égalité*; et, semblable aux apologistes outrés de l'ancien régime féodal, elle traite avec mépris et tourne en ridicule tous ceux qui, à cette époque, ont reçu des titres, ont porté des décorations, dus à leurs services, à leurs talens, et non à leur naissance **.

S'écartant de même de son respect habituel pour tout ce qui tient à la religion, elle place le clergé, dont le

---

* Pag. 263, tom. 2, et pag. 332, tom. 2.
** Pag. 330, tom. 2.

chef du gouvernement voulait s'entourer, au nombre des *anciennes cariatides de l'autorité* *.

On ne s'étonne pas moins d'entendre cette femme éclairée citer et approuver l'absurde et grossière plaisanterie d'un Anglais qui représente comme faite avec *les lambeaux du bonnet rouge*, cette décoration dont la France s'enorgueillit, dont les souverains étrangers se parèrent, et que portent aujourd'hui nos princes et notre roi **.

La *passion* de l'auteur l'aveugle enfin à tel point, qu'elle veut absolument que la France ait été replongée dans les ténèbres *** pendant tout le temps de son absence de la capitale. Elle soutient que, pendant cette éclipse, aucun talent n'a honoré notre littérature; comment son esprit si judicieux pouvait-il se porter à cette extrême injustice, et perdre ainsi le souvenir des écrits de MM. de Sismondi, Ginguené, de Châteaubriand, de Ferrand, Sainte-Croix, de Bonald, Lacretelle et autres historiens; les tragédies de Chénier, de Legouvé, de d'Arnaud, de Baour Lormian, de Delrieux, de Raynouard, de Lancival, etc.; des charmantes comédies de MM. Colin-d'Harleville, Andrieux, Duval, Picard, Étienne, etc.; des romans de mesdames Cottin, de Flahaut, de Genlis; des élégies de madame Dufrénoy; de toutes les productions de MM. Laplace, Cuvier, Chaptal, Fourcroy et de nos autres savans immortels? Enfin, en jetant dans le fleuve de l'oubli tant de productions célèbres, avec nos lois, nos codes et nos

---

* Pag. 274, tom. 2.
** Pag. 220, tom. 2.
*** Pag. 375, tom. 2.

monumens, voudrait-elle y plonger aussi ses propres ouvrages qui, si souvent, venaient charmer nos loisirs, sans nous consoler de son absence ?

Un autre sentiment égare encore cette femme aussi étonnante par son génie que par ses exagérations. Bannie de France, accueillie avec honneur en Angleterre, elle ne connaît pas plus de bornes à sa reconnaissance, qu'elle n'en avait posées à sa haine. Je suis bien loin, en général, de blâmer l'excès même de ce sentiment, trop rare aujourd'hui, et qu'on ne trouve que dans des cœurs où règnent de grandes vertus ; mais comment madame de Staël n'a-t-elle pas senti qu'elle choquait la raison en même temps qu'elle blessait la France et tous les autres pays européens, en déclarant *que la nation anglaise tout entière*, par ses lumières et par ses vertus, est *l'aristocratie du reste du monde* *. Elle n'en excepte pas même la populace des tavernes de Londres et les orateurs de Spa-Fields.

Enfin, par une contradiction étrange, et qu'on retrouve toujours dans les ouvrages composés sous la dictée des *passions*, vous voyez pour résultat de celui-ci, qu'on ne peut employer les républicains, parce qu'ils renverseraient la monarchie; les hommes qui ont servi sous le gouvernement impérial, parce qu'ils sont ennemis de la liberté; les nobles et les émigrés, parce qu'ils ne peuvent s'accoutumer à nos institutions ; et tous ceux qui n'ont rien fait pendant tout le cours de la révolution, parce que, trop jeunes ou trop vieux, ils ne sont propres à rien.

Que conclure de tout ceci ? C'est que l'ouvrage de

---

* Pag. 325, tom. 3.

madame de Staël, rempli de beautés et de défauts, mérite une partie de sa célébrité ; mais que ceux qui préfèrent à tout la vérité, et qui cherchent franchement de bons matériaux pour l'histoire, doivent le lire avec une d'autant plus grande méfiance, que les taches en sont couvertes d'un brillant coloris, et que, malgré les erreurs nombreuses que les *passions politiques* y ont répandues, on y trouve souvent d'excellens principes, presque toujours des sentimens nobles et généreux, et parfois des pages sublimes.

Ce livre enfin, prouve mieux qu'aucun autre la difficulté d'écrire l'histoire de son temps, puisque le génie même ne peut s'élever et planer au-dessus des *passions politiques*.

# DES SONGES.

En mon gîte, un jour je songeais; car, ainsi que l'a dit le fabuliste :

*Et que faire en un gîte, à moins que l'on n'y songe ?*

L'objet de ma rêverie était précisément les songes; certes la matière en est vaste, car dans ce monde sublunaire, tout, à peu près, est songe ou mensonge; et certaines gens ont pensé, non sans quelque raison, que notre vie elle-même pourrait bien n'être qu'un songe.

Le plus sage des hommes, *Socrate*, la regardait comme un mauvais rêve; il est vrai qu'alors il était en prison, et persuadé que notre course sur la terre n'est qu'un voyage périlleux sur une mer orageuse, la mort lui semblait un lieu d'asyle et de repos; aussi, peu de temps avant d'avaler la ciguë, il vit en songe une belle femme, qui lui dit : *Dans trois jours de bon vent tu seras dans le port.* Trois jours après il mourut.

Les sages anciens et modernes, avec toute leur érudition, ne nous aident guère à sortir de ce doute, et à trouver plus de réalité dans notre existence : Aristote dit *que beaucoup savoir apprend à beaucoup douter.*

Pindare appelait l'homme *l'ombre d'un songe.*

*Que quitte-t-on,* disait Bossuet, *en quittant le monde ? Ce que quitte celui qui à son réveil sort d'un songe plein* d'inquiétude ; tout ce qui se voit, tout ce qui se touche, qui se compte, qui se mesure par le temps, n'est qu'une ombre de l'être véritable ; à peine commence-t-il d'être, qu'il n'est déjà plus.

Ils ont raison : tout n'est ici-bas qu'illusion, et ceux qui s'imaginent qu'ils ne rêvent que pendant le sommeil, pendant ce temps que Plutarque appelle *le noviciat de la mort*, ne me paraissent pas se bien connaître eux-mêmes.

Qu'ils réfléchissent un peu aux songes qu'ils font en veillant ; aux songes de l'amour, de la haine, de l'ambition, de la gloire, de l'orgueil, de l'avarice, de la peur, de l'envie ; ils apprendront ce qu'ils ignorent ; ils sauront qu'ils dorment et rêvent tout debout.

En nous croyant bien éveillés et sains d'entendement, nous ressemblons à la *folle* de la femme de *Sénèque*. Ce philosophe en parle ainsi : *elle a perdu la vue subitement. Je vais vous raconter une chose incroyable, mais très-vraie ; elle ne sait pas qu'elle est aveugle ; elle demande à son conducteur de la faire déménager, parce qu'on ne voit, dit-elle, goutte dans sa maison. Nous rions de cette insensée et nous faisons comme elle tous les jours.*

Entraînés par le tourbillon du monde, et par celui de nos désirs, nous avons peu de temps pour penser, nous l'employons presque tout à sentir ; et comme la plupart des sentimens de notre ame viennent des sensations de ce fantôme que nous appelons notre corps, il n'est pas extraordinaire que nous nous égarions, étant mus et guidés par les plus fallacieux de tous les conducteurs, par les sens.

En nous laissant croire que nous marchons vers un

but moral, ils nous conduisent presque toujours à un but physique, but, de sa nature, très-illusoire, très-passager, très-destructible. Helvétius, qui malheureusement avec beaucoup d'esprit a écrit trop de paradoxes, n'en faisait pas un, en disant *que le désir du bien-être corporel était le motif de la plupart de nos passions, même de celles qui paraissent le plus ne tenir qu'à l'esprit.*

Otez aux esprits dévots, la crainte des feux cuisans de l'enfer, et vous verrez combien la piété deviendra rare.

L'avare, qui se prive de tout, cesserait d'aimer son trésor, s'il n'y voyait pas une source de jouissances futures, et une sauve-garde contre les besoins à venir, qu'il redoute sans cesse, car il ne se condamne si long-temps au jeûne que par la peur extravagante de mourir un jour de faim.

La fumée de la gloire enivrerait bien moins de gens, si elle ne les payait qu'avec des feuilles de lauriers, mais ils voient dans l'avenir, la renommée appelant autour d'eux, avec ses trompettes, toutes les jouissances qui accompagnent la considération ; une foule d'hommes occupés à les servir; la fortune leur ouvrant toutes les portes de son temple, et de celui des plaisirs, et les barrières gênantes des lois s'abaissant au gré de leurs fantaisies.

L'amour le plus romanesque et qui traite les sens avec le plus de dédain, ne tarderait pas à disparaître, si quelque accident fâcheux venait à défigurer le visage attaché à l'ame qu'il idolâtre.

Et *l'amitié, ce présent des dieux,* qui, selon Bernard, *serait la volupté si l'homme avait son innocence,* comme elle se prodigue à ceux dont nous avons besoin, comme elle se retire vite loin de ceux qui ne peuvent plus rien pour notre bien-être! Combien de gens voient le cercle de leurs amis s'élargir ou se rétrécir comme celui de leur table.

C'est faute de bien ressasser ces vérités, qu'il nous arrive dans la vie tant de mécomptes, et que nous faisons tant de songes, dont le réveil est prompt et triste.

Nous vivons comme si nous ne devions jamais mourir ; nous donnons un corps aux ombres, de la solidité aux nuages, nous bâtissons des châteaux, des palais, des cités sur un sable mouvant, et nous nous y reposons avec autant de sécurité que s'ils étaient construits sur le roc.

Nos projets de fortune, de grandeur, de pouvoir, de gloire et de félicité, sont les châteaux de cartes de notre *enfance virile*.

Comme les enfans, nous nous extasions sur leur beauté, nous nous battons avec nos compagnons pour les étendre, pour les grandir, ou pour les défendre, et comme les enfans, encore, nous pleurons et nous crions lorsque l'aile du temps les renverse.

On ne sent jamais mieux la futilité de ces choses qui nous occupent si sérieusement, l'inanité de ces importantes affaires, de ces magnifiques rêveries, la petitesse de ces grands intérêts, et enfin la rapidité de ces songes de la vie, qu'en lisant les lettres de *Cicéron* à *Atticus*, ou celles de madame de *Sévigné*.

Ces tableaux fidèles nous transportent véritablement dans les lieux qu'ont habités, dans les temps où ont vécu ces écrivains célèbres. Grace à la magie de leur plume, nous nous trouvons au milieu de Rome et des partis de *César* et de *Pompée* ; à Paris, dans la cour brillante de Louis XIV ; nous vivons avec les Romains, avec les Français, de ces beaux siècles ; nous assistons à leurs jeux, à leurs festins, à leurs voyages, à leurs querelles, à leurs combats ; nous partageons leurs opinions, leurs sentimens ; nous éprouvons leurs craintes, leurs espérances, leurs plaisirs, leurs peines ; tout ce mouvement qui les agitait nous entraîne avec eux ; nous les voyons marcher, courir, rire, causer, écrire ; toutes ces nombreuses sociétés sont à nos yeux actives, parlantes, vivantes, animées : nous fermons le livre ; soudain, tout a disparu ; tout s'est évanoui ; tout est mort ; tout n'est que poussière.

Il n'existe plus aucun de ces êtres dont nous admirions l'esprit, la gloire, les talens, les vertus ; ni de ceux dont les vices ou les ridicules nous avaient si fortement frappés ; cette grande agitation, produite par tant de passions, de caractères, et d'intérêts différens, a cessé tout à coup ; le silence et l'immobilité lui succèdent, et tous ces cœurs si enflammés d'ambition, de haine, d'orgueil, d'amitié, ne battent plus.

La décoration a changé ; le théâtre nous montre une autre scène, d'autres acteurs, d'autres illusions qui ne dureront pas davantage.

N'écartez pas cette idée comme triste et décourageante, méditez-la plutôt comme utile ; ah ! si nous pouvions songer plus souvent à la brièveté de la vie, à la vanité de tout ce qui excite nos passions, à la rapidité des changemens de cette lanterne magique du monde, où nous ne faisons que paraître et passer, on ne nous verrait pas nous diviser, nous combattre, nous tourmenter et nous déchirer pour des hochets de si peu de prix, pour des ombres de si peu de durée.

La folie qui produit chez nous toutes les autres, est celle de l'orgueil ; elle exagère tout, hausse notre petitesse, enfle et dore nos chimères, alonge le temps, grossit nos intérêts, et soufflant sans cesse sur notre cœur comme un ouvrier dans sa forge, change sa chaleur modérée en flamme si forte, qu'il n'y a point de fer qu'on ne puisse, par son moyen, fondre et transfigurer.

La vraie sagesse, la vraie modération ne résiste à cet orgueil qu'en ramenant tous les objets à leur valeur réelle, à leur vraie proportion. Toutes les passions dangereuses s'éteignent dès que la lumière de la vérité nous montre les objets tels qu'ils sont : ces passions ne sont que des rêves : dites-vous bien que vous rêvez, et si vous pouvez parvenir à le croire, vous rirez de votre songe au lieu de vous en tourmenter.

J'aime mieux les rêves des nuits que ceux des veilles ; d'abord ils sont plus courts, secondement ils ne font qu'un mal illusoire ; mais sur-tout ce qui les distingue à mes yeux, les autres ; car enfin, la nuit on rêve seul, et le jour on grossit ses visions en se réunissant plusieurs pour rêver : je conviens que souvent il arrive de faire seul un songe alarmant, douloureux, effrayant ; mais ces songes n'ont rien de comparable au cochemar épouvantable des rêves de l'esprit de parti.

On prétend que *Pindare*, dans son enfance, s'étant couché sur des fleurs, s'endormit, et qu'il vit ou rêva que des abeilles étaient venues déposer leur miel sur ses lèvres.

*Hésiode* vit en songe neuf femmes charmantes ; c'étaient les muses, qui lui inspirèrent leurs doux accens.

Je suis convaincu que si les hommes possédés de l'esprit de parti nous racontaient aussi de bonne foi leurs rêves, ils nous diraient qu'ils ont vu en songe des *serpens* déposer leur venin sur leurs lèvres, et les trois *Furies* agiter autour d'eux leurs torches sanglantes.

Si l'esprit veillait entièrement lorsque le corps sommeille, et si, dans cet état, on trouvait de l'ordre, de la suite, de la clarté dans les images qui se présentent à notre entendement, on ne serait point surpris de la grande foi que les anciens avaient dans les songes, ni du respect que leur portent encore beaucoup d'hommes crédules; on pourrait y supposer quelque chose de divin, et il serait assez naturel de penser que l'intelligence, ainsi dégagée des liens matériels, est dans un état de pureté qui la rend capable d'avoir quelque communication avec la Divinité ou avec les esprits intermédiaires, s'il en existe.

Mais personne n'ignore qu'il n'en est pas ainsi: quand notre être corporel dort, notre ame semble au moins à moitié assoupie; les images que la mémoire lui retrace sont confuses, bizarres; les jugemens qu'elle en porte sont sans liaisons; les idées qui en résultent paraissent le plus souvent extravagantes; et si après le réveil nous pouvions continuer à voir, à penser, à raisonner, à parler et à agir de cette sorte, nous serions évidemment convaincus de folie.

Le résultat de cette vérité devrait être de regarder aussi comme des fous les hommes bien éveillés qui respectent religieusement cet état d'absence de raison, et qui croient trouver dans le délire des songes les oracles de la vérité.

Au reste, la folie de la raison humaine est si grande

que de sa part rien ne doit nous étonner ; et lorsqu'on a vu des rois, des législateurs, de grands capitaines et des peuples tout entiers consulter sur leurs destinées le foie d'un bœuf, les entrailles d'un bélier, et se décider pour les choix les plus importans, pour les entreprises les plus hasardeuses, par le vol à droite ou à gauche des vautours et des corbeaux, par l'appétit ou par le dégoût des poulets sacrés, on revient à douter si nous sommes plus fous en dormant qu'en veillant.

S'il n'était question ici que des erreurs d'un vulgaire ignorant, il ne faudrait pas s'en étonner ; c'est dans les ténèbres que l'imagination voit des fantômes : moins on sait, plus on croit ; moins on comprend, plus on admire.

Mais si, pour sortir de votre incertitude, vous voulez consulter sur ce point les plus doctes cervelles de l'antiquité, c'est là, pour surprendre et pour ébranler votre jugement, que vous trouverez l'erreur en principes, la superstition en système, et la plus puérile crédulité habillée en savante doctrine.

Et comment alors ne pas excuser la faiblesse de nos cerveaux et notre penchant à croire aux pressentimens comme aux songes, lorsque tant d'hommes célèbres et tant d'esprits forts y ont cru ?

Sous tant d'autres rapports ils nous commandent l'admiration, qu'on est tenté de s'accuser d'audace en se disant plus raisonnable qu'eux.

Les *péripatéticiens* prétendent que les ames des hommes renferment une espèce d'oracle, par lequel ils ont le pressentiment des choses futures, soit quand l'esprit vient à être agité d'une fureur divine, soit lorsqu'étant dégagé du corps, et plongé dans un doux et profond sommeil, il peut se mouvoir librement.

Ils disent aussi que le monde est rempli d'esprits, et qu'il existe un continuel commerce entre eux et nous.

*Platon* pense que l'esprit divin nous révèle en songe l'avenir.

*Épicure* et *Xénophanes* nient cette divination.

*Pythagore*, persuadé de la vérité des songes, ne pensait pas qu'on pût obtenir des dieux, par des sacrifices, la connaissance des choses futures.

*Aristote*, qui niait l'immortalité de l'ame, lui accordait cependant quelque participation à la Divinité; il regardait les songes comme des inspirations.

Selon *Démocrite*, pendant la nuit les objets extérieurs viennent d'eux-mêmes nous présenter leurs images.

*Straton* disait que les songes nous font connaître la vérité, parce que, la nuit, notre entendement est plus actif, plus pur, plus clair, que dans le jour.

*Héraclite* se bornait à croire que le sommeil nous donne une autre existence, et fait pour ainsi dire à chacun de nous un monde particulier.

Si nous en croyons *Zénon*, pour bien connaître notre ame il faut étudier avec soin nos songes, parce qu'alors l'ame, dégagée des sens, est plus elle-même et se montre plus à nu.

*Socrate*, en avouant qu'un corps excédé de plaisir ou trop chargé de nourriture et de vin, donne à l'ame des songes extravagans, soutenait qu'un homme sobre et vertueux étant endormi, et la partie inférieure de l'ame se trouvant ainsi réprimée, la partie intellectuelle de cette ame devient plus libre, plus vigoureuse, et voit la vérité dans ses songes.

Le dictateur *Sylla* respectait fort peu la vérité dans

la bouche des hommes ; mais il la regardait comme sacrée lorsque Morphée la lui présentait ; aussi disait-il, ainsi que Plutarque le raconte, *qu'il n'est rien qu'on doive plus fermement croire que ce qui nous est signifié par songes.*

Comme cependant on pouvait se convaincre tous les jours qu'il y a bien plus de *songes* menteurs que de vrais, cette épreuve fréquente de la fausseté des oracles nocturnes aurait dû jeter nos sages dans quelque incertitude et dans quelque embarras; mais voici comme ils s'en tiraient.

Plutarque *raconte qu'Orphée, trop préoccupé de sa passion pour Eurydice, entendit et vit un peu trop confusément tout ce qui se passait aux enfers. Il se fit ainsi dans sa mémoire une sorte de chaos de tant d'objets divers, et un grand mélange de vérités et d'erreurs ; aussi il résulta de la relation de son voyage que la terre reçut de lui autant de croyances fausses que de vraies : il apprit aux hommes que dans les enfers il existait deux portes par où sortaient en foule, pour se répandre dans le monde, des songes divins et des songes imposteurs ; mais l'amour, qui avait peut-être ses raisons pour nous laisser dans le doute, ne lui donna pas le temps d'apprendre l'art de distinguer les songes véridiques des songes mensongers. C'est ce qui fait que ces songes nous trompent encore si souvent, et ce n'est peut-être pas la plus fâcheuse des tromperies dont nous soyons redevables à ce dieu malin.*

Au reste cette obscurité, nuisible comme toutes les autres au bonheur et à la sagesse de la plus grande partie du genre humain, a été très-profitable pour tous ceux qui croyaient avoir intérêt à le tromper.

Dans tous les cultes, on ne voit guère que les *vestales* qui se soient vouées à entretenir le feu sacré; presque tous les pasteurs temporels ou spirituels des hommes ont semblé prendre à tâche de conserver et d'épaissir religieusement les ténèbres. La nuit, les guides sont plus nécessaires et mieux payés que le jour; les voyageurs sont alors plus dociles, et il est plus aisé quand nous ne voyons goutte de nous conduire comme on le veut, de nous lier si on le souhaite, et même de nous égarer, pour peu qu'on y trouve quelque avantage.

Rarement les rêves ont apporté grand profit aux rêveurs; mais en tout temps ils ont rempli les temples d'offrandes et ont fait la fortune des devins, des augures, des pontifes et autres expliqueurs de songes.

Quand l'oracle de l'un de ces songes ne réalisait pas ses promesses, le devin consulté en retirait seul le profit, et il le partageait si par hasard la prédiction du rêve se trouvait accomplie. Chrysippe raconte qu'un de ses amis, *ayant une nuit rêvé qu'il voyait un œuf pendu à ses rideaux, conta ce songe à un devin, qu'il lui dit qu'il y avait sûrement un trésor caché dans la terre, au-dessous de l'endroit où son lit était placé. Le rêveur fit fouiller avec soin, et découvrit en effet une assez grosse somme d'argent et d'or; il ne donna d'abord au devin, pour son salaire, que quelques pièces d'argent; mais celui-ci lui ayant rappelé que dans un œuf il ne se trouvait pas seulement du blanc mais aussi du jaune, l'heureux dormeur, sensible au reproche, compléta sa récompense en lui donnant une partie de l'or qu'il avait trouvé.*

Les Juifs et les chrétiens ont condamné la divination par les songes, comme magie et comme sortilège. On trouve dans la *Vulgate* une défense expresse de chercher dans les rêves la connaissance de l'avenir. Mais on voit cependant de mémorables exceptions à cette loi générale : les prophètes inspirés n'y étaient sûrement pas soumis ; l'art d'expliquer les songes fit, comme on le sait, la fortune de *Joseph* qui gouverna l'Égypte ; et *Daniel* dut à la même science la faveur du roi d'Assyrie et la plus haute dignité dans sa cour.

En tout, la croyance aux songes paraît avoir été plus commune chez les païens, quoique l'ame, dans l'opinion de la plupart d'entre eux, fût matérielle ; il semblerait plus naturel que les chrétiens ajoutassent foi aux rêves, car, fermement persuadés que l'ame est un esprit, ils devraient trouver probable sa communication avec les esprits célestes, et cette croyance pourrait être encore fortifiée par les témoignages nombreux de tant de saints qui ont raconté leurs *songes*, leurs pressentimens et leurs visions.

Il y a une sorte de *songes* auxquels il me paraît difficile de ne pas croire, et dont je serais fâché de douter ; ce sont les songes qui effraient les méchans ; n'est-il pas à la fois juste et naturel que la vibration des passions violentes qui les agitent pendant la veille se prolonge pendant le sommeil, que le remords poursuive l'ame du coupable dont le corps se repose, et que celui dont la fureur, durant le jour, tourmente les autres hommes, en revanche, la nuit, soit lui-même tourmenté ?

Un ancien disait, *que le méchant audacieux, quand il veille, est soutenu par sa passion ; mais lorsque le calme du sommeil arrive, il est comme un vaisseau à qui le vent vient de défaillir, et qui est entraîné sur les rocs par le plus léger courant.* Clytemnestre rêva souvent qu'elle voyait apparaître son époux, avec une tête de dragon, prêt à la dévorer.

*Le tyran Apollodorus* songea, en dormant, qu'il se voyait escorché par les Scythes et puis bouillir dedans une marmite; il lui était advis que son cœur, du dedans de la marmite, murmurait en disant je te suis cause de tous ces maux; en même temps il voyait toutes ses filles ardentes de feu, qui couraient à l'entour de lui.

*Hipparque*, le tyran d'Athènes, un peu devant sa mort, songea que *Vénus* lui jetait du sang au visage de dedans une phiole.

L'homme endormi doit conserver les habitudes de l'homme veillant; aussi les rêves funestes sont le lot des consciences troublées; les doux songes au contraire sont le partage et la récompense des ames paisibles et des cœurs vertueux. Le fils de *Paul-Émile*, *Scipion*, ne pouvait avoir, la nuit comme le jour, que de nobles et de grandes idées; aussi le souvenir de l'un de ses songes est venu glorieusement jusqu'à nous.

Il crut, au milieu de la nuit, voir paraître devant lui son illustre aïeul *Scipion l'Africain*; de telles ames ne pouvaient s'entretenir que de vertus, de liberté, de gloire et de patrie: *cette ombre immortelle* lui prédit qu'il détruirait Numance, qu'il renverserait Carthage, qu'il serait porté en triomphe au Capitole, que nouveau dictateur il raffermirait la république, et périrait ensuite par les mains impies de ses proches; à ces derniers mots, le jeune guerrier ayant jeté un cri d'effroi, son aïeul lui dit: *Écoutez-moi, et pour vous encourager davantage à servir votre pays, sachez, mon fils, qu'il est dans le ciel un lieu réservé à ceux qui ont défendu, conservé, agrandi leur patrie. Ils y jouissent d'un bonheur éternel. Car de tout ce qui se fait sur la terre, il n'est rien de plus agréable au Dieu suprême qui régit cet univers, que ces assemblées d'hommes unis par de communes lois, que ces sociétés qu'on appelle républiques.*

*C'est dans ce lieu, d'où ils sont descendus, que reviennent ceux qui dirigent et qui conservent les empires.*

Le jeune Scipion ayant osé alors interroger l'ombre auguste, et lui demander si lui-même et son père, Paul-Émile, après être sortis de ce monde, conservaient encore une sorte de vie : *Oui*, répondit l'Africain, *ceux-là vivent, qui se sont échappés de leurs corps comme d'une prison ; au contraire, ce que vous appelez la vie n'est qu'une véritable mort.*

*Ouvrez les yeux vous-même et regardez.*

*Alors, il vit paraître son père Paul-Émile, qui l'assura que Dieu avait donné aux hommes une ame, portion de ces feux éternels qu'on appelle les astres. Vous devez donc,* ajouta-t-il, *soigner cette ame, afin qu'elle remplisse glorieusement le poste que Dieu lui assigne.*

*Suivez l'exemple de Scipion et le mien, cultivez la justice, conservez pour vos parens une tendre piété, et une plus grande encore pour votre patrie ; une telle vie est le chemin qui conduit au ciel, et qui vous mène dans l'assemblée des êtres heureux qui ont déjà vécu ; dégagés de leurs corps, ils habitent ce lieu que vous voyez, ce cercle d'une blancheur éclatante environné de flammes brillantes, et nommé par les Grecs la voie lactée.*

Le jeune Scipion découvrit alors une étendue immense semée d'étoiles, et remplie d'objets d'une beauté merveilleuse ; et la terre lui parut occuper si peu de place dans cette immensité, qu'il se sentit honteux de *la petitesse de notre empire qui n'est qu'un point dans l'univers.*

*Son aïeul, profitant de l'admiration que lui causait ce magnifique spectacle, lui fit comparer la brièveté de l'existence humaine à la durée infinie des jours dans la demeure céleste; cette demeure est,* dit-il, *le centre de tous les biens pour les ames vertueuses ; élevez donc vos regards, et prenez votre essor vers cette patrie éternelle.*

*Ne bornez pas votre espoir aux vains éloges des hommes et aux passagères récompenses qu'on reçoit sur la terre : votre corps seul est mortel, en vous il existe une divinité; apprenez donc que vous êtes un dieu qui se meut, qui sent, qui se souvient, qui prévoit, qui gouverne votre corps, comme Dieu lui-même gouverne le monde.*

*Plus votre ame sera vertueuse et active, plus promptement et plus facilement elle arrivera dans ce séjour, sa demeure naturelle.*

*Mais celles qui se soumettent aux sens, et qui, violant les lois divines et humaines, se sont rendues esclaves des passions, roulent encore long-temps autour de la terre, quand elles se sont échappées de leurs corps, et ne reviennent dans ce séjour qu'après plusieurs siècles de fatigues et de tourmens.*

*Ayant prononcé ces dernières paroles, l'ombre disparut, et Scipion s'éveilla.*

Certes, un tel songe était un digne produit ou de la vertu de ce héros, ou du génie de Cicéron.

Les poëtes on dit que dans les enfers les ombres repétaient et rêvaient leur vie ; *Thésée* combattait des monstres chimériques ; les poëtes touchaient des lyres imaginaires; les guerriers de *Salamine* et de *Marathon* agitaient des apparences de lances, de casques et de boucliers; les orateurs de Rome et d'Athènes montaient sur des tribunes nuageuses : l'ombre de *Didon* fuyait en courroux l'ombre d'*Énée*.

*Le conducteur des chars*, dit Claudien, *est au cirque, il vole plein d'espoir, mais il craint de briser le char qu'il croit conduire contre la borne qu'il croit voir.*

La nuit, nous sommes aussi dans une espèce d'Élysée, et souvent nos passions nous retracent les images qui nous on agité la veille; plus on est passionné, plus on est sujet aux songes; aussi les plus grands rêveurs du monde ont été les hommes de parti et les conquérans.

*Gracchus*, méditant le renversement du sénat, vit en songe son frère, qui lui prédit une mort prochaine.

*Alexandre*, devant *Tyr*, rêva qu'*Hercule*, du haut des murailles de cette ville, lui tendait la main; la nuit suivante, il rêva encore qu'il atteignait un *Satyre* agile, faisant de vains efforts pour lui échapper.

Son orgueil enfantait ces rêves, et dans le même temps la peur dictait celui de plusieurs Tyriens, qui virent en songe la statue d'*Apollon* prête à quitter leurs murs.

Le même *Alexandre*, étant encore en Macédoine, avait rêvé qu'un vieillard vénérable lui apparaissait, et lui promettait l'empire du monde; dans la suite, arrivé aux portes de *Jérusalem*, il prétendit, par politique, ou par crédulité, reconnaître ce vieillard divin, en voyant le grand-prêtre des Juifs qui venait au-devant de lui.

*Ptolomée* et plusieurs guerriers macédoniens, se trouvant blessés par des flèches empoisonnées, *Alexandre* vit en rêve un dragon qui tenait une plante dans sa gueule; ce dragon désigna le lieu où le roi devait faire chercher cette plante; on la trouva, et les blessés furent promptement guéris.

*Annibal* craignait d'être arrêté long-temps devant Syracuse; une nuit il rêve qu'il soupe dans un des palais de cette ville, et le lendemain elle est prise.

*Alcibiade*, toujours occupé à la fois de gloire et d'amour, rêve qu'il est revêtu des habits de sa maîtresse: peu de jours après, les soldats d'un satrape l'attaquent, l'assassinent, le dépouillent, et le laissent nu dans la rue; la courtisane qu'il aimait, éveillée par le tumulte, sort précipitamment, se jette sur lui, l'arrose de ses larmes, et le couvre de son manteau.

*Agésilas*, prêt à s'embarquer pour l'Asie, était couché dans la petite ville d'*Aulide*, en Béotie; l'ombre d'*Agamemnon* lui apparaît, et lui recommande de faire à son exemple un sacrifice aux dieux; moins barbare que le roi des rois, il sacrifie non sa fille, mais une biche: les Béotiens, regardant ce sacrifice comme un acte attentatoire à leur indépendance, arrachent la victime de l'autel, et le roi de Sparte, prenant cette interruption de son sacrifice pour un funeste présage, perdit de ce moment l'espoir de réussir dans ses projets de conquête; en effet, après quelques victoires contre les Perses, il se vit arrêté dans sa marche par la corruption du sénat de Sparte; les éphores, gagnés par l'or des satrapes, lui ordonnèrent de revenir à *Lacédémone*.

*Cambyse*, troublé par un songe, ordonna la mort de son frère, qu'il avait cru voir assis sur son trône.

Personne n'ignore les deux songes de *Brutus* auquel

un spectre apparut deux fois pour lui prédire sa défaite et sa mort.

*Sylla* hésitait de marcher sur Rome, il y fut encouragé par *Bellone*, qui pendant son sommeil lui apparut, lui mit la foudre dans les mains et lui nomma tous les citoyens qu'il devait proscrire. Ainsi les tyrans rêvent la nuit au sang qu'ils versent le jour.

Dans ces siècles de superstition, si quelques hommes un peu hardis s'avisaient de montrer quelques doutes sur ces prodiges, les prêtres, qui vivaient alors de mensonges, étaient fertiles en fraudes pieuses, pour ramener ces esprits incertains à la croyance des visions, des oracles et des rêves.

*Démétrius*, espérant mettre leur adresse en défaut, et voulant savoir s'il existait en effet des dieux, envoya son affranchi, *Mopsus*, dans un temple, avec une lettre cachetée; il avait ordre de ne pas l'ouvrir et d'attendre, en la tenant dans ses mains, la réponse d'Apollon. Mopsus obéit, revint, et dit que s'étant endormi dans le temple, un homme lui était apparu en songe, et n'avait proféré que ce seul mot, *noir*. Tous les courtisans se moquaient de ce rêve extravagant; *Démétrius*, au contraire, loin d'en rire, parut saisi d'étonnement, décacheta la lettre, et ceux qui l'entouraient y lurent ces mots: *Dois-je sacrifier à Apollon un taureau blanc ou noir?* De ce moment, dit-on, on ne vit plus d'esprits forts à sa cour.

Les songes ne se bornent pas toujours à troubler l'imagination du dormeur qu'ils agitent; on les a souvent comptés au nombre des causes qui ont produit de grandes révolutions, renversé des trônes, et bouleversé des empires.

*Constantin* voit en songe J.-C., et reçoit de lui l'ordre de prendre pour étendard la croix qui lui est apparue la veille dans les nuées.

Le *labarum* remplace l'aigle antique, toute l'armée arbore ce signe céleste ; elle vole au combat, sûre de la victoire ; *Maxence* périt ; Rome succombe : les dieux de l'Olympe sont chassés du Panthéon, et l'empire devient chrétien.

Quelques années après, *Julien*, sur les bords de la Seine, rêve que *Jupiter*, *Minerve*, *Apollon* l'appellent à la vengeance, et lui promettent le trône ; il ceint le diadême, prend le sceptre, s'arme, traverse la Germanie et la Thrace, se fait couronner à Byzance, règne dans Rome et rétablit pour quelque temps les dieux de l'Olympe sur leurs autels.

Plus tard, le roi des Vandales régnait paisiblement sur l'Afrique ; il rendait à l'ancienne rivale de Rome, à la superbe Carthage, sa puissance et son éclat : le faible *Justinien* n'osait venger cette injure ; les sénateurs, les généraux amollis par le luxe et par la servitude, tremblaient à l'idée d'une nouvelle guerre *punique*. Bélisaire, seul, et quelques braves rappelaient dans le conseil l'antique gloire, et faisaient entendre un langage romain.

Un évêque arrive, prend la parole, et raconte que la nuit un ange lui est apparu, et lui a ordonné d'exciter l'empereur à chasser de l'Afrique l'*arianisme* et les *Vandales*, il promet au nom de Dieu une victoire certaine.

Ce songe entraîne tous les esprits ; la confiance succède à l'incertitude, l'audace à la crainte ; les ordres sont donnés ; *Bélisaire* part ; le nouveau *Scipion* prend

Carthage ; *Gélimer* se voit détrôné, et l'Afrique est conquise.

En tout temps, l'imagination vive des femmes et des poëtes les a fait regarder comme inspirés : les poëtes s'appelaient en latin *vates*, prophètes.

On se souvient du pouvoir sans bornes qu'exercèrent sur les Gaulois, sur les Germains, sur tous les peuples du Nord, les *Druidesses* et les *Bardes*; leurs paroles étaient des décrets et leurs rêves des oracles.

Les songes inspirés par les muses à *Hésiode*, à *Orphée*, à *Homère*, peuplèrent le ciel de dieux et la terre de héros.

Les Grecs croyaient les poëtes agités d'un pressentiment divin.

On avait volé une coupe d'or dans le temple d'*Hercule*; ce dieu apparaît en songe à *Sophocle* et lui désigne l'auteur de ce larcin : *Sophocle* dénonce à l'Aréopage le voleur ; on poursuit l'accusé ; on l'arrête, et par son aveu il confirme les paroles d'*Hercule* et le songe du poëte.

Suivant l'opinion de ces temps reculés, l'amour maternel lui-même, tout aveugle qu'il est, n'empêchait pas les femmes de voir la vérité dans leurs songes et de prédire les folies, les fureurs et les crimes de leurs enfans.

La mère de *Denys le tyran* rêva qu'elle accouchait d'un petit Satyre, son fils en eut tout les vices.

*Hécube* songea qu'il sortait un *flambeau* de son sein, et l'amour de *Paris* causa depuis l'embrasement de Troie.

*Olympias* rêva qu'elle mettait au monde un dragon, Alexandre naquit et dévora l'Asie.

La mère du cruel tyran *Phalaris* vit en songe la statue des dieux, et entre autres celle de *Mercure* tenant dans ses mains une coupe qui versait des flots de sang.

Le *premier* songe du *premier* des hommes nous est raconté par deux *Bardes* modernes, dignes de chanter et de peindre les merveilles du ciel, de la terre et des enfers.

*Milton*, traduit par *le chantre des Jardins et de l'Imagination*, nous dit ainsi le premier songe et le premier *amour d'Adam*.

Il s'est endormi sur des fleurs dans ce paradis terrestre, que malheureusement un rêve seul peut encore offrir à nos regards : il a vu l'être presque divin qui en peuplant avec lui le monde doit causer à la fois sa félicité et son malheur ; le réveil n'a point dissipé l'extase de ce songe ; il peint ainsi l'objet ravissant qui lui est apparu.

>  Dieu ! quel charme divin brillait dans sa figure,
>  Jamais objet si beau n'embellit la nature ;
>  Ou plutôt, on eût dit que de leurs doux attraits
>  Les habitans du ciel avaient formé ses traits.
>  Je la vis ; de ses yeux part un rayon de flamme ;
>  Des plaisirs tout nouveaux ont inondé mon ame,
>  Un monde tout nouveau vient s'offrir à mes yeux ;
>  Le ciel devient plus pur, l'air plus délicieux :
>  Tout à coup elle échappe, elle fuit, je m'éveille ;
>  Où vas-tu, m'écriai-je ; oh ! céleste merveille ?
>  Reviens, je veux revoir, adorer tes attraits.
>  Ou, dans ces lieux déserts, te pleurer à jamais !
>  Et quels plaisirs mon cœur eût-il goûtés sans elle ?
>  Je vole, je l'atteins, et la trouve aussi belle
>  Que le sommeil l'avait présentée à mes yeux.

Depuis cette vision, à laquelle nous devons tous notre existence, nous avons conservé l'habitude de rêver, comme Adam, à l'amour ; de tous nos rêves ce sont certainement les plus doux, quoiqu'ils ne soient pas toujours les plus vrais. Ces rêves aussi se prolongent plus que les autres après le *sommeil ;* et tout éveillés, nous rêvons encore que notre maîtresse est toujours jeune, qu'elle est la plus belle, la plus tendre, et que de toutes les femmes elle sera la plus fidèle.

Les méchans et les tyrans en amour ont aussi leurs mauvais rêves, car ils sont tourmentés par la jalousie, qui de toutes les furies est la plus cruelle.

Les songes de l'amitié agitent peu, consolent souvent, et cependant inquiètent quelquefois : un véritable ami, tel que La Fontaine dit qu'on en trouve au *Monomotapa ;* est une douce chose.

    Il cherche vos besoins au fond de votre cœur;
    Il vous épargne la pudeur
    De les lui découvrir vous-même;
    Un songe, un rien, tout lui fait peur
    Quand il s'agit de ce qu'il aime.

Dieu, dit-on, a fait l'homme à son image : un philosophe prétend que l'homme le lui a bien rendu. En effet dans tous les temps nous avons prêté à la Divinité nos passions, notre amour, notre amitié, notre haine, notre colère : tous ceux qui ajoutent foi aux songes et aux avertissemens salutaires qu'on en reçoit, les ont regardés comme preuve d'une prédilection particulière du ciel. *Homère* les disait envoyés par Jupiter à ses amis : plusieurs pères de l'église les ont attribués à la faveur divine.

*Monique*, mère de *saint Augustin*, vit en songe, la nuit, un jeune homme qui lui prédit que son fils renoncerait au *manichéisme*.

Il est singulier que les ardens ennemis du progrès des lumières et du système de *l'enseignement mutuel* aient négligé de s'appuyer de l'autorité de saint Jérôme. Ce père de l'église raconte qu'il rêva qu'on le fouettait, parce qu'il aimait trop les lettres profanes et particulièrement les ouvrages de *Cicéron*; à son réveil on trouva encore sur lui les marques des coups qu'il avait reçus du fantôme ignorantin.

Il paraît que dans cet heureux siècle les esprits célestes éclairaient par des songes les hommes vertueux sur leurs affaires temporelles comme sur leurs intérêts spirituels !

*Saint Augustin* dit qu'un citoyen de Milan ayant perdu son père, on vint lui présenter un billet du défunt, et lui demander le paiement d'une forte dette; cet embarras imprévu l'inquiétait et le surprenait d'autant plus qu'il n'avait jamais entendu parler de cette créance; la nuit son père lui apparut en songe, et lui indiqua l'endroit où il trouverait les quittances du créancier, et la preuve que sa créance avait été acquittée; il chercha et trouva en effet cette pièce au lieu désigné.

A cette occasion, *saint Augustin* assure que les morts n'ont aucune part à ces visions, qui nous arrivent par le ministère des anges.

Dans l'histoire moderne on retrouve sous d'autres formes la même foi aux songes que dans les temps anciens. Un évêque de Naples, mort depuis long-temps, et révéré par le peuple comme un saint, apparut en rêve à un prêtre, et lui ordonna de dire au roi *Ferdinand d'Aragon* de faire une fouille dans un lieu qu'il lui désigna; on y trouva un livre renfermant des prédictions sur l'invasion prochaine des Espagnols et des Français dans le royaume de Naples.

Il paraît que les esprits du ciel, moins intolérans que ceux de la terre, ne dédaignaient pas plus dans leurs visions les musulmans que les chrétiens.

Le sultan *Osman* rêva que se trouvant sur le chemin de la Mecque son chameau lui échappa, s'envola dans le ciel, et qu'il ne lui était resté que la bride dans la main ; on expliqua ce songe en lui disant que le chameau qui s'était envolé lui annonçait la perte de l'empire : peu de jours après, les janissaires se révoltèrent ; *Osman* fut étranglé.

Instruit par un songe, le roi *Gontran* trouva un trésor.

La veille du jour où le roi Henri second périt dans un tournoi, *Catherine*, sa femme, le supplia de ne point entrer en lice, parce qu'elle l'avait vu en rêve pâle et couvert de sang.

Un mois avant le parricide de *Ravaillac*, la reine *Marie de Médicis* se réveilla inondée de larmes et jetant un grand cri. *Henri IV* lui ayant demandé la cause de son effroi, elle lui dit qu'elle avait rêvé qu'il était assassiné. Malheureusement Henri, trop grand pour être crédule, rit de cette vision : les *songes*, lui dit-il, *ne sont que des mensonges*.

Ce même Henri, dont le nom est inscrit en si beaux caractères dans les fastes de la gloire française, et si profondément gravé dans le cœur des Français, devait plus qu'un autre être l'objet de la prédilection céleste. Et si jamais les songes durent annoncer à la tendresse d'une mère les hautes destinées de son fils, ce furent celles de cet héroïque et bon roi. Aussi dit-on que, peu de temps avant la naissance de Henri, Jeanne sa mère vit en rêve un coq armé de plumes magnifiques, dont les couleurs étaient aussi brillantes que variées; une crête éclatante ornait sa tête. En même temps la reine aperçut avec effroi un grand nombre de serpens qui entouraient ce jeune coq, le menaçaient par leurs affreux sifflemens et l'attaquaient avec furie; le coq combattait vaillamment; ses plumes épaisses repoussaient les dents des monstres, et il défendait contre eux sa noble crête à grands coups de bec. La reine tremblait en voyant ce combat inégal; un vieillard vénérable lui apparut : rassurez-vous, lui dit-il, un pape saint et clément montera sur le trône de saint Pierre, chassera ces serpens, et votre coq restera vainqueur.

Si nous en croyons *Marguerite de Navarre*, reine galante et femme de lettres, la Divinité, très-favorable à l'aristocratie, ne prodigue point ses avis au vulgaire.

*Dieu protège particulièrement*, dit-elle, *les grands et les esprits où il reluit quelque excellence non commune; il leur donne, par de bons génies, quelques avertissemens secrets des accidens qui leur sont préparés, soit en bien, soit en mal.*

*La reine Catherine, ma mère, étant dangereusement malade à Metz, et ayant autour de son lit le roi Charles, ma sœur et mon frère de Lorraine, et force dames et princesses, elle s'écria, comme si elle eût vu donner la bataille de Jarnac : Voyez comme ils fuient! mon fils a la victoire! Voyez-vous dans cette haie le prince de Condé mort?*

*Tous ceux qui étaient là, la croyaient dans le délire; mais la nuit d'après, M. de Losses, lui en apportant* la nouvelle, je le savais bien, dit-elle, ne l'avais-je pas vu devant hier? alors on reconnut que ce n'était pas rêverie de la fièvre, mais un avertissement particulier que Dieu donne aux personnes illustres et rares.

*Pour moi*, ajoute peu modestement la princesse, j'avouerai n'avoir jamais été proche de quelques signalés accidens, ou sinistres ou heureux, que je n'en aie eu quelque avertissement ou en songe ou autrement; et puis bien dire ce vers :

De mon bien ou mon mal mon esprit m'est oracle.

Si Catherine de Médicis était ainsi avertie et inspirée par des génies, n'en déplaise à la princesse sa fille, la *Saint-Barthélemi* me fait croire que ces songes venaient plutôt de l'enfer que du ciel.

Il paraît que les esprits qui nous portent ou qui nous envoient des songes ont quelque aversion pour la philosophie, car si beaucoup de philosophes modernes ont écrit des rêveries, je n'en connais presque point qui nous aient raconté leurs rêves; aussi les accuse-t-on de nous avoir un peu brouillés avec le ciel.

Ce qui est certain, c'est que depuis qu'ils exercent dans l'Europe une sorte d'empire on a vu disparaître les miracles, les oracles, les sorciers, les exorcismes, les apparitions et les visions.

La crédulité n'est pas tout-à-fait détruite, mais c'est une maladie presque honteuse, et qui craint de se montrer au jour : à présent, la mode veut que tout haut les plus superstitieux se moquent des songes; mais la nature s'en dédommage tout bas, et bien des esprits, forts dans le salon, redeviennent faibles dans leur chambre à coucher, frémissent d'un bruit, tremblent d'un rêve, évitent de partir pour un voyage le *vendredi*, et vont, incognito, dans la rue de Tournon, consulter la *devineresse le Normant* sur leurs grands projets, leurs petites intrigues, sur la durée de leurs jours, et sur la couleur de leurs destinées.

Ce qui est singulier, c'est que le patriarche des philosophes, *Voltaire*, ne semblait pas tout-à-fait éloigné d'avoir quelque respect pour les songes; *ils me paraissent*, disait-il, *l'origine sensible et naturelle des premières prédictions.*

Dans le récit qu'il nous a fait de quelques-uns de ses rêves, on voit que, s'il n'avait pas de communication avec les esprits aériens, il conservait la vivacité du sien, qui en valait sans doute beaucoup d'autres.

Une nuit, en rêvant, il composa ces vers :

> Mon cher *Touron*, que tu m'enchantes
> Par la douceur de tes accens!
> Que tes vers sont doux et coulans!
> Tu les fais comme tu les chantes.

Une autre fois, il récita en dormant un chant entier de la Henriade, tout différent de ceux que nous connaissons.

Le même poëte dit qu'il crut une fois, en songe, se trouver à souper dans une maison où un homme de lettres lisait des vers; un des convives y trouva trop d'esprit : Voltaire, toujours dormant, répondit *que les vers étaient une fête que l'on donnait à l'ame, et qu'on ne devait pas se plaindre de trouver dans les fêtes trop d'ornemens.*

Il tire de ce songe une étrange conséquence; c'est,

qu'ayant eu malgré lui des pensées réfléchies, et ayant combiné sans volonté ni liberté des idées où brille quelque sagacité et même quelque génie, cela prouvait qu'il n'était rien qu'une machine.

Il aurait dû au contraire en conclure que son ame était douée d'une telle activité d'intelligence que le sommeil lui-même ne pouvait l'affaisser, ni éteindre le feu de son imagination.

L'exemple que nous venons de citer fait voir trop clairement combien l'erreur est naturelle à l'homme; de tous les dons de la nature la raison est le plus rare, et chez le génie même elle s'éclipse parfois. Qui ne serait tenté de croire que la brillante clarté de l'esprit de *Voltaire* suffisait pour réfuter l'opinion décourageante de ceux qui rêvent que tout dans l'homme est *matière*? Et voilà ce même *Voltaire* qui se croit *machine* parce qu'il a de l'esprit la nuit comme le jour!

Les erreurs humaines ne meurent point; elles ne font que changer de formes. Nos docteurs modernes rêvent aujourd'hui le *néant*, comme les anciens rêvaient le *Tartare* et l'*Elysée*.

La superstition aussi sait trouver de nouveaux masques pour nous tromper : la science enfante des chimères comme l'ignorance. Nous n'avons plus de *sorciers*, ni d'*aruspices*, ni d'*augures*; mais nous consultons les *magnétiseurs*; les *somnambules* remplacent les *possédés*, et au prêtre qui exorcisait avec un *goupillon* succèdent les *endormeurs*, qui, armés d'une baguette d'acier, autour d'un immense *baquet*, jettent en crise les cerveaux exaltés, et interrogent les malades endormis pour guérir les malades éveillés.

C'est une folie, ou, si on l'aime mieux, une

science renouvelée des *Grecs*, c'est le système de *Démocrite*, c'est la religion des *Gnostiques*; on part de ce même principe que *l'ame dégagée des liens matériels, soit par l'exaltation de ses idées, soit par le sommeil des sens, voit clairement la vérité, distingue nettement tous les objets de ce monde, passés, présens et futurs, et se trouve ainsi en communication directe, en contact immédiat avec la Divinité.*

On voit sortir de la même source la secte de *Schewedembourg*, environné d'esprits qui lui parlent, et celles des *martinistes* et des *illuminés*, qui, suivant les préceptes de l'école d'*Alexandrie*, mêlant ensemble la philosophie de *Pythagore*, celle de Platon et celle des livres sacrés, établissent parmi les hommes une échelle de pureté ou d'impureté, par laquelle on s'approche ou l'on s'éloigne plus ou moins du ciel, selon qu'on se dégage plus ou moins de la matière.

Les esprits, en montant cette échelle, participent à différens degrés aux lumières de la Divinité; ainsi, dans ce siècle philosophique, nous revenons par une metaphysique subtile aux ténèbres de la doctrine des *manichéens*, et au système des *éons*.

L'Allemagne et le nord de l'Europe, dédaignant la marche *classique* de la raison, suivent avec une ardeur incroyable la course audacieuse et *romantique* de l'imagination; et les *métaphysiciens* modernes, remplaçant les *magiciens*, les *enchanteurs*, les *druides*, les *fées*, inondent de nouveau ces contrées de prédictions, de miracles, de fantômes et de visions.

Ce qui nourrit, et nourrira toujours notre crédulité, c'est notre peur de la mort et notre curiosité sur l'avenir; ces deux mines inépuisables feront éternellement la fortune des *charlatans* de toute espèce. On a de tout temps estimé les *astronomes* qui étudient la marche des *astres*, mais on a toujours mieux payé les *astrologues* qui les faisaient parler et prédire.

Une autre cause entretient la foi du vulgaire aux apparitions ou aux oracles des songes. Mille de ces prédictions se trouvent fausses, on en rit et on les oublie; le hasard en vérifie une seule, elle reste imprimée dans la mémoire, gravée dans l'imagination, la raison travaillerait vainement à l'en effacer.

L'histoire moderne, grace aux chances infinies de ce hasard, pourrait fournir beaucoup de traits semblables à celui du *fantôme de Brutus*. Une apparition de ce genre donna lieu autrefois, dit-on, à un célèbre procès, dont le récit, altéré par le temps, exagéré par la superstition, et enrichi de détails fabuleux, a été avidement adopté par la crédulité.

Un président du parlement de Toulouse, revenant de Paris dans ses foyers, est forcé par un accident de s'arrêter dans une auberge de village; la nuit, un vieillard lui apparaît : je suis, dit l'ombre pâle et sanglante, le père du maître actuel de cette maison : mon fils m'a assassiné; mon corps coupé en morceaux a été enterré par ce scélérat dans mon jardin. *Dévoile le crime, dénonce le coupable, et venge-moi!* L'ombre disparaît.

Le magistrat, frappé de ce rêve, qu'il attribuait cependant d'abord aux vapeurs du sommeil, se lève de bonne heure, cause avec son jeune hôte, et l'interroge adroitement sur la maladie, sur la mort de son père : l'embarras du parricide le trahit. Le président feint de ne pas s'en apercevoir, suppose une affaire, sort, va chercher le juge et la maréchaussée; on fouille au lieu désigné, on trouve le cadavre; l'assassin, convaincu, avoue son crime, est livré aux tribunaux et périt.

Une autre nuit le président revoit encore le même vieillard qui lui demande comment il pourrait lui prouver sa reconnaissance. — *En me faisant connaître, répondit le magistrat, l'heure de ma mort, afin que je puisse m'y préparer.* Eh bien! répondit l'ombre, *tu en seras prévenu huit jours avant le terme fatal.*

Quelques années après cette dernière apparition, le président se trouvant à Toulouse, on frappe le soir à la porte de sa maison : le portier ouvre, et ne voit personne; le bruit recommence, un domestique sort et éprouve la même surprise que le portier : un nouveau coup se fait entendre; les gens, effrayés de cette aventure, vont en prévenir leur maître; il descend, ouvre la porte, et voit le même vieillard dont il avait vengé le meurtre : *je viens*, dit le fantôme, *accomplir ma promesse : ton heure est arrivée; dans huit jours tu mourras.*

Le président consterné raconte à ses amis cette effrayante prédiction; ils s'efforcent vainement de le rassurer, et de ramener le calme et la raison dans sa tête troublée, disaient-ils, par des visions chimériques.

Cependant le huitième jour arrive; le président est en pleine santé, tout semble démentir la sinistre prophétie. Il doute lui-même de tout ce qu'il a vu et entendu. Le soir, sa famille rassurée se rassemble; il soupe avec elle. La joie règne dans le festin; après le repas, il veut monter dans sa bibliothèque pour chercher un livre dont on avait parlé; il entre dans un corridor sombre qui y conduisait. Tout à coup on entend le bruit d'une arme à feu; les convives effrayés courent à ce bruit; ils trouvent l'infortuné président mort, couché sur la terre, et nageant dans son sang.

L'assassin s'étant échappé, on le poursuit en vain, mais on trouve un manteau et un pistolet qu'il avait laissé tomber en fuyant.

Comme on examinait ce manteau et cette arme, quelqu'un les reconnut; ils appartenaient à un conseiller du parlement. On court chez ce magistrat, on l'arrête, son procès se poursuit; il se défend avec le courage et le calme de l'innocence; mais il refuse constamment de dire dans quel lieu il se trouvait au moment de l'assassinat.

Ce refus opiniâtre rend sa culpabilité plus apparente; les juges sont prêts à le condamner; tout à coup une dame paraît, et dit qu'aimant mieux sacrifier sa réputation que de laisser périr un innocent, elle se croit obligée de déclarer que l'accusé, à l'heure du meurtre, était chez elle, et y avait passé la nuit. Trop délicat pour sauver sa vie aux dépens de l'honneur de sa maîtresse, il dément sa déclaration; le tribunal incertain, mais ému par ce combat de générosité, ajourne la cause.

Pendant ce délai, on arrête un homme dont la conduite semblait depuis quelque temps suspecte et mystérieuse; amené devant la justice, il se déconcerte et finit par avouer qu'il a commis le meurtre dont on accusait le conseiller.

Je suis, dit-il, le coiffeur de ce magistrat; j'étais l'amant de la femme de chambre qui servait l'épouse du malheureux président; ayant appris que ma maîtresse me trahissait et recevait la nuit un homme chez elle, je devins jaloux, furieux, et je résolus de me venger. Profitant du moment où le conseiller qu'on accuse injustement de mon crime était hors de chez lui, je prends ses pistolets, je me couvre de son manteau, je me glisse furtivement dans la maison du président, je me cache dans le corridor, près de la porte de mon infidèle; j'entends les pas d'un homme qui s'avance, je crois frapper mon rival, et je tranche ainsi les jours d'un vénérable magistrat, auquel je voudrais, aux dépens de tout mon sang, pouvoir rendre la vie. Le conseiller sortit triomphant de cette affreuse accusation. L'assassin expia par la mort sa méprise et son crime, et personne ne douta de l'apparition du fantôme et de sa prophétie.

Dans ce bon vieux temps qu'on vante et qu'on regrette si emphatiquement, les archives de nos tribunaux étaient remplies de fables semblables, d'accusations de magie, de contes de sorciers. On n'y voit que trop d'arrêts sanglans qui consacraient de telles chimères. Heureusement la lumière de l'imprimerie a effrayé ces fantômes, que l'enseignement mutuel chassera probablement des villages, comme ils le sont déjà des cités.

Les hommes sont de grands enfans, ils aiment les contes, et se sentent presque tous un penchant secret pour le merveilleux. Chacun de nous a son genre et sa dose de crédulité. Pour moi, j'avoue que, si ma raison me met suffisamment en garde contre les fables et les chimères qui plaisent aux imaginations exaltées, elle n'a pas la même force contre les inspirations du cœur; et je suis parfois tenté de croire aux prodiges opérés par un sentiment profond.

Une de mes voisines, madame de M\*\*\*, femme aimable et spirituelle, qu'il est difficile de ne pas aimer quand on la voit, et de ne pas croire lorsqu'on l'écoute, me racontait dernièrement que son enfant étant tombé malade, elle avait éprouvé toutes les alarmes, toutes les angoisses que le plus vrai, le plus tendre des amours, l'amour maternel, peut seul sentir et peindre. Elle avait passé plusieurs jours et plusieurs nuits sans repos et sans sommeil ; enfin l'enfant se trouve mieux, les accidens cessent, on le dit hors de tout danger, et madame de M\*\*\*, cédant aux vives instances de sa famille et de ses amis, rentre chez elle, se couche, et s'endort paisiblement. Tout à coup, au milieu de la nuit, elle croit voir près de son lit son médecin qui l'appelle et qui lui dit : *Que faites-vous, malheureuse mère ? vous dormez, et votre enfant se meurt.*

A ces mots elle jette un cri perçant, se réveille, se lève et court précipitamment dans la chambre qu'elle avait quittée peu d'heures avant avec tant de sécurité ; elle appelle en gémissant la nourrice ; cette femme, qui était couchée, lui demande le motif de cette vive frayeur : votre enfant, dit-elle, est bien et tranquille, il repose à présent sur mon sein ; ces paroles ne peuvent rassurer une mère encore troublée par un rêve effrayant ; elle prend une lumière, s'approche de l'enfant ; sa pâleur, la contraction de ses traits, ses yeux tournés et fixes redoublent sa terreur : elle l'arrache des bras de la nourrice, s'assied, cherche vainement à le réchauffer, à le ranimer; l'infortuné meurt sur ses genoux.

Il est facile de concevoir que la tendresse maternelle voie la nuit, dans ses rêves, l'image des périls dont elle a frémi pendant le jour; mais quoique l'accomplissement de cet oracle nocturne ne soit qu'un effet singulier du hasard, il remue le cœur, étonne l'esprit et trouble la raison.

Telle était encore l'impression que me faisait ce récit en l'écrivant, lorsque, fatigué de tant de réflexions sur les rêves, les ombres et les visions, je m'endormis profondément; pendant ce sommeil je vis soudain paraître à mes yeux une jeune femme : sa taille était haute, son maintien noble, son regard tout à la fois fier et doux, un casque superbe ornait sa tête, sa main droite agitait une forte lance, une épaisse cuirasse enfermait son sein délicat, son bras était couvert d'un large bouclier.

*Je suis Jeanne d'Arc*, me dit-elle, *simple bergère de Domremi; lorsque je menais paître mes troupeaux, saint Michel et plusieurs anges m'apparurent : je les vis plusieurs fois et dans mes veilles et dans mes rêves; ils m'ordonnèrent de m'armer, de combattre les Anglais, de les chasser d'Orléans et de conduire le roi Charles à Rheims pour l'y faire sacrer; cesse donc, téméraire, de parler si légèrement des apparitions, et n'oublie pas celle qui affranchit ta patrie du joug des étrangers.*

Effrayé à la fois et ravi à l'aspect de cette illustre héroïne, je m'inclinai respectueusement, et voulus saisir sa main pour la baiser : elle avait disparu.

Je me réveillai; mais pénétré de vénération pour la libératrice de mon pays, je jurai de ne plus écrire contre les songes et contre les visions. Respectons-les, puisque ce fut à la vision de Jeanne que la France dut la recouvrance de sa gloire et de sa liberté.

Je ne sais si ce songe, qui fit croire à cette bergère qu'elle était destinée à chasser les Anglais de son pays, venait du ciel ou de son imagination; mais ce qu'on peut au moins assurer, c'est que de tous les songes, celui-là est le plus noble et le plus français.

**FIN DU TOME SECOND.**

# TABLE DES MATIÈRES

### CONTENUES DANS CE VOLUME.

De la Reconnaissance.................. pag. 1
L'Épreuve........................ 12
De l'Égoïsme Politique, ou Achéménide et Sadoc... 28
Les Quatre Ages de la Vie............... 40
L'Enfance........................ 42
La Jeunesse...................... 62
L'Age Mûr....................... 82
Le Dernier Age.................... 106
De la Mémoire.................... 123
De l'Opposition.................... 134
Des Couleurs..................... 140
La Colère d'un Modéré................ 144
Le Coup de Vent................... 152
Le Vieux Diplomate Électeur............. 160
Le Carnaval en Carême................ 168
De l'Opinion Publique................ 174
L'Usurier....................... 179
De l'Ordre....................... 185
De l'Intérêt et des Opinions.............. 194
Les Donneurs de Conseils.............. 199
Les Kaléidoscopes, ou les Lunettes Merveilleuses... 203
Des Contradictions.................. 212
Des Lacunes Historiques, et de la Tour de Babel.... 227
Des Passions Politiques................ 235
Des Songes...................... 250

 Contenant les songes de Socrate, de Pindare, d'Hésiode, d'Orphée, de Chrysippe, de Clytemnestre, d'Apollodore, d'Hipparque, de Scipion, de Gracchus, d'Alexandre, des Tyriens, d'Annibal, d'Alcibiade, d'Agésilas, de Cambyse, de Brutus, de Sylla, de Démétrius, de Constantin, de Julien, d'un évêque sous Justinien, de Sophocle, de la mère de Denys, d'Hécube, d'Olympias, de la mère de Phalaris, d'Adam, d'un ami de saint Augustin, de sainte Monique, de saint Jérôme, d'un évêque de Naples, du sultan Osman, de Gontran, de Catherine de Médicis, de Jeanne d'Albret, de Marie de Médicis, de Voltaire, d'un président de Toulouse, de madame de M***, de Jeanne d'Arc et de l'auteur.

FIN DE LA TABLE DES MATIÈRES.

www.ingramcontent.com/pod-product-compliance
Lightning Source LLC
Chambersburg PA
CBHW050630170426
43200CB00008B/952